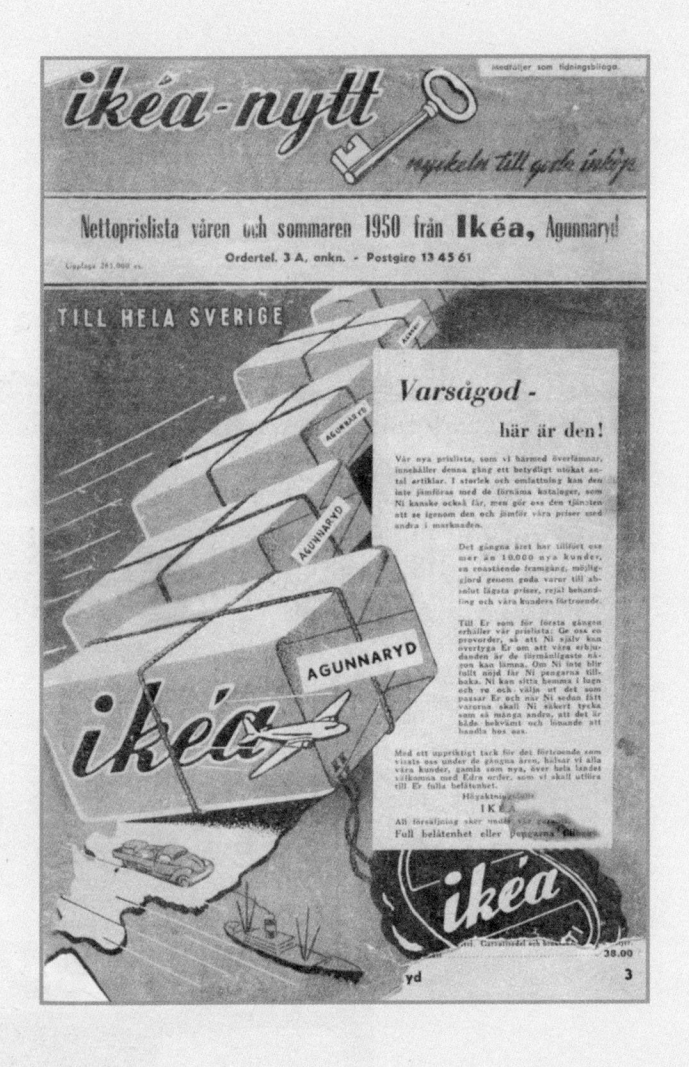

《宜家通讯》原本是一份大规模发行的报纸的增刊,后来在 1951 年发展成为以简洁的手册形式呈现的《商品目录》。

现在,《商品目录》像所有其他畅销商品一样在每年 8 月发行,而且经常会顺理成章地在文化版面附带一些评论。

这里选取了其中一些《商品目录》的封面。

1951
1952 1953
1954
1955

IKEA® 1951—1960年

1953年春，在阿尔姆霍特成为永久展厅的前夕，宜家第一本关于家具的专刊面世。

1956	1957
1958	
1959	
1960	

1951—1960年 IKEA®

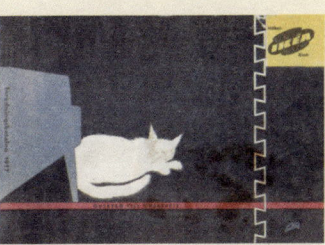

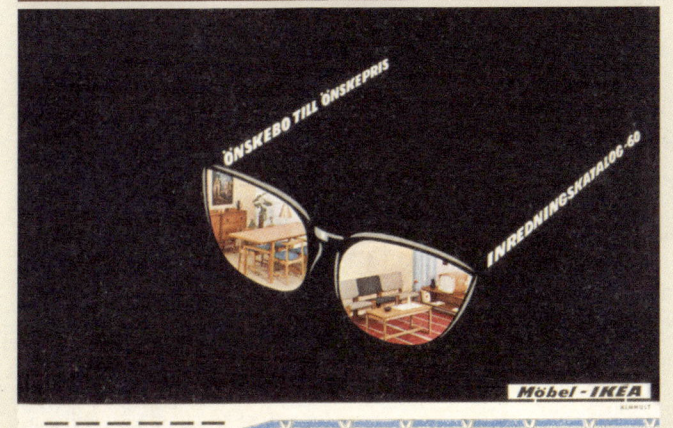

1961	
1962	1963
1964	1965

IKEA 1961—1970年

	1966	
	1967	1968
	1969	1970

1961—1970年 **IKEA**®

1971 1972
1973 1974
1975 1976

IKEA **1971—1980**年

1977	1978
1979	1980

1971—1980年 IKEA®

1981	1982
1983	1984
	1985

IKEA® 1981—1990年

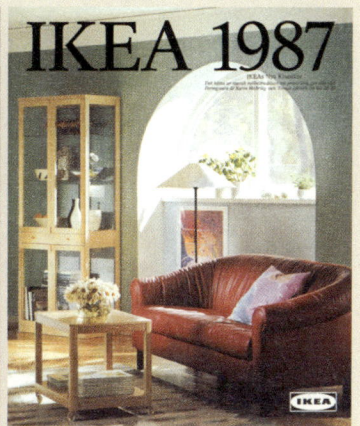

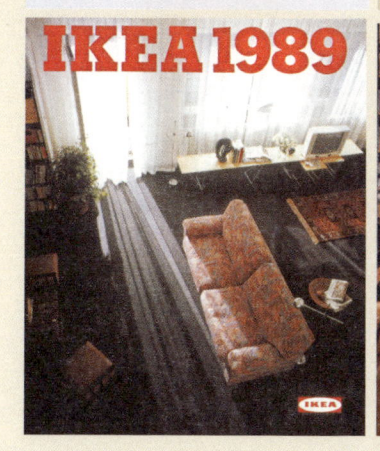

1986	1987
1988	
1989	1990

1981—1990年 **IKEA**®

1991	1992
	1993
1994	1995

IKEA 1991—2000年

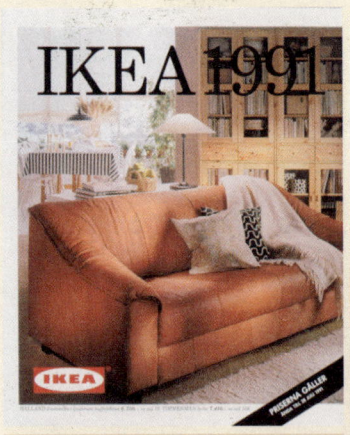

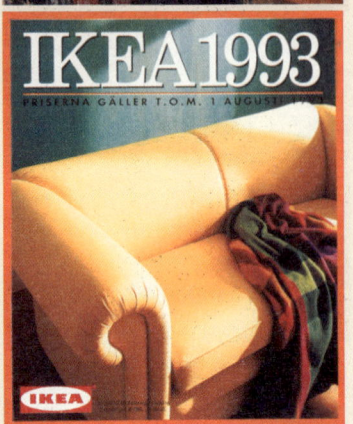

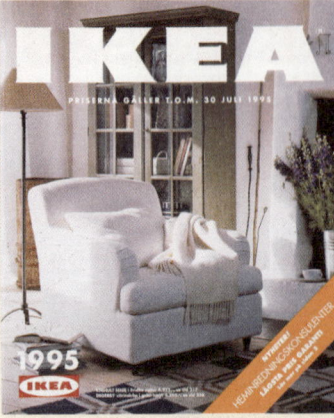

1996	
1997	1998
1999	2000

1991—2000年 **IKEA**

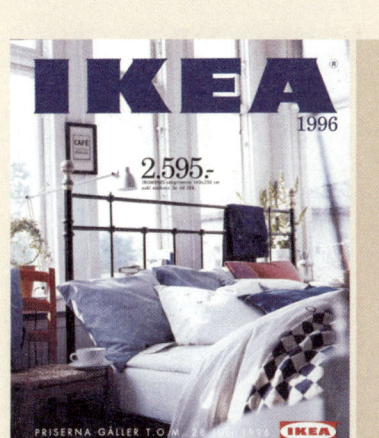

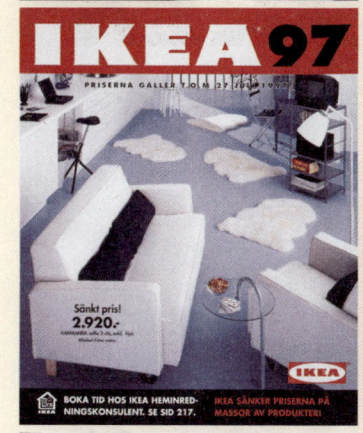

2001	2002
	2003
2004	2005

IKEA 2001—2010年

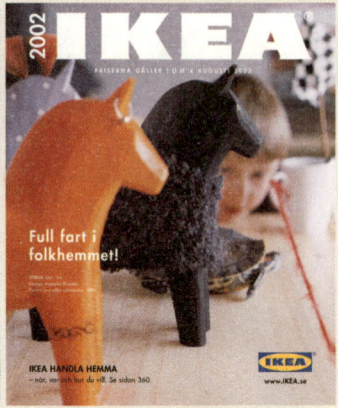

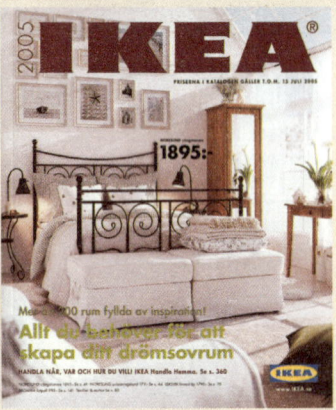

2006	2007
2008	
2009	2010

2001—2010年 **IKEA**

2011	2012
2013	2014

IKEA 2011—2017年

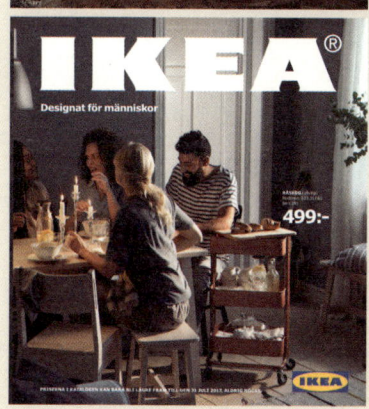

2011—2017年 **IKEA**®

2017年的《商品目录》共有32种语言，72个版本，发行2.11亿册。

IKEA®

一条神圣的原则:不论任何情况,
每一期《商品目录》上的所有商品价格保持不变,
直至下一期新目录发行。

宜家传
IKEA
THE IKEA STORY

[瑞典]伯迪·托尔卡 著
(Bertil Torekull)

王佳 译

天地出版社 | TIANDI PRESS

图书在版编目（CIP）数据

宜家传 /（瑞典）伯迪·托尔卡著；王佳译. —成都：天地出版社，2021.11
ISBN 978-7-5455-6239-2

Ⅰ.①宜… Ⅱ.①伯… ②王… Ⅲ.①英格瓦·坎普拉德—传记 ②家具—工业企业管理—经验—瑞典—现代 Ⅳ.① K835.325.38 ② F453.268

中国版本图书馆 CIP 数据核字（2021）第 009432 号

THE IKEA STORY by Bertil Torekull was first published by Wahlström & widstrand 1998, and published by arrangement with Nordin Agency AB, Sweden. Rights Arranged by Peony Literary Agency Limited

本书中文简体版翻译自英文版。

著作权登记号　图字：21-2020-371

YIJIA ZHUAN

宜家传

出 品 人	杨　政
作　　者	［瑞典］伯迪·托尔卡
译　　者	王　佳
责任编辑	王　絮　霍春霞
封面设计	今亮后声
内文排版	中文天地
责任印制	王学锋

出版发行	天地出版社
	（成都市槐树街 2 号　邮政编码：610014）
	（北京市方庄芳群园 3 区 3 号　邮政编码：100078）
网　　址	http://www.tiandiph.com
电子邮箱	tianditg@163.com
经　　销	新华文轩出版传媒股份有限公司

印　　刷	北京文昌阁彩色印刷有限责任公司
版　　次	2021 年 11 月第 1 版
印　　次	2021 年 11 月第 1 次印刷
开　　本	710mm×1000mm　1/16
印　　张	27.5
字　　数	396 千字
定　　价	108.00 元
书　　号	ISBN 978-7-5455-6239-2

版权所有◆违者必究

咨询电话：(028) 87734639（总编室）
购书热线：(010) 67693207（营销中心）

如有印装错误，请与本社联系调换。

我们刚刚站在起点上,
前途一片光明。

目 录 Contents

2011年平装本修订版序 / 001

作者的话 / 017

序　从冰碛平原走向全球 / 025

第一章　家具商的成长背景

　　斯莫兰森林里的德国人 / 003

　　我的农场时光 / 008

　　祖母与我 / 014

第二章　崭露头角的企业家

　　成为家具商之路 / 023

　　家即公司，公司即家 / 036

　　成功路上的九九八十一难 / 043

　　宜家诞生的社会背景 / 048

第三章　步履维艰的资本家

　　抵制、离婚和成功 / 057

　　第一件自助组装家具的诞生 / 066

　　波兰——另一个女人 / 076

　　让宜家走向全球的家居杂志 / 094

奇迹商场 / 101

最后的晚餐 / 108

第四章　建立宜家帝国

提前计划身后事 / 121

神秘的宜家帝国架构 / 134

伊卡诺——继承者的天下 / 143

帝国奠基人 / 149

神圣理念 / 155

从阿尔姆霍特走向世界 / 164

第五章　激变时代的领导艺术

"拥抱"管理的艺术 / 173

青年时期的错误 / 178

公关危机反成公关案例 / 192

"10 根热狗"战略 / 203

一个良心资本家的愿望 / 208

仓库里的圣诞晚宴 / 217

第六章　大飞跃

继承而非毁灭 / 223

与继承者们的对话 / 230

董事会上的静默时刻 / 242

开拓亚洲新的疆域 / 253

美洲谨慎试水 / 261

乌拉尔的拥抱，希姆基的热吻 / 282

第七章　智者肖像

辉煌人生的精彩瞬间 / 309

来自英格瓦·坎普拉德的亲笔传真

（1998年1月28日） / 324

附　录

来自坎普拉德本人的结语：

本书的由来 / 331

一个家具商的誓约 / 341

英格瓦·坎普拉德及宜家大事记

（1926—2011） / 351

宜家组织架构 / 355

世界宜家商场（截至2011年） / 363

2011年平装本修订版序

伯迪·托尔卡

写于瑞典布兰特维克 2011年5月

我是唯一一从零开始见证宜家故事的亲历者。

2011年平装本修订版序

　　《宜家传》于2011年修订，写序的时候正值春天，而宜家的发展也如春临大地，势不可当。在如今全球经济普遍衰退的大环境下，宜家的业绩依旧能保持高速增长，盈利突破了之前的纪录，2010年以来宜家在全球增设了12家新商场。业绩为人称道的同时，宜家也日益成为透明化的公司。

　　经过68年的发展，宜家已成为蜚声全球的知名品牌。它不仅价位亲民，其产品也体现出独一无二的品牌理念。在媒体的闪光灯下，它常年保持着健康良好的企业形象，鲜有负面新闻。近年来很多关于宜家家居的新书陆续出版。宜家的真实故事还被搬上了音乐剧的舞台。2009年秋天，音乐剧《瑞典的奇迹》(Das Wunder von Schweden)在德国汉堡全球首演。2010年，它又被改编成瑞典语版，在瑞典的马尔默(Malmö)和厄勒布鲁(Örebro)两座城市公演。85岁的品牌创始人英格瓦·坎普拉德(Ingvar Kamprad)虽已入耄耋之年，但依旧活跃在媒体的闪光灯下。他这一生收获了无数奖章勋章，并被众多世界知名大学授予了荣誉博士学位。

　　宜家的一举一动向来备受公众关注，品牌掌舵人坎普拉德自然是全球热议的话题人物。然而，庞大的宜家帝国始终蒙着一层神秘面纱。它的所有权、财富实力、实际运营究竟如何？多年来，外界众说纷纭，宜家却始终保持沉默和低调。从1998年创作筹备期开始，笔者就致力于发掘和记录坎普拉德本人的真实看法。本书不仅为读者揭秘了坎普拉德历经辛苦打造商业帝国的成功之路，还详尽地披露了宜家经过漫长发展所形成的基金会所有权结构（包括慈善基金会）。基金会作为实际所有者与宜家集团之间在经济思想及意识形态上紧密结合，而创始人坎普拉德则从全局宏观把控并拥有最终决定权。宜家每年都需要向坎普拉德及其家族支付营收总额的3%，作为使用"宜家"这一品牌的授权费。

1982年，坎普拉德在律师们的帮助下组建了新公司。这个新公司在当时看来相对封闭，但他的初衷很简单，听起来甚至有些夸大其词——要确保宜家作为一个公司以及概念，能够在任何情况下都受到保护，"永远"掌握在坎普拉德家族的手中。在当时的社会历史背景下，面对社会主义的蓬勃发展，一小部分西方人开始错误地联想起冷战时期。坎普拉德也认为自己的公司应当做好万全准备，以防意外发生，甚至要时刻准备从欧洲撤离。

近期，宜家又施行了另一项重大举措，但这并不会偏离宜家原有的基础架构——商场和其他的营利性分支机构主要由基金会控制；点石成金的宜家商业概念（包括品牌名称）则分属于另一个不同的分支，而这个分支的管理权和最终决定权依然牢牢地把控在坎普拉德家族手中。正是这种错综复杂的组织架构，引发了外界长久以来的揣测。加之宜家在众多国家的各类公司和基金会也是五花八门，其中一些还享受免税待遇，使得世界各地的财经记者和分析师都想对宜家一探究竟。现在，宜家正计划使资产信息透明化，亮出底牌，彻底驱散人们脑海中的迷雾。

据笔者观察，宜家经得住法律的全方位考验，要知道它在世界各地所缴纳的平均税率早已超过17%了。宜家选择在现阶段进行信息透明化，并非迫于司法压力，而是响应来自当代社会各界的密切关注。更重要的是，此举最早缘于创始人英格瓦·坎普拉德根植于内心的诉

2011年平装本修订版序

求——他呕心沥血打造的宜家必须经受得住绝对民主的严格考验,面对检视能站稳脚跟。受此诚挚的初心的影响,宜家集团从很早以前就明确制定了一条环保政策——宜家出售的每件商品及其所用原材料,不论是棉花、木材,还是胶水,从其产地源头开始,宜家集团对每一个生产环节都必须做到了若指掌。不论客户、供应商,还是利益相关者,他们一定都对宜家的这项政策感同身受。这就是宜家的核心管理理念,是宜家长盛不衰的最大秘诀,也是它不断壮大的强劲内部驱动力。

秉承这样的理念,本书针对部分章节进行了修订,特别是第四章第一节"提前计划身后事"以及第六章"大飞跃"的部分。本书为《宜家传》的部分修订版。在得到宜家高层授权公开所有信息之后,笔者还会修订更多章节的内容。其实,宜家高层同意信息透明化要归功于坎普拉德。这位几十年如一日活跃在生意场上的创始人现在"终于"严肃认真地开始考虑退居二线了。坎普拉德之前动过手术,安装了心脏起搏器,耄耋之年的他希望能在有生之年拨开宜家的迷雾,走的时候干干净净,不留任何是非。

未来退居二线以后,坎普拉德将不再常年无休地活跃在公众视野中;近年来,他长途跋涉,不停出访,走遍了全球各地的宜家商场,并亲力亲为地考察了美国、俄罗斯和中国等规模较大的市场。2011年春,芬兰等规模较小的市场也成功邀请到他作为嘉宾出席活动。坎普拉德用自己的实际行动向他在全球的近13万雇员作退隐前的告别,仿佛在谢幕。未来他只会为宜家和坎普拉德家族的核心管理层提供建议。

与此同时,坎普拉德近年来频繁与各方进行会晤,并已正式启动计划。他将最终决定三个儿子作为未来继承人在宜家组织架构中的角色和定位。据悉，除了妥善安置宜家的商业运营，他还可能成立一个新的大型科技基金会，隶属于坎普拉德家族名下，职责是确保三个儿子在创始人故去后也能持续发挥关键性的作用。迄今为止，坎普拉德家的三位继承人都对外界刻意保持低调形象，人们对他们知之甚少（请参见第六章第二节《与继承者们的对话》）。但三位继承人的角色和分工将会逐步清晰化，他们也会更多地出现在公众视野中。

这是一个延续了85年[①]的真实故事

《宜家传》第一版的主体成书于1998年，是现在平装修订版的基础。随着时间的推移，宜家已经成功进军世界各国市场，比如美国和俄罗斯。同时，笔者在筹备修订版的创作过程中搜集了更丰富翔实的资料，对原书中的名称、数字和地点等进行了修订，并加入了原书中没有的新章节。宜家的经营理念始于为大众提供"种类繁多、美观实用、买得起的家居用品"。85年过去了，这一理念早已深深植根于公司内部运营的每个环节中，创造了无限的商业可能性。从1997年的秋天起，笔者开始为写书做调研。当年宜家营业总额还不到500亿瑞典克朗[②]，在全球拥有不到140家商场，雇员总数约3.5万人；到了2010年，宜家的总营收翻了几倍，达到2300亿瑞典克朗，约合231亿欧元，在全球38个国家和地区拥有超过320家商场（包括加盟店），雇员总数比

---

① "85年"是以宜家创始人英格瓦·坎普拉德的出生年（1926）为起始年核算的，到2011年，正好为85年。后同。如果以宜家创立时间（1943）为起始年，应为68年。
② 根据2012年4月的汇率，1瑞典克朗（1 krona）约等于0.15美元，1欧尔（1 öre）相当于1克朗的1%。

2011年平装本修订版序

1997年增加了约3倍。

宜家的创始人英格瓦·坎普拉德生于1926年3月30日。截至2011年，他85年的人生历程就是一部宜家的真实发展史，而宜家也是以高福利著称的瑞典众多的商业奇迹之一。坎普拉德出生于斯莫兰皮亚特教区，经历过20世纪30年代的迷茫和失业潮。在第二次世界大战中期，年仅17岁的他就在自家农场周边的村庄创立了自己的邮购公司。据最新统计，每年有7.5亿人访问宜家网站，约10亿人亲临宜家实体店购物。如此看来，坎普拉德17岁时创办的老式邮购公司，早已预先为今日宜家网上购物的成功奠定了基础。

宜家不断创新和改良的商业理念是瑞典社会福利发展的产物，反过来又促进了国家福利的提升。归根结底，宜家家居的腾飞是以瑞典社会的蓬勃发展为前提的，两者密不可分。当时的瑞典人才济济——阿尔弗雷德·诺贝尔、拉什·马格纳斯·爱立信（爱立信创始人）、阿瑟·格布尔森（沃尔沃创始人）和卢本·罗兴（利乐创始人）等都早已是家喻户晓、人人崇拜的实业家。因此，通过家居装饰彰显身份地位，有效地迎合了普通瑞典民众对其经济富裕的心理定位。但有趣的是，坎普拉德所创立的宜家品牌被称为有史以来最经济实惠和亲民的品牌。这不仅因为其家居产品为世界各地的家庭带来了温馨舒适，更因为它引以为豪的"源自瑞典"的品牌魅力。掌舵者坎普拉德的独特个性和品质也深深影响了宜家品牌。

坎普拉德嘴里含着瑞典颇为流行的口含烟，口袋里装着瑞典南方的传统针织花纹钱袋，眼睛总是炯炯有神。他说话没有那么文雅，常年开一辆二手沃尔沃（Volvo）旅行车。外界对坎普拉德的传言是他极其"抠门儿"（实际上，多年以来身体力行的节俭是他的管理精髓）。

坎普拉德节俭朴素的个人形象和其独特的商业理念结合在一起，让民众发自内心地热爱这位创始人。即便坎普拉德曾因青年时期所犯的错误饱受争议，大众也没有改变对他的青睐。

2010年圣诞节，电视上播出了攻击宜家创始人坎普拉德（实际上并没有达到效果）的节目。节目一经播出就引起大批民众的强烈抗议，人们纷纷写信给节目编辑为他们的偶像打抱不平，潮水般的信件持续了数月，信件内容都表达了观众对坎普拉德的普遍同情。一项诚信度调查显示，坎普拉德的诚信度高居榜首，远超众多政治领袖。同时，宜家品牌也赢得了越来越多的年轻人，特别是年轻女性的钟爱。宜家成为最吸引应聘者的公司，同时其品牌价值位列全球前十名。对于无数的瑞典人来说，宜家在阿尔姆霍特镇（Älmhult）上的第一个小小展销厅就是他们迈向世界大门的跳板。

"万事待兴，前景光明！"这是英格瓦·坎普拉德常常挂在嘴边的一句话。自1943年宜家公司成立以来，宜家的发展之路确实印证了坎普拉德的这句名言。虽然一些国家和地区的宜家市场尚处于培育期，如中国和俄罗斯，但这是任何品牌在全球大型市场都必须经历的必要阶段的试练。就在2010年，俄罗斯市场还一度笼罩在丑闻的阴霾之中，但最终柳暗花明。1998年宜家在上海开设首家中国商场时，它就知道中国的市场非常广阔。事实也是如此，2006年以来6家新商场先后在中国各地落成。2011年初，宜家在中国已经拥有了8家商场。2011年8月，来自中国的代表团远赴瑞典阿尔姆霍特与宜家洽谈，希望在各方面增强合作，积极开拓中国市场。连坎普拉德本人也出席了本次洽谈，可见他对中国大市场的重视。"老"市场持续焕发活力的同时，宜家也在"新"市场阔步前行，以土耳其、日本、葡萄牙、西班牙和罗马尼亚为代表的新市场都颇具潜力。过去10年间，宜家在全球总共开设了164家新商场，其中27家位于美国。每一家商场的骄人业绩都见证了宜家的发展奇迹。

如今芬兰也步入宜家的事业版图。在地理位置上，芬兰与瑞典接壤；在历史渊源上，两国自古就邦交密切；在设计和进口方面，两国也有着天然的联系。童年时的坎普拉德曾在芬兰居住，并度过了一个难忘美好的夏日。然而，芬兰宜家的业绩直到最近几年才开始缓慢增长。最近，宜家在临近芬兰的瑞典边境小镇哈帕兰达（Haparanda）开设了一家商场。在哈帕兰达出人意料的成功为芬兰宜家的发展推注了一剂强心针。

哈帕兰达地处北冰洋附近的巴伦支海域，距离著名的挪威地标北角（Nordkapp）不远。北角虽然不是地理上真正的欧洲最北端，但长久以来被很多人称为"世界尽头"或"欧洲大陆最北端"。在这种人迹罕至快到北极圈的地方开商场，很多人都不看好。之前瑞典政府在当地投入了上亿克朗，试图发展经济，但都以惨败告终。坎普拉德最初提出在哈帕兰达建商场时，不仅董事会反对，而且所有人都认为他的计划是天方夜谭。但这位老人坚持己见，并不妥协，这个看似疯狂的计划最终得以实施，并获得了意想不到的成功——哈帕兰达商场现在已经带活了整个地区的周边经济。围绕着哈帕兰达的宜家，那里已经形成一个创新产业基地。有时候宜家就是这么大胆创新，眼光独到，不留后路。

而当年那个曾向坎普拉德提议把宜家引进哈帕兰达的官员，现在已经跻身瑞典国会。怎么样，是不是英雄所见略同？

宜家在哈帕兰达获得成功依赖于五个不同民族（欧洲原住民萨米

人、挪威人、俄罗斯人、芬兰人，还有瑞典人）的通力协作。宜家在这些地区的成功案例也从另一个角度说明，各大零售品牌间的竞争正在加剧，所有品牌都在雄心勃勃地争夺市场，比如同样来自瑞典的克劳斯欧乐松（Clas Ohlson，连锁零售上市公司）、特马（Biltema，主营汽车零配件、工具），以及麦克诺门（Mekonomen，连锁汽车零配件公司）。过去人们都认为小型城市的人口稀少、购买力弱，因而难以收回投资，但事实并非如此。最近宜家在瑞典中部偏西南的湖港小城市卡尔斯塔德（Karlstad）、东南港口城市卡尔马（Kalmar）的商场，以及在布胡斯省（Bohus）临近挪威的边境处筹建的新商场即将打破人们的传统偏见。

如今宜家的发展如日中天，但绝对不能说它已经到达黄金全盛期。即便是在它的发源地瑞典，宜家也远不是一家独大，它只占瑞典市场的20%。这个数字实在低得令人惊讶。1985年，宜家在美国费城开设了第一家美国商场。它用充满北欧风情的简约家具轻轻松松地迷倒了大片美国人，那会儿宜家顾客盈门，排队都排到商场外面了。宜家在美国市场如此受欢迎，可实际上只占整个美国装饰和家居市场的1%～2%。直至今日，整个北美市场（包括加拿大）也只有48家宜家商场。

2010年对俄罗斯宜家来说是充满阴霾的一年，贿赂丑闻为它带来了纠缠不尽的财务麻烦。尽管如此，俄罗斯商场的数量仍然在严峻的考验中稳步增加到12家，比5年前翻了不止一番。俄罗斯是宜家在全球最具活力的市场，它的发展也在一定程度上缓解了创始人坎普拉德因宜家违规事件而产生的巨大忧虑和痛苦。2010年，宜家违规丑闻导致的经济赔偿高达100亿瑞典克朗，但宜家集团强大的财力和资金储备最终能够偿付,并且令人相信这不会影响其业绩及其市场的持续发展。

宜家的独特经营哲学是什么

宜家的经营模式有什么独到之处值得我们学习?它在保持增长、获得成功,以及保证安全边际等方面有什么特别的方法或秘诀?这是我们应该思考的哲学问题。对这个问题的回答每个人不尽相同,可以从多个角度剖析,可以通过多个层次论证,相信读者在阅读本书的过程中可以领悟到。

首先,宜家今日的成功必须感谢创始人坎普拉德坚决不上市的决心。只要他一日不退休,宜家就一日不可能上市。坎普拉德知道,一旦上市,股东们必然一味追求更快更多的股票收益,但宜家需要免受外界不必要的干扰。比如说普通股民可能不看好宜家在俄罗斯的投资;股票分析师可能会质疑宜家投资的可行性,转而要求分得更多红利并要求管理层马上下台。相比之下,现在的宜家属于基金会所有,掌握在坎普拉德家族手中,更能保证其长期持续性发展。

远离股市也让宜家远离纷扰并保持决策独立。远离股市,公司才能按自己的计划有条不紊地发展。宜家不愿急功近利,即便等待数十年,也不会改变自己的既定步调。因为宜家对自己的发展有信心,而且一旦成功进入像俄罗斯或者中国这样的市场,迟早都会收获丰硕的果实。保持持续增长是宜家闻名于世的秘诀和原动力。每当发现一个新的市场需要,宜家就会肩负着致力于"为大多数人创造更加美好的日常生活"的使命而来,而这也是让创始人坎普拉德倍感光荣的宜家理念。

宜家保持领先的另一个独到之处就是在全球掀起了一股强劲的北欧旋风。在全球化加剧的今日，宜家反而保持着品牌自身的浓郁瑞典风情。以前每年夏季和12月，创始人坎普拉德都会回到他在瑞典的故乡斯莫兰（Småland），这已经成了他的传统。他会在那儿待上好几周并废寝忘食地投入工作。近几年这位高龄老人已经无法再长时间在斯莫兰工作，但他还是会通过象征性的回归表达对故土的热爱和依恋：只有瑞典才是他真正依恋的热土。他是从斯莫兰小镇上的家族农场艾尔姆塔里德（Elmtaryd）走出去的。在这里，他创立了首家邮购公司；在这里，他扎根土壤；在这里，他有知根知底的老朋友；在这里，他喜极而泣。

每年圣诞，宜家还保持了另外一个重要传统，那就是聆听坎普拉德在阿尔姆霍特对全体员工发表的公开演讲。宜家此举旨在传达对瑞典乡土传统美德的赞美和传承，表达对勤劳、活力、节俭、创新、谦逊等品质的尊重。员工们每年都会聚在一起等待坎普拉德演讲，共享一年辛勤劳作的丰收和甜蜜，就像大家庭欢聚一堂共同期待圣诞大餐的最后一道甜品一样。每次演讲，坎普拉德都会衷心感谢和表彰某个部门的出色表现，比如2011年他表彰了厨房部门取得的成功。同时，他还会向公司全体员工传递其他好信息，比如，宜家正在不断为"贝尔塔·坎普拉德癌症基金会"[①]筹措资金帮助癌症患者，宜家向巴基斯坦地震受灾民众捐赠了35万条保暖毯子。

在笔者看来，除了坎普拉德，瑞典没有其他任何企业家能够如此

[①] 贝尔塔·坎普拉德癌症基金会是以英格瓦·坎普拉德的母亲贝尔塔·N. 坎普拉德（Berta N. Kamprad）的名字命名的癌症慈善基金会。

出色地以情感为沟通纽带与员工构建亲密的联结，让员工如此认同公司的文化和愿景。不管宜家倡导的"良心资本主义"是否成立，坎普拉德至少有魅力能让员工们都认同这个理念。此外，宜家也在各种场合通过各种方式向社会传达这一理念。比如，坎普拉德向阿根纳瑞德村（Agunnaryd）教区捐献了60万克朗，用以资助该村建立新商店。但他出资的前提是村民们必须投入同等数量的资金。因此，2005年12月新商店开业的时候一下子就有了数百万克朗的雄厚财力。

从坎普拉德的日常行为中，我们也可以隐约解读出他的爱国主义情怀。早在20世纪70年代，他就因为不满瑞典法律规定的极其高昂的继承税和财富税而移居瑞士。也许他确实对瑞士钟爱有加，但在远离祖国这么多年后，坎普拉德现在开始向瑞典政府缴纳之前宜家所欠的税费。因为他不希望百年之后，他留给人们的印象只是个剥削人的恶棍资本家。他希望把宜家打造成一个尽善尽美的人类物质文明遗产，并能一直延续到未来。他希望自己能像同样来自瑞典的伟人诺贝尔一样，终身致力于创造更美好的人类社会，成为杰出的发明家、冒险家，而不仅是作为家具商把瑞典传统的美食——肉丸带到世界各地。

宜家的成功还让我们领悟到了什么？那就是不断创新：小到不起眼的热狗——所有宜家商场都在收款台附近售卖热狗，而且价格低到超乎想象——这个创意就是坎普拉德想到的，现在已经成了所有宜家商场的特色；大到整个商业模式——过去宜家只有孤零零的商场，现在已经演变为集各类大型综合零售商业区于一体的中心枢纽。有些宜家配套综合商业体属于伊卡诺（Ikano），这个不断壮大的公司属于坎普拉德的三个儿子。

如果留心观察，我们就会发现：现在很多大型宜家商场周边会围绕着很多其他类型的商店，有些店甚至会与宜家形成部分竞争关系。它们就像旋转木马一样，围绕宜家形成了一个大型综合现代商业区。2006年，宜家在俄罗斯市场首次尝试这种新的商业生态——莫斯科郊区的美嘉中心（Mega Center）拥有多达250家商店，每年吸引6000多万名顾客。哪怕其中只有10%的人被分流到宜家，每年也能带来600万的潜在客户，这600万人中一定有不少人会被梦想家居吸引。想象一下，如果把这个百分比提高到15%或20%，那么未来宜家在美嘉中心的商场必定财源滚滚。这个新模式告诉我们：零售也好，其他领域也好，只会单打独斗的商场已经没有竞争力了，只有强强联合才能共赢。之前提到过的哈帕兰达商场，就是强强联合带来共赢的好例子。除了在瑞典，我们有理由坚信，未来宜家会和很多市场强强联合复制更多的奇迹。

关于宜家是否应该回归瑞典的问题，数年前就在瑞典国会引发了激烈讨论，但各方意见不一。在笔者看来，宜家回归的希望其实很小。玛格丽塔[①]和英格瓦·坎普拉德已经习惯于常居瑞士，而宜家的总部设在荷兰，坎普拉德家族的其他资产也分布在全球各地，因此不太可能回归瑞典。

20世纪90年代，宜家的确在赫尔辛堡（Helsingborg）专门设立了一个瑞典服务办公室。但正如坎普拉德在阿尔姆霍特论坛（Älmhults-Bladet）上的发言，以及在他自己最中意的一篇论文中表述的："宜家的大脑在荷兰莱顿，但我们的心一直留在瑞典的阿尔姆霍特。我这么说并非思乡怀旧情切，宜家是从阿尔姆霍特走出去的，因此它才

[①] 英格瓦·坎普拉德的第二任妻子玛格丽塔·坎普拉德（Margaretha Kamprad），于2011年12月逝世。

会那么与众不同。很多人都在模仿宜家，剽窃我们的家具板型，盗取我们展厅的创意，但宜家与生俱来的瑞典南部风情是任何人都偷不走的。"

［目前《宜家传》已经同出版社签约，不久的将来就会被翻译成20种不同的语言，在东方的中国、日本与读者见面，并被引进美国等西方国家。目前瑞典语原版已经刊印了约12.5万册，包括平装本。此外，原版还售出了1万本配套有声书。有声书由作者朗读，由坎普拉德亲自在方言上给予指导。《宜家传》可能是迄今为止最受欢迎的瑞典商界人物传记。］

作者的话

伯迪·托尔卡

写于瑞典布兰特维克 1998年7月及2011年6月

我是唯一从零开始见证宜家故事的亲历者。

作者的话

1997年4月的一天，我意外地接到宜家创始人英格瓦·坎普拉德亲自从瑞士洛桑打来的电话。一开口他就很直白地问我，愿不愿意写一本关于宜家的书，并承诺会讲述"宜家的一切是怎么来的"。

这个突然的提议霎时撩动了我的心弦。

我曾在《商业周刊》（*Veckans Affärer*，瑞典的一本商业期刊）做过编辑，还创办过瑞典发行量最大的经济日报——《瑞典工商业日报》（*Dagens Industri*）。一直以来我就对这些成功商业领袖背后的神秘驱动力很感兴趣，但后来才慢慢发现，这些商业奇人本身就是企业成功的秘密。到底什么样的领袖才能让公司长久保持活力和繁荣？又是什么促使公司走向衰亡？在现代社会，人们对商业世界的了解很局限，往往只偏重金融财务或纯经济学分析，反而忽略了领导者的个人魅力和角色。

在创作关于萨博（SAAB，瑞典飞机与汽车制造品牌）的书《探求公司之魂》时，我曾深入探讨过企业领导者个人与企业之间的互相影响，这是我研究的兴趣点。说真的，我根本无法拒绝公司创始人的亲自邀约——从坎普拉德的亲述中，我可以得到最可靠的第一手资料，深入探索宜家的诞生与发展。

但在此之前我本人与宜家没有太多接触，最多也就是常去购物而已。我和英格瓦·坎普拉德也是由于采访而频繁会面，之后才建立了比较亲密的个人关系。我和他在企业管理和改革创新方面的观点一致，在过去的采访中也曾擦出过火花，我在很多媒体上都发表过关于他的深度访谈。多年以前的一个晚上，我曾在他的家族农场艾尔姆塔里德过夜，意外地结识了英格瓦·坎普拉德的父亲费奥多尔（Feodor），还有他和蔼可亲的妹妹克尔斯汀（Kerstin）。记得那天我没准备睡衣，英格瓦居然翻出他在捷克布拉格打折时买的一堆特价法兰绒衬衫，硬让我挑一件当睡衣。这个有意思的小插曲我至今都记得。

接受邀约后，我和英格瓦·坎普拉德对写作的条件迅速达成了共识。

首先，为了确保本书的客观公正，我在金钱上不能与宜家有任何利益关系。换句话说，采访所需的一切费用（交通费、住宿费、生活费），还有调研所需的一切费用，都得由我自己承担。每次采访时，坎普拉德会慷慨地给我准备好吃的，比如烟熏香肠、肉丸，还有很多越橘。在信息方面，坎普拉德做到了倾囊相助——任何宜家的员工或相关人员，只要我需要，都可以随时联系采访。他向我保证，任何人都不会向我隐瞒事实或有所保留。在整个采访和写作过程中，他确实兑现了这个承诺。随着写作的深入，我赢得了坎普拉德的信任，让他敞开了心扉。他坦诚地谈论了20世纪三四十年代曾亲纳粹的错误经历，并没有向我隐瞒那段不光彩的荒唐历史。

此外，所有采访对象、采访地点和计划也都是我自主选择和安排的。因为我认为，如果要对宜家这样的大公司有所了解，只采访创始人远远不够，必须接触很多其他人，这样我才能从不同的采访对象身上看到宜家真正的全貌。

为什么要特别澄清这些细节？因为总有人会好奇地询问我当"宜家御用文人"的感觉是什么样的。首先，我当然尊重所有的好奇和质疑精神，会去质疑作者的真实与独立性本身就是可贵的批判精神。要知道，写人物传记是一个抽丝剥茧、一步一步接近被采访者的过程。在创作过程中，作者扮演的角色就如同进行审问的警察，但同时作者也可能沦为被采访者的囚徒。因为一旦同情心和亲密的友谊作祟，作者与被采访者就会不由自主地被同一列命运的列车裹挟，直至终点。被拘禁在同一节车厢中的两个人不仅会互相帮助，也会从同一扇车窗审视外面的世界。与被采访者建立亲密的友谊不一定能确保写作的完全自由，反而容易带来太多复杂的情感，作者易于妥协或寻求认同。这样一来后果很严重：既牺牲了真正的事实，又使得文字成为善意与合作的祭品。在我看来，朋友之间就算再刻意保持公正也很难避免这样的牺牲，这就是人性啊！

我和英格瓦都很清楚这一点，因此从开头就一直努力避免友谊带来的负面危害。如果这本书没有向公众传递事实，那么我们双方都有责任。英格瓦的任务是把故事说清楚、讲明白，而我则应保持公正并忠实还原事实的真相。在采访过程中，我们有时会谈到一些英格瓦以前从未谈论过的话题，这让他不可避免地感到焦虑。他渴望开诚布公，但完全开诚布公又不是他熟悉的风格。完全透明在他看来可能会引发危机。关于有些内容到底该不该写进这本书里，我们也有争论和摩擦。在某些方面，他绝对不妥协：他拒绝点评那些曾经伤害过他的人，根本不想指名道姓地详谈，只是一语带过；他和宜家曾救助过一批从苏联铁幕下逃离的难民，但他拒绝对外公开这些人的姓名。

然而，他鼓励我在采访宜家的"敌人"时畅所欲言，比如那些宣称被宜家欺负的供应商，还有被宜家解雇的前职员。但当我深入调查这些事件后发现，这些"敌人"应该学会从更公正的视角来看待问题。

本书无意对宜家作学究式的考据，而是基于被采访者的亲身经历和生动口述。同时，我作为作者也时刻注意保持写作的公正性，确保本书的观点不偏不倚，确保采信的材料绝不掺假。英格瓦对工作的事记得有些模糊,他真的很健忘。他尽管总为自己的健忘道歉,为他的选择性记忆自责,但也得为健忘"买单"。为了能真实还原历史,他邀请了很多其他人共同参与,一起回忆公司的创业史。有了第三方的旁证,我们对某些事件的了解就会比英格瓦一个人记得的更全面。在采访的过程中我发现,漫长的半个多世纪过去后,不同的人对同一事件的记忆竟然如此大相径庭。深究每个故事,我们都会发现其中还隐含了无数个小故事。人都会选择记忆他们想记得的内容,这就是人性。到了某个阶段,采访已经类似于心理治疗,而不只是机械记录。

由于地理和时空的阻隔,也因为个人偏好,我无法一一接触英格瓦提供的所有联系人。英格瓦本人的口述更像是所有故事的校准器。我经常会从采访和故事的主线中抽离,转而回到英格瓦的叙述中去追溯真相的源头。为了创作本书,我进行了近百次采访,其中有些不太深入,只能算和被访者愉快地聊天。为了走访调查所有的"业务相关单位",我的足迹从商场、办公室到工厂,从瑞典的阿尔姆霍特一直到中国的上海。最让我受益匪浅的是,英格瓦与我进行了长时间的对谈。我们有时在他斯莫兰的老家,有时在他瑞士的家,有时在他普罗旺斯的葡萄酒庄园,有时在他位于丹麦弗雷登斯堡市(Fredensborg Kommune)的办公室约见。我对这些漫长的面谈基本都做了录音;英格瓦也通过书信、电话、传真和我沟通。他有时私下邀请我去他家下厨,带我巡视商场,和我一起散步,我们还在森林里一起采过蘑菇。但为了书中用词的准确性、遣词造句等细节,我们依然不可避免地争执不休。

本书部分参考了英格瓦保存的演讲、私人信件和笔记,以及"恩达尔事件"(后文有述)留下的资料,还有瑞典政府20世纪50年代对抵制宜家事件的询问笔录。此外，我还翻查了从20世纪40年代初宜家创始以来的所有公司记录，详细研究了支撑整个宜家集团并能确保坎普拉德家族未来影响力的组织架构体系。在采访的过程中我尽量事无巨细，但不可能穷尽方方面面。坎普拉德一生的故事荡气回肠，短短11个月的创作期只允许我取沧海一粟，尽量从多元化的历史角度为读者呈现宜家的精彩故事。

对我个人来说，写作这本书之外的最大乐趣在于亲眼见证宜家的成长。1998年本书的第一版发行问世后，在英格瓦·坎普拉德的要求下，我一直在不断地收集读者反馈。他和其他宜家重要管理者都听取了我的反馈。因为这本书，我们后来又通了无数次漫长的电话，发了很多传真，还花了不少时间一起钓鱼……在此，我要发自内心地感谢这位创始人和他的同事们，感谢他们在成书后依旧慷慨地允许我持续追踪宜家的发展。

感谢英格瓦·坎普拉德，感谢他的妻子和三个儿子，正是因为他们的信任，才有了这本书的诞生。同时，我也要感谢宜家的元老莱夫·舍（Leif Sjöö）帮助我在公司牵线搭桥；感谢坎普拉德的妹妹克尔斯汀和他的表妹I-B.贝利（I-B Bayley）慷慨地向我展示珍贵的家族相册；感谢约纳斯·多尔（Jonas Doll）和耶克·哈伦贝克（Jerker Hallenberg）在各种重要研究上给予我的无私帮助；感谢我新闻界的朋友拉尔斯·布林格特（Lars Bringert）和克里斯蒂安·沃林（Christian Wollin）毫无保留地提供宝贵建议与帮助；感谢毕比·布勒姆（Bibbi Bréum）的耐心阅读和无尽的支持与鼓励；感谢埃娃·哈尔丁格（Eva Halldinger）担任编辑工作，这是我们的第五次合作；感谢每一个曾经给予我无私帮助的人！

写作的过程也是一次宝贵的心灵之旅，让我窥见甚至体察了另一个人的内心。这本书忠实地讲述了宜家如何从一家不起眼的小公司一跃成为身家数千亿克朗、享誉全球的跨国集团的故事，同时也展现了乡村少年英格瓦·坎普拉德从青年奋斗到暮年，最终实现童年梦想的精彩旅程。如果这本书对你有所激励，助你投入商海劈波斩浪，相信坎普拉德本人会露出欣慰的微笑。

奥斯比初级中学（男女合校）的毕业照。英格瓦的数学成绩为 A，德语成绩为 BC，瑞典语成绩为 C。他位于第一排，被女孩儿们环绕着。1943 年夏天，英格瓦得到监护人的同意，创立了自己的公司——IKEA，即英格瓦（Ingvar）、坎普拉德（Kamprad）、艾尔姆塔里德（Elmtaryd）以及阿根纳瑞德（Agunnaryd）的首字母缩写。

作为增刊的《宜家通讯》，是宜家《商品目录》的前身。

英格瓦·坎普拉德童年的家——艾尔姆塔里德农场，位于阿根纳瑞德村的老教区。1943—1953年，这里也是邮购公司Ikéa（字母e上的重音符号是英格瓦受到法语的启发所加的）的所在地。

20世纪20年代末，英格瓦·坎普拉德与他的母亲贝尔塔坐在台阶上。贝尔塔的娘家经营着阿尔姆霍特最有名望的百货商店，英格瓦的生意经可能受到母亲家庭的影响。贝尔塔53岁时就因癌症去世。

贝尔塔、费奥多尔·坎普拉德与他们的两个孩子英格瓦和克尔斯汀（左）。

希多尼娅——英格瓦祖父的母亲。儿子自杀后，她从德国赶来帮忙。

英格瓦和妹妹克尔斯汀。

阿希姆和弗兰齐斯卡——
英格瓦的祖父母。

在莫科恩湖划船，离镜头最近的是英格瓦，背对镜头的是他的父亲。图中的其他人都是艾尔姆塔里德农场的租客。他们帮助农场缓解了财务危机。

英格瓦和父亲费奥多尔。

英格瓦的父亲费奥多尔。

存放牛奶桶的奶桶站成了第一个"配送中心"。

阿尔姆霍特的阿尔宾·拉格布拉德家具商场，陈列细木工制品。1953年，宜家在此设立了第一个家具展厅。

艾尔姆塔里德郊区的棚屋，现已成为阿尔姆霍特宜家总部的经理们短途旅行的聚会点。

1953年《商品目录》的内页。

1958年，第一家宜家商场在阿尔姆霍特开业。

国王道商场至今依然是宜家最大的商场。商场于1965年开业，1970年在火灾中烧毁，并于次年重建营业。曾经的第一任商场经理就是传奇人物汉斯·阿克斯。

1963 年，瑞典境外的第一家宜家商场在挪威奥斯陆开业。宜家第一次踏足北欧后，于 1973 年在苏黎世附近的斯普赖滕巴赫开设的第一家商场，标志着宜家开始进军欧洲市场。

费奥多尔（左），曾长期担任宜家董事会的主席，让英格瓦得到短暂的休息。

莫科恩湖边传奇的小木屋,很多合同都是在这里伴着酒酣敲定的。

宜家创始人和继任的管理者们。从左起：安德斯·莫贝里，1986年接任英格瓦·坎普拉德，担任宜家集团的首席执行官一职；安德斯·代尔维格，1999年接任安德斯·莫贝里的职位（2009年米卡埃尔·奥尔松接任代尔维格的职位）；英格瓦·坎普拉德本人；汉斯·于戴尔，英特宜家总裁。

《阿尔姆霍特通讯》是宜家自己的报纸，用以宣传一切重要的内部事务。这一期刊登的内容：英格瓦·坎普拉德正在进行圣诞演讲。

1998年，上海宜家商场的开业标志着"大飞跃"——宜家开始进入中国家具零售市场。同年，宜家在中国的第二家商场在北京开业。

● 摄影：克里斯蒂安·沃林（Christian Wollin）

最让英格瓦·坎普拉德快乐的事情之一：在莫科恩湖边钓鳗鱼或者抓小龙虾。在斯莫兰森林采蘑菇是另一件他喜欢做的事情。
●摄影：伯迪·托尔卡（Bertil Torekull）

序

从冰碛平原走向全球

我是唯一从零开始见证宜家故事的亲历者。

序
从冰碛平原走向全球

阿尔姆霍特，斯莫兰，瑞典，世界。

这里是他的生命之根，这里是他的精神家园。

市集广场上矗立着卡尔·冯·林奈（Carl von Linné）的雕像，这位著名的瑞典植物学家曾为世界上每个角落的植物命名。林奈的雕像静静地注视着铁路另一边的一座现代化大商场，这家商场的创始人叫英格瓦·坎普拉德，他也像林奈一样在世界上各个角落留下了行迹。

在他们共同的故乡瑞典，鲜花与各种新思想在生长，新公司如雨后春笋般涌现，如此多的变化让人目不暇接。

从阿尔姆霍特镇到邻镇皮亚特镇（Pjätteryd）教堂的道路蜿蜒曲折又颠簸，掩映在周边茂密的黑森林中，一直通向阿根纳瑞德村。19世纪英格瓦·坎普拉德的祖父母移民至此时，走的也是同一条崎岖的道路。再往前走17千米就是艾尔姆塔里德农场，坎普拉德就是在这里成长的。农场上三幢房子环抱围成小院，碎石子铺成的小路通往正中间的花圃。大门口的绿棚子原本是存放牛奶桶的奶站，后来这里成为他第一个童年梦想——成为商业巨子的启程之处。

农场里的谷仓如今空空如也，但农场四周依旧环绕着黑暗而浓密的森林，林间遍布着神秘的小道，延伸至森林深处。黑森林静谧无语，还像他上小学时一样不染尘嚣。这里没有拖拉机和汽车的隆隆轰鸣，只有雄獐的叫声偶尔划破无声的寂静。

我跨越千山万水，来到这个偏僻的小村庄"朝圣"，因为宜家就是在这里诞生的。

这个小村庄一片荒凉，冰碛统治了一切:大片的欧石楠丛生的荒野，土质贫瘠，到处遍布着沙土和砾石。孤单、沉寂、保守笼罩着一切，风偶尔拂过成片成片微笑着的牧草，穿过桦树林，挽起她黑色的面纱，吹来阵阵隐约的啜泣。农民的村舍都很小，坚如泥石的贫瘠土地不养人，村里人只能苟活，保证最基本的生存已非易事。

但正是在这泥石般的沉寂中，从这片荒凉的冰碛平原和同样荒凉的精神世界里，诞生了宜家这颗充满生机的种子，宜家的梦想在这里生根发芽。万物生长依赖天地精华，宜家如今已经长成枝繁叶茂、参天而立的大树。我来到当初播种它的小村庄，试图探寻为它输送养分的土壤，探究它深藏地底的粗壮根系。

就是在这片贫瘠的土地上，一个患有诵读困难症的农场男孩一笔一笔为未来的宜家集团勾勒出了最初的蓝图。他的成功让人不可置信，人们对他的一切都充满好奇：他为何如此才华横溢？他如何取得成功？那些绝妙的创意到底是怎么来的？这些创意怎样挑战了当时的时代，甚至引领了时代风潮？

眼前这片荒凉的冰碛平原就是坎普拉德一切商业哲学的原点。每年宜家的储备干部都会来这里"朝圣"。对他们来说，重走农场那条通往门口奶站的小道，重走坎普拉德踏过的老路就像找到了通往他思想的捷径，就像到圣地麦加朝圣。即便不是顶礼膜拜，也需凝神定气，仔细参悟和冥思。他们抚摸着道旁的树木，仿佛在进行庄严的宣誓，宣誓付出自己的灵魂，全身心投入未来的伟大事业；宣誓继续为宜家贡献力量，努力创造商业神话和传奇；宣誓用自己的热血铸就商业佳话。他们的双手仿佛要从这抚摸中汲取无穷的力量。然而，谁能告诉我，这神奇的力量究竟是什么呢？

当初坎普拉德"两手空空"创造出奇迹，从"一无所有"建立起庞大的集团。

然而,"两手空空"如何套白狼?"一无所有"如何"打江山"?

他拥有温暖的爱和鼓励,拥有天生的充沛精力,拥有强烈的欲望,再加上好奇心和想象力,又怎能说他是"两手空空"呢?上天的厚待,加之他克服了自己的弱点,又怎能说是"一无所有"呢?此外,我们有没有考虑其他因素呢?比如自尊,永不停歇的精神,还有他从小到大所受的教育。在已知与未知的失败到来时,这些算不算支撑他的力量?

祖先遗传给我们的根与血脉,我们追逐的财富梦,以及我们想要在父母面前证明自己的决心,这些算不算一种力量?宇宙造化又算不算一种力量?一旦拥有力量,我们又能够成就什么?没有任何智者能够肯定地告诉我们答案。

但我们知道,这些都是不可或缺的力量。

这本传记的主人公坎普拉德生在一个以勤俭节约为美德的家庭,可他的家境并不贫寒。而且,在成长的过程中,他备受家人的关爱与呵护,生活非常幸福。坎普拉德成长的年代充满了不确定性和各种机遇,身边的人很早就了解了坎普拉德的天性,看到他天马行空的创造力,理解他追求的终极人生乐趣,并为他树立学习的榜样,不过这其中有些人在政治上具有误导性。20世纪30年代,瑞典社会民主党提出了著名的"人民之家"执政纲领,目标是要在瑞典建立公民享有充分的生活保障与民主平等的社会,并建立起针对养老、健康等问题的社会保障制度。在瑞典上下群策群力发展"人民之家"的大背景下,少年坎普拉德积极投身社会建设,在家人的鼓励和关爱中成长,并学会了运用自己的能力克服各种各样的困难。少年时期的他无忧无虑,几乎没受过什么挫折。

这本书并非只写坎普拉德白手起家的故事。这本书还将描述他拥有坚定的梦想和永不满足的精神，但同时也爱自怨自艾；他充满好奇心，但同时也有成功企业家的刚愎自用。他本人就是个奇妙的矛盾体，既合群又孤僻。本书既描述了他通过经营发展宜家实现了美好理想，又讲述了他在这一过程中遭遇的种种挫折。

有些人也许会责怪我太过简要地概括了这位商业奇才一生的伟大成就，也有批评者认为我是在对一个无可救药的资本家唱颂歌。在他们眼里，坎普拉德一生贪得无厌、追名逐利、用尽手段，不过是为了让自己辛苦打造的宜家集团长盛不衰。

而更多的读者则从坎普拉德的故事中看到了自己的影子，实际上，每个人的心中不都同样孕育着蠢蠢欲动的奇迹的种子吗？

INGVAR KAMPRAD ELMTARYD AGUNNARYD

第一章

家具商的成长背景
1894—1943

我是唯一从零开始见证宜家故事的亲历者。

斯莫兰森林里的德国人

> 他的命运从此注定。
>
> ——威赫姆·莫贝里（Vilhelm Moberg），代表作《移民》

阿尔姆霍特镇西北 20 千米处，坐落着阿根纳瑞德村。1897 年寒冬，一场生与死的戏剧在镇上的艾尔姆塔里德农场悄然拉开帷幕。这是一场看不见硝烟的暗战——为了金钱、权力和产权，来自外乡的移民挣扎着试图融入社会，在钩心斗角中艰难地生存。在这场悲欢离合中，有一位私生女和一位雄心勃勃的富家公子即将登场，他们不幸的姻缘是故事的开端。

所有的一切都得从一份邮购广告说起。

1896 年，德国人阿希姆·埃德曼·坎普拉德（Achim Erdmann Kamprad）带着妻子弗兰齐斯卡（Franziska）历经漫长的旅程抵达特雷勒堡港（Trelle-borg），终于踏上了瑞典的土地。丈夫阿希姆还不到 30 岁，弗兰齐斯卡比他小 4 岁。两人育有两个儿子——3 岁的弗朗茨·费奥多尔（Franz Feodor）和刚满 12 个月的埃里克·埃尔温（Erich Erwin）。他们的第一个孩子不幸于 1892 年 10 月夭折在襁褓中。

这家人刚到瑞典就马不停蹄地赶往斯莫兰，因为阿希姆在那儿买了一片森林。阿希姆光凭一份刊登在德国狩猎杂志上的广告，就轻易地买下了这片远在瑞典的陌生森林，没有提前做任何实地考察。这次奇特的邮购交易让当地人一下子就知道了坎普拉德家。

年轻的坎普拉德一家乘坐火车抵达小镇阿尔姆霍特。从莫克勒霍特（Möckelhult）专程赶来的卡尔·约翰松（Karl Johansson）到镇上接待了他们，然后驾着马车经过漫长而崎岖的小路，把他们送到了位于阿根纳瑞德村的农场。一路上，静谧的湖面泛着粼粼的微光，让人陶醉其中。但环顾四周陌生的土地，阿希姆和妻子开始感到莫名的紧张。道路旁的松柏庄严无声，黑压压地寂寞挺立。他们甚至连一句瑞典话都不会说。村里很快传遍了关于这家"入侵者"的各种流言蜚语。毫无疑问，坎普拉德一家的命运从此发生改变。

刚开始，雄心壮志的阿希姆专心投入农场主的新角色，他要经营的是一片449公顷①的壮阔土地。但很快他就又变回了当初那个富家公子哥，开始沉迷于永比镇（Ljungby）上的酒店，还雇了一名专职车夫。隔三岔五，他就乘着自己的豪华四轮马车流连于声色犬马的生活中。或许在阿希姆的内心深处早就已经自暴自弃，他早就知道精明能干的妻子可以替他承担生活的一切重担，毕竟本来就是精力充沛的弗兰齐斯卡在当家。

阿希姆从小继承父亲衣钵，学习管理林业，经营家族木材生意。阿希姆的儿子和孙子同样继承了他们的家族基因，很有这方面的天赋。阿希姆重孙子的血液中也会流淌着代代相传的森林基因，把家族传统发扬光大。但对阿希姆来说，一个人管理这么大一片林地远远超出了他的能力范围，农场的惨淡局面让他不堪重负。他脑中盘算过如何重振日渐衰微的农场，可拮据的经济状况已经不允许他再空谈设

---

① 1公顷=10000平方米。

想。谣言很快就传开了，大家都说新来的农场主阿希姆已经危机重重，濒临破产。不怀好意的邻居们开始妄想吞并他的林地。

1897 年春天，阿希姆·坎普拉德向阿根纳瑞德储蓄银行申请了一笔贷款。然而不幸的是，银行拒绝借给他这笔救命钱。阿希姆的希望瞬间全部落空，陷入痛苦的他顿感未来黑暗无望。传言说，一回到艾尔姆塔里德农场，他就开枪打死了自己养的几条猎犬，随后饮弹自尽。命运总是爱开玩笑——经历丈夫死亡之痛 30 多年后，弗兰齐斯卡又失去了一位至亲，她脆弱的小儿子埃里克也吞枪自杀，匆匆结束了年轻的生命，而之前他凡事都过度依赖母亲。

阿希姆离世 6 个月后，弗兰齐斯卡诞下了他们的第四个孩子，一个小女儿。从此，这位年轻的德国寡妇就在异乡艰难地拉扯着三个孩子生活，同时还得处理丈夫撒手人寰后留下的一团乱麻。但好在她吃苦耐劳、精力旺盛而且天生有管理才能。弗兰齐斯卡很快就成了受邻里尊敬，甚至让人有些敬畏的女农场主。她因为坚强固执而声名远播，当地人都叫她"女老板"，对她敬而远之。

背井离乡来到这片完全陌生的土地，没有熟悉的亲朋好友可以依赖，弗兰齐斯卡渐渐学会了不再轻易表达自己的情绪。但每当有流浪者在门前乞讨，她都会慷慨施舍。大家都觉得她很有掌控力，换句话说，她希望自己能控制所有人和所有事。直到 80 岁去世的时候，她依旧不改当年的严肃，她那份固执、坚持，还有难以接近的气质依旧不减当年，一如她从来不曾向恶劣的自然环境妥协的决心。

那么，她和丈夫当年为什么要背井离乡远赴瑞典呢？

我们并不了解这对夫妇背井离乡的真正原因。也许是因为阿希姆的母亲希多尼娅（Sedonia）想摆脱她那一无是处的儿子吧，也许她才是这所有一切的起因。希多尼娅对儿子纡尊降贵迎娶身份、地位远低于他们家的儿媳一直不满意。这对年轻的小夫妻可能是害怕希多尼娅的阻挠，因此不远万里跑到了瑞典讨生活。

弗兰齐斯卡出生于苏台德地区，是波希米亚-摩拉维亚（Bohemia-Mähren）的格林塔尔·贝·奥尔伯恩豪镇（Grunthal bei Olbernhau）上一家小旅店老板的私生女。她的生母本来嫁给了一位采矿工程师，过着小康生活，但婚姻不太幸福。后来她的生母和一个小旅店老板产生私情，生下了她。但她的生父只给了她们娘儿俩一笔钱，就断绝了所有往来。弗兰齐斯卡的生母很聪明地用这笔钱投资了一家小旅店。但后来由于生活所迫，她嫁给了一位在海关工作的文员，又生了三个孩子。

阿希姆的母亲希多尼娅婚前是一位贵族小姐，阿希姆的父亲坎普拉德是当地的地主乡绅。虽然希多尼娅的娘家财大气粗，但她命运多舛，一直遭遇丧子的非人折磨。她一生育有12个子女，但其中9个不幸夭折。希多尼娅对好不容易幸存下来的二儿子阿希姆寄予厚望。在她看来，阿希姆应该好好仰仗家族的力量，未来方能出人头地。

惊闻阿希姆自杀的噩耗，希多尼娅陷入了巨大的痛苦之中。但就在这样的关键时刻，她还是强忍着痛苦，不远万里赶到艾尔姆塔里德农场，陪在绝望无助的儿媳身边，与她并肩作战。她不仅帮助儿媳解决了农场上的各种麻烦和困难，还用自己的钱帮孤儿寡母还债，使他们免受债权人的侵扰。尽管她对弗兰齐斯卡曾有偏见，并总是略带轻蔑地称她为"蠢驴"，但在危难时刻希多尼娅还是对她鼎力相助。她还给孩子们聘请了家庭教师，教授他们语文和数学。孩子们被送到隆德（Lund）正式上学前，都曾在家里接受过一定的学前教育。

3年后，希多尼娅也不幸追随阿希姆而去。阿希姆留下的三个孩子继承了希多尼娅在德国的一处地产。变卖了这处地产后,艾尔姆塔里德农场终于得到了雪中送炭的资金援助。谁能想到,希多尼娅的大重孙在70年后会为她光耀门楣,在她的祖国德国重新打响坎普拉德家族的名号。这位商业奇才征服了整个德国市场,他创立的商业王国远比他来自的城堡要宏伟得多。

坎普拉德家族第一代移民的生活波澜壮阔,远非两三句简单的语言可以概述。我们永远无法窥探他人生活中最隐秘的内在驱动力。但在了解了故事背景后,我们更能了解日后坎普拉德在瑞典开创商业帝国的故事,了解他如何从这里历经艰难险阻走向世界。

这本书不是一个可怜的移民家庭挑战冰碛平原的故事,不是刻画他们如何为了生存进行精神与肉体上的双重博弈,也不是讲他们如何战胜贫困的。本书要追溯的是一个家庭回归生命之根的旅程。

弗兰齐斯卡以前偶尔会把农场的活儿暂交工头弗里茨·约翰松(Fritz Johansson)打理,自己带着三个孩子回到她的老家——苏台德地区的波希米亚-摩拉维亚探访亲戚。弗里茨对三个失去父亲的孩子来说是个值得信赖的监护人,他一直照顾着这家人。大儿子弗朗茨·费奥多尔在25岁时接管了家族农场。但弗兰齐斯卡一直都"垂帘听政",从儿子未婚时起就一直像老鹰一样紧盯着,直到她去世。费奥多尔和心爱的姑娘贝尔塔·尼尔松(Berta Nilsson)结婚后,弗兰齐斯卡很不情愿地"退位"暂居幕后。新媳妇贝尔塔的父亲经营着当地最大最有名的商店,她心地善良,也很能干。过门后,弗兰齐斯卡对儿媳一直比较冷淡,唯有面对年幼的孙子英格瓦·坎普拉德时,这位冷峻的老人才会表现出少见的爱意和温暖。一辈子在斯莫兰森林里被当作不受欢迎的外来人对待,经历过无数大起大落,这位老人只有在孙子面前才稍微放松,流露出片刻的脆弱。

我的农场时光

我们在教堂边的树荫下教他跳舞,
浓密的橡树叶子婆娑低语,老式留声机里放着唱片……
坎普拉德小时候胆子很大,爱冒险,他总爱捉鱼、摸小龙虾,
抓了小龙虾就往秋裤的屁兜里塞。他从小就这样!

——I-B. 贝利,英格瓦·坎普拉德的表妹

英格瓦·坎普拉德亲述:

我是家里的长子,出生在阿尔姆霍特的邻镇皮亚特教区的白十字妇产医院。我们家开始住在马吉托普(Majtorp)农场,靠近永比镇,位于阿尔姆霍特镇和皮亚特镇之间。我的外祖父在阿尔姆霍特镇上拥有一家大型商店,马吉托普农场是他送给我母亲贝尔塔的嫁妆。每个女儿结婚时外祖父都会陪嫁一块地产,算是提前分配遗产,他把商店传给了唯一的儿子。

有几年我父亲一直在马吉托普和艾尔姆塔里德两座农场来回奔波,其间20千米的路程他得骑自行车、骑马,或者赶马车。尽管作为长子的他在1918年就已经继承了家业,但艾尔姆塔里德农场一直都是祖母的天下。1933年,我们在祖母的命令下搬回了艾尔姆塔里德农场。当时年仅25岁的父亲根本不想接手农场,但祖母的话就是圣旨,他不得不乖乖遵命,回家听凭祖母指挥。

第一章
家具商的成长背景

祖母的话对我的叔父埃里克来说同样也是圣旨。他本人希望出去闯荡闯荡,但最终被迫留在农场生活。叔父之前曾爱上一个来自隆德的姑娘,她是个银行出纳员。可祖母却反对说:"你得留在家里!"于是他只好听命留下。1935年,叔父走上了祖父的老路吞枪自杀了。那一年我虽然刚满9岁,但至今都记得家中那份笼罩着悲伤阴沉的氛围。

我深爱的叔父埃里克不仅枪法好,还是个了不起的林业专家和渔夫。祖母的厨艺不太好,但每次埃里克叔父打到鸭子回来,她都会亲自下厨给我们做烤鸭。

我的母亲人见人爱,即便活在她婆婆的阴影里也总用乐观、幽默感染着身边的每一个人。她对我来说简直就是无所不能的女超人。我不太清楚她自己有什么想法,但至少她和父亲一样从不违背祖母的命令。家里人都知道,"老夫人"和"少奶奶"说话的分量是不一样的。

婚后,母亲很快就发现父亲不是块做生意的料。在征得父亲的同意后,她开始出租农场的客房,用来补贴家用。母亲把房子租给夏天来的短租客,还为他们提供三餐。起初,父亲对这门生意根本就不上心。但没想到我们的客房爆满,特别受欢迎,以至于全家人不得不挤到父母的卧室里住。母亲还从祖母那儿借了几间房子出租。我们虽然只向每个客人收取几克朗的微薄租金,但这笔额外的收入缓解了农场的经济危机。

母亲是我们家的无名英雄,但她还不到50岁就不幸罹患癌症。饱受疾病折磨的母亲从未真正享受过做艾尔姆塔里德女主人的好日子。母亲53岁时去世,那一年我30岁,正是而立之年。许多年后我建立了以母亲名字命名的癌症慈善基金会。每年圣诞节,阿尔姆霍特的宜家员工们都会向基金会捐赠善款。

每次想到这里我都忍不住红了眼眶。

在母亲住院治疗的最后日子里，父亲寸步不离她的病床，没日没夜地守候在她身旁。他们一辈子都那么恩爱。

还记得那时农场上有一位叫蒂勒·安德松（Ture Andersson）的马夫，他的儿子卡勒（Kalle）是我儿时最要好的朋友。那会儿我最开心的事就是家长同意我留在卡勒家过夜，我喜欢和他的兄弟姐妹们一起玩儿。晚上，我们几个小孩全都挤在一张长毛绒大沙发上睡觉，两个人头朝一边，其他三个人头朝另一边。每次去他们家，我都喜欢爬到沙发上睡觉，头挨着小伙伴们的脚。我很享受这种感觉。我是一个典型的群居动物，只要和大家打成一片我就特别开心。

童年时代我就有了做生意的意识，这一点与大多数同龄人不一样。我央求姑妈帮我从斯德哥尔摩的批发市场以 88 欧尔的低价订购了 100 盒火柴。姑妈都不肯向我收取邮费。后来我以 3 欧尔一盒，甚至有时 5 欧尔一盒的价格，转手把这些火柴都卖了出去，从中赚取了每盒 2~4 欧尔的差价。那时我还不到 5 岁，不懂什么边际利润。这次做生意的经历让我体会到了赚钱的快感，这种感觉我一辈子都记得。

后来我还卖过圣诞卡片和墙面装饰品。我自己抓鱼，然后骑着自行车到处叫卖。我还把自己采摘的越橘委托巴士送到赖尔多（Liatorp）卖给买家。11 岁的时候，我为延雪平省奈舍市（Nässjö）的 J. P. 佩尔松公司（J. P. Persson）经销园艺种子。这是我的第一笔大生意，也是我真正意义上的第一桶金。赚到钱后，我立刻把母亲那辆老旧的爱马仕牌（Hermes）自行车换成了最新款的蓝色诺德施南牌（Nordstjernan），还奖励了自己一台打字机。

我可能不是干农活儿的好手，但某年夏天我曾和朋友奥托·乌尔曼（Otto Ullman）一同照看过牛棚。奥托是德国犹太难民的后代，打仗的时候逃难到我们农场,成了我最要好的朋友之一,一度与我共事。

此外,我还会手工挤牛奶,会用镰刀割草。掌握这些技能使我很自豪。

从那时起我就迷恋上了做买卖。对于还是一个年幼的小男孩的我来说,做生意不仅能满足挣钱的欲望,还能让我惊异地发现商品原来可以低价买进、加价卖出,并从中赚取差价。记得10岁那年,父亲费奥多尔带我走在林间的草地上。父亲专门学习过森林管理,他指着一片林子对我说:"真想在这片林子里修条路啊!但修路实在太费钱了。"接着,他带我去了另一片林子,又跟我抱怨因为缺钱很多计划无法付诸实践。

当时我就想:如果我能帮爸爸就好了!如果我能得到一笔钱就好了……要想实现任何计划,都得具备一定的经济基础。

这就是我的金钱观。只有一次,为了做成一笔大点儿的生意,我跟父亲借过90克朗(相当于11美元)周转。90克朗在当时算是一笔不小的数目。还有一次,赖尔多的斯堪雅银行(Skånska Bank)的经理埃克斯特伦先生(Mr. Ekström)被我少年时蓝眼睛里流露出的勇气感动,借给我500克朗(相当于63美元,这在当时是相当大的一笔钱)。有了他开的这张银行汇票,我才有足够的资金从巴黎进货,一下子采购了500支自来水钢笔。

说真的,这是我这辈子仅有的一次"真正"跟人借钱。做买卖的基因可能是我与生俱来的,因为我母亲家本来就是阿尔姆霍特镇最会做生意的经商家族。她的父亲,也就是我的外祖父卡尔·伯纳德·尼尔松(Carl Bernard Nilsson)当时经营着阿尔姆霍特最大的商店,也做五金经销生意。我的舅父瓦尔特(Valter)后来继承了外祖父的商店，可他不太擅长经商，但擅长打猎。舅父热衷于参加"国际扶轮社"（Rotarian）组织的各种社会服务活动，还是商会成员。他是个很随和的人，有段时间我一直跟在他身边打杂。

外祖父经营的是特别传统的老式乡村商店。店里有四五个伙计，到处弥漫着一股鲱鱼、太妃糖和皮革混合的味道，后院很大，可以养马、喂马。对顾客来说，不论天上地下，凡是你想买的店里应有尽有，连火药都有得卖。

小时候我帮不上家里什么忙，外祖父也从没要求我必须在店里帮忙。但我自己乐意时不时给他当当小跑腿，有时候会在他的店里待一整天。

我是外祖父在这个世界上最疼爱的人，而他也是我童年最要好的玩伴。小时候我一直幻想自己有两个如影随形的好朋友。这两个虚构的小伙伴是印度人，一个叫康菲特（Kamfert），一个叫香奈（Schane），不管我做什么，他们都会忠实地伴随在我左右。那时我还用大写字母 G 代表外祖父。

我们总是"四个人"一起过家家，一起搭城堡，一起讲故事。每当晚饭的时候，外祖父都不顾臃肿的身材，耐着性子陪我和虚构出来的好朋友康菲特、香奈爬到餐桌底下玩，还会依着我的性子从桌底下钻出来陪着我们"开汽车"。外祖父深谙与儿童相处的艺术，也懂得如何玩游戏，他对我的异想天开一直很包容。对我们来说，想象力没有边界。

外祖父在做生意方面太过心慈手软，仁慈善良得好像陪我过家家一样，很难开口向顾客要钱。

外祖父的商店早就不在了，宜家在一个偶然的机会下收购了外祖父的商店。20 世纪 60 年代的一天，瓦尔特舅父宣布破产，我便买下了他的商店和周围的土地。后来宜家在这块地基上投资兴建了酒店。

幸亏当时的英明决断,加上我从当地政府手里收购的其他地皮,我们才能在宜家当年起步的原点上建设新的商场。新商场就在阿尔姆霍特火车站的正对面,中间隔着一条铁轨。在这块地上的宜家商场凝聚了我双亲的血脉,交织着母亲和父亲两个家族的历史。外祖父那个传统商店现在已变成了现代化的家具商场,而我们售卖的所有家具都是用周边黑森林里的木材制造的。

祖母与我

这是一个最好的时代,这是一个最坏的时代;
这是一个明智的时代,这是一个愚昧的时代。

——查尔斯·狄更斯,《双城记》

英格瓦·坎普拉德亲述:

我的祖母名叫弗兰齐斯卡,我们大家都叫她范妮(Fanny)。她是对我影响最深的人,也对我们整个家族产生了深刻影响。祖母很有智慧,但出生于普通家庭。我的祖父出身名门,显赫的家族史可以一直追溯到18世纪。我的曾祖父萨卡里亚斯·奥古斯特(Zacharias August)与冯·贝伦斯泰因(von Bärenstein)家族联姻生了我的祖父,但坎普拉德家族没有被封为贵族。我们家有一把神秘的祖传宝剑。这把剑我珍藏至今,剑柄上刻着象征英格兰女王嘉德勋章的重要标志——法语"心怀邪念者蒙羞"这句话。

谁也不知道这把剑究竟是怎么来的。

有一次,在去波兰的途中,我无意间发现一块墓碑,上面竟然刻着"坎普拉德"的名字。后来我才发现,原来坎普拉德大家族的后人遍及世界各地——有一支现居荷兰,还有一支从德国萨克森自由州(Saxony)一路迁徙到了今天乌克兰的敖德萨(Odessa)。曾经有位老先生从芬兰远道而来想约我见面,因为他也姓坎普拉德,但他姓的

"坎普拉德"是以 dt 字母结尾。我没有花太多精力研究坎普拉德家族的家谱和历史，但我儿子约纳斯（Jonas）对研究这类问题特别感兴趣。

我的曾祖父曾是位优秀的林业家，祖父移居到瑞典后也专门学习了林业。我们家族的其他亲戚曾在奥地利园林学院上过学。据说要考上这所园林学院可不简单，他们招收的学员必须祖上 12～14 代都有史可考。

坎普拉德家族算是上流社会的"乡绅阶层"，祖母肯定知道自己和"这些人"之间有天壤之别。但祖父一意孤行与她这种出身贫寒的女子相爱，最后还不顾家庭的强烈反对与她成婚。祖父母的婚姻后来影响了我父母一生的走向。

祖父不幸离世后，祖母为了操持生计被迫奔忙。我的曾祖母希多尼娅在最艰难的时候给予了他们无私的帮助。曾祖母甚至还安排了家庭教师辅导我的父亲、叔父埃里克、姑妈埃尔娜（Erna）三个孙辈的学习。父亲有段时间读的是天主教教会学校，这对他后来的一生产生了巨大的影响。他们兄妹仨大一点以后就到隆德去上学了，祖母跟着他们去隆德陪读。

刚移民到瑞典时生活异常艰难，现实的残酷磨砺了祖母的性格。她移民之前对生活的期待与现实差距很大，突然失去丈夫以后她被迫担起了一家之主的重任。当时艾尔姆塔里德农场只聘请了一个叫作蒂勒·安德松的马夫，还有两个帮工——希尔丁·舍斯特伦（Hilding Sjöström）和安德斯·科莱特（Anders Collett）。我记得，祖母有个老规矩，大家到晚上就得把当天挤出来的牛奶都送到祖母住的大屋去，两三个装牛奶的大桶放在厨房的长凳上等待着祖母分配。头一份她会先分给自己，第二份分给我们全家，还有一份分给帮工和马夫，最后她还会分一些给那些住在附近买我们牛奶的佃户们。大家拿到牛奶后都会很有礼貌地感谢祖母，然后再回家。

每年我们农场会宰两三次牲口，每次分肉祖母也要亲自监督。刚屠宰出来的鲜肉，祖母用德语称为"Weltfleisch"。她会挑出肉质最好的部分先给自己和姑妈拿回去，剩下的肉拿盐腌起来，放在地窖的大盘子里存着以后再吃。过段时间，这些肉就会变成蓝不蓝绿不绿的腌肉。

祖母还有个非常古怪的习惯。她要求我们先把地窖里的陈肉吃完，之后才能吃新鲜的。她老是把那种存放时间最久的老肉干分给母亲。我们把肉拿回家，得泡上好几天甚至好几周，才能把肉里的盐泡掉。可即使泡了好几天，吃的时候这些肉还是咸得要命。

祖母和母亲偶尔会爆发小冲突，父亲一直对祖母唯命是从，永远站在祖母这边。每天一大早，父亲总会先起床给砖瓦炉生火，这样祖母起床的时候炉火也烧旺了，她就不会感到冷了。祖母是专制型的传统大家长，大家都对她尊敬有加。祖母最疼爱的人是我，和农场里的其他人相比，我从没领教过她的暴脾气。

至今我还记得一段童年小插曲。

小时候我从来没被父母打过，唯独有一次因为调皮而被父亲惩罚。那时母亲散养了一群鸡，我抓住其中一只可怜的小鸡用手拧它的脖子。父亲刚好看到这一幕，特别生气，满农场地追着要打我，我赶紧一溜烟地往祖母住的大屋逃。祖母站在厨房门口的台阶上，一边拍着膝盖一边大喊："快跑！快跑！英格瓦，快跑！"

眼看父亲还差几米就追上我了，祖母突然一把护住我，冲父亲挥着拳头说道："看你还敢动我的大孙子！"

所以我从小偏向祖母。祖母不仅给我创造了一个不受外界影响的

第一章
家具商的成长背景

小世界,而且从我5岁开始做买卖起,她一直是我最忠实的特别顾客。不论是否真的需要,她都会从我这儿买点零碎东西照顾我的生意。祖母的鼓励让我有了继续把小生意做下去的念头,有了向邻居们兜售的勇气。祖母去世后,我们在她屋里找到了一个盒子,整整一盒装的都是钢笔之类零七碎八的小物件——都是从她孙子的手上买的。

20世纪30年代初,祖母经常给我讲她老家亲戚的故事,那时我还不到9岁,经常听说老家的亲人们过得非常惨。祖母的老家在苏台德地区,根据1919年签订的《凡尔赛和约》被划给了捷克斯洛伐克。过去,祖母总是按月给亲戚们送些衣物之类的东西,所以我们农场一直有收集旧衣服的习惯。政府还允许我们往苏台德地区寄少量食品,其中包括半斤咖啡。那时候在邮局寄东西还需要列出包裹里所有物品的详细清单。

我母亲也总给她那边的亲戚寄包裹,他们那时候显然也过得穷困潦倒。

后来,祖母受到希特勒及其大日耳曼帝国计划的蛊惑,逐渐成为元首的崇拜者。她觉得自己骨子里是德国人而非瑞典人,或者更确切地说,她出生在苏台德地区,理所当然觉得自己属于德国而不属于捷克斯洛伐克。尽管她早已移民瑞典流浪在祖国之外,可她的心仍然和德国同胞紧紧联系在一起。第一次世界大战前夕,祖母经常带着年幼的孩子们回德国南部老家探亲,走的时候家里萧条的农场就交给帮工打理。

第一次世界大战后,整个世界的形势发生了翻天覆地的变化——祖母再也回不去德国了,而她的家人则滞留在了捷克斯洛伐克。祖母常跟我说捷克斯洛伐克人欺负住在苏台德地区的德国人,童年的我听了这些故事以后自然对可怜的德国人充满同情。祖母不幸在1945年第二次世界大战结束后去世,无福在有生之年亲眼看到两国代表握手言和——瓦茨拉夫·哈维尔（Václav Havel）代表捷克斯洛伐克,赫尔穆特·科尔（Helmut Kohl）代表德国,共同呼吁两国人民互相谅解,在未来一起和平发展。祖母和她的德国同胞从没享受过这样的和平安乐。她这辈子最开心的一天是在1938年,那天希特勒入侵苏台德地区并将它重新收回德国版图。她听闻这个消息后特别高兴,立刻张罗着办了个派对,邀请邻里喝咖啡庆祝。

父亲在政治问题上深受祖母的影响。虽然父亲年轻时曾对社会主义抱有好感,但后来越发保守,支持民族主义并公开反对布尔什维克。父亲同样以德国人自居,每次听说祖母家亲戚的不幸遭遇时,他都和祖母一样伤心难过。他是希特勒的崇拜者,但算不上狂热分子,因为他觉得"元首""拯救了"苏台德地区的所有德国人。这也难怪,哪个德国人会讨厌主张祖国统一的人呢？

那时村里乡亲们一提到父亲就说他是极端纳粹主义分子,大家在背后叫他"纳粹"。我能理解乡亲们,但我心里一清二楚,他根本就不是什么纳粹,从来没有加入过林霍尔姆党（以斯文·奥勒夫·林霍尔姆的名字命名的瑞典纳粹党）,更不是新瑞典运动的成员。但"亲德"与"纳粹"在人们的意识里区别非常细微。

从我的角度来看,童年时期的我既爱严厉的祖母,也爱我的好父亲。他们自然而然地灌输给了我某些思想,我顺理成章地"提前德国化"了。

那时我们家农场保存了各种各样来自德国的宣传轰炸产品：浮夸的海报上描绘着穿制服的德国大兵,他们年轻帅气,欢乐地围坐在营火周围。海报上往往还配有文字,说德国大兵们正在行军路上,即将参与帝国伟业。祖母还曾经给我看过一本名为《信号》（Signal）的彩色杂志。这本杂志主要表现了德国年轻一代的幸福生活。童年的我对这一切的理解和反应都是幼稚的，认为伟大的"希特勒叔叔"为祖母家亲戚做了那么多好事，而且对儿童和年轻人尤其关爱。

我可能属于那种特别容易受影响的人，仪式性的场景很容易触动我的心弦。埃里克叔父——他最终饮弹自尽了——以前经常会赶个好日子或者节日，在农场里庄严地升起旗帜，那庄严神圣的一幕至今还萦绕在我的脑海中。小时候在学校里唱国歌时我都会眼泛泪花，这辈子我都极其感性，常常掉眼泪。都说男儿有泪不轻弹，可我的性格就是这样——极度多愁善感。成年后的一幕又浮现在我脑海中，那大概是 20 世纪 80 年代，我的好友、知己和宜家的资深会计师西古德·勒夫格伦（Sigurd Löfgren）曾用一首诗让我潸然泪下。我们曾一起把丹麦弗雷登斯堡市的办公楼地下室改建成一个娱乐活动室。完工那天我们手握着手，他朗诵了瑞典浪漫主义诗人丹·安德松的优美诗歌。当他朗诵到动情处，我情不自禁地掉泪，怎么都停不下来。

现在看来，我与祖母之间的亲密联结就是我的宿命。童年的经历缔造了我的思维方式，也为我的未来埋下了不可预计的后果。青少年时期在政治上的迷失让人们对我有了纳粹和法西斯的错误印象，尽管几十年后我已经彻底摒弃年少无知的言论并彻底觉醒，但仍要为当年德国化造成的负面影响还债。

因此从这个角度讲，我的德国祖母范妮是影响我最深的人。她曾在我的生命中扮演了至关重要的角色，但也酿成了我后来的悲剧。她曾经如此深爱着我。

第二章

崭露头角的企业家
1943—1953

我是唯一一从零开始见证宜家故事的亲历者。

成为家具商之路

> 年轻人,你这样永远都当不了老板。
>
> ——贡纳尔·扬松(Gunnar Jansson)

母亲发现我从外面囤了很多货并带回家,开始担忧了。她担心这么多钢笔和橡皮根本卖不出去。那时候我们农场里的每间房子都有人住,于是我开始固执地挨家挨户推销。一旦下定决心做一件事,我肯定全力以赴,不达目的誓不罢休。

英格瓦·坎普拉德亲述:

中学最后一年,我鼓捣着玩的生意居然越做越大,逐渐有了正规公司的形态。我在乌斯比镇(Osby)学校宿舍床底下搁了个棕色的大纸箱,里面囤积了好多用来卖的腰带、皮夹、手表和钢笔。

1943年春天,我终于满17岁了。我希望在去哥德堡(Göteborg)读商学院之前能创立属于自己的公司。但根据瑞典法律,未成年人注册公司必须得到监护人的许可,而且监护人必须是原生家庭之外的人,一般来说是当地德高望重或者有头有脸的人物。我的监护人是恩斯特(Ernst)先生。于是我足足骑了6小时的自行车,专程跑到阿根纳瑞德村找他,向他说明了开公司的打算。虽然恩斯特叔叔并不理解我的想法,但他还是停下地里的农活儿,放下锄头,走进厨房坐下来认真地听我解释，最后他问我："亲爱的孩子，你开公司要做什么呢？"

我尽可能地向他解释，最后他终于同意并在文件上签了名。接下来我把他签署好的文件寄给了县议会，还随信附上了10克朗的申请费。就这样，在恩斯特叔叔家弥漫着咖啡香气的厨房里，诞生了后来的宜家阿根纳瑞德商贸公司（Ikéa Agunnaryd）。宜家的名字 Ikéa 是有含义的，字母 I 代表我的名字英格瓦（Ingvar），字母 K 代表我的姓坎普拉德（Kamprad），字母 E 代表我生活的农场艾尔姆塔里德（Elmtaryd），字母 A 则代表我生活的村庄阿根纳瑞德（Agunnaryd）。

在哥德堡就读商学院时期是我人生的转折点。伊瓦尔·松德博（Ivar Sundbom）教授教我们国民经济学，激发了我在很多方面的兴趣。从那时候起，我才逐渐深入理解很多事物；从那时候起，营销成了让我热血沸腾的事业；从那时候起，我才想明白，原来出色的商人必须能够解决各种各样的问题，用最简单的方式和最便宜的价格把商品从工厂送到客户手中。

我从学院图书馆找来商业报纸，从中翻找刊登的各种进出口广告，然后用蹩脚的英语给一位国外的钢笔制造商写了封信。就这样，我成了他们品牌的瑞典总代理。只有直接从制造商那里进货，才能保证低价。

有一天我在哥德堡逛街，看到一个鞋店卖东西的方法很落后。我发现店里的货架上堆满了鞋盒，白色的纸盒都快堆到天花板了。如果要从中找出一双棕色或黑色的鞋子，店员得上上下下爬梯子在一堆一模一样的白盒子中翻找。要我说，这种方法不仅不合理，简直就是在浪费钱。

第二章
崭露头角的企业家

成立公司以后，我的第一笔大买卖是经销自来水钢笔。每次我会以低价进口 500 支，然后乘火车在瑞典南部到处销售。那时我跑遍了阿尔姆霍特周边的烟草店，还登了不少广告，通过邮购渠道销售。乌斯比镇的玩具厂商布里奥（Brio）也从我这儿购买过一些笔。后来，我还从瑞士进口过打火机。匈牙利发明了圆珠笔以后，我又赶紧从匈牙利引进圆珠笔。但当时每支圆珠笔的进价高达 60 克朗，相当于 7 美元，贵得离谱。我把货款全都压在了这批货上，但圆珠笔并不畅销，所以后来我不得不降价抛售，还通过邮购渠道匆匆甩卖了上千支。

1945 年，我在林场主协会的办公室谋到了一个职位。财务经理同意我向公司销售文件夹。这样一来我一下子就卖出上百个文件夹。文件夹通过铁路运抵韦克舍市后，我借了辆大车把它们拖回家。记得每个文件夹的进价是 65 欧尔，而售价是 90 欧尔。当时我一个月的工资才 150 克朗，其中一日三餐要花掉 80 克朗。卖文件夹挣的钱比固定工资还高。后来，我调到了林场主协会下面的工厂轮值，那个厂负责建造木质房屋。1946 年，我在位于韦克舍市的克鲁努贝里步兵团（Kronoberg Regiment）服兵役。上校特别授予我晚间外出的特权，于是我在外面租了一间办公室，为了生意还在地下室安装了一部电话。当时我每天收到的邮件居然比上校收到的还多。

1948 年，我头一次登广告卖家具。在这之前，我经销的全都是小商品，比如圣诞卡片、种子、自来水钢笔、皮夹、相框、桌布、手表、首饰，还有尼龙袜。阿尔沃斯塔镇（Alvesta）有一个很大的公司，叫贡纳尔制造（Gunnars Fabriker），是我的竞争对手。罗斯胡尔特镇（Råshult）有一家叫尼尔松（Nilsson）的公司，也是我的劲敌。

这两家公司做家具生意都已经很久了。我从父亲订阅的农业协会报纸上看到了他们刊登的广告，决定效仿他们试一试。

那时候，在我居住的莫科恩湖（Lake Möckeln）附近有很多小家具制造商，所以从这里起步并不难。

一开始，我张罗着给几件家具打广告，比如赖尔多产的无扶手椅子，莫科恩（Möckeln）产的隆德伯格牌（Lundberg）软体家具，以及奥吉霍特（Öljehult）产的咖啡桌。但很快我就发现，要记下所有商品的邮购编号实在太困难了，还不如给它们取个名字好记。所以那把没有扶手的椅子就被我叫作"鲁特"（Rut）。后来给每件家具取名字就成了宜家的传统。

广告带来了巨大的反响，投石问路的几件家具的销量都不错。于是我开始印刷一本叫作《宜家通讯》的商品目录邮寄给客户。在新版商品目录上，我增加了一件产自阿尔姆霍特的艾尔夫牌沙发床，还特意加上一件特价产品——枝形玻璃吊灯，它产自布莱金厄（Blekinge）和斯莫兰交界的奥斯约（Örsjö）镇。

我的家具生意就是这样起步的。客户只需要填好我们提供的邮购订货单并邮寄给我们，工厂便会按订单配送。但小商品还是会先在我家农场完成包装，每天早上6点50分再由古斯塔夫·弗雷德里克松（Gustaf Fredriksson）乘坐牛奶车把商品拉到火车站发货。后来，我们的家具产品越来越受欢迎，逐渐变成主力销售产品。每晚全家都得给我帮忙，熬夜裁剪用来做家具饰面的布料，而这些布料全都是我从哥德堡的约斯塔·斯万松（Gösta Svensson），以及卡尔斯塔德的纱厂和纺织厂进的货。

随着宜家（当时宜家品牌的拼写使用小写字母 Ikéa）的发展壮大，只靠我一个人已经忙不过来了。就算是父母和全家人都帮我打理

第二章
崭露头角的企业家

生意、包装货物,活儿还是干不完。1948年,我聘请了宜家的第一位雇员恩斯特·埃克斯特伦(Ernst Ekström)。他从公司开创伊始就一直帮我处理财务,跟我并肩共事的时间真是久得数不过来。两年后,宜家的规模扩大了,雇用了七八名员工,其中还包括一名管家。管家为我们所有人做饭,厨艺特别棒。

就是在这样偶然的情况下,经营家具变成了我的宿命。其实刚开始决定做家具只是为了尽快入行。从模仿竞争对手开始,我误打误撞闯进了这个行业,但这是我这一辈子做过的最满意的决定。那时候我的想法很局限,满脑子想的只有成交量,希望以低价卖出更多家具。直到有一天顾客投诉,我才意识到质量恰恰是我们真正缺乏的,而且质量问题不容小觑,迟早有一天质量问题会逼着我选择新的发展模式。

若干年前,我曾和阿尔沃斯塔镇上的竞争对手贡纳尔制造打过一次交道,这次经历让我终生受用。在卡尔堡(Karlberg)就读军事学院时,我继续做生意。那时我争取到了自来水钢笔和圆珠笔大型制造厂商——巴黎兴业(La Societe Evergood)的总代理,并在斯德哥尔摩的老城区租了间简陋的房子当办公室,业务上算是取得了实质性进展。"钢笔专家"就是我当年的老客户之一,这家公司后来发展壮大,成了现在特别有名的钟表品牌"优尔潘"(Ur & Penn)。

那时候斯德哥尔摩的不少手表制造商从我这里进口手表。后来政府颁布了进口限制令,贡纳尔制造承诺卖给我一部分库存,于是我决定亲自去阿尔沃斯塔镇会一会这个竞争对手。

贡纳尔·扬松是个50多岁的商人。他想以每块55克朗(接近7美元)的价格出售给我20多块手表,但这个价格对我来说太高了。于是我告诉他我支付不起,同时拼命装可怜,希望博取他的同情。我说自己还是商场新手，一直希望成为像他那样的成功商人，迫切需要他的帮助，请他给个面子优惠一些。最后贡纳尔动摇了，对我说："好吧，年轻人，每块52克朗好了。"

"您留给我的利润空间很小啊，"我说，"不过，成交！"

这时，贡纳尔从嘴里取出粗雪茄，看着我说："年轻人，你这样永远都当不了老板。如果你的心理价位是50克朗，我说55克朗的时候，你就应该跟我讨价还价，至少先砍到50克朗50欧尔。你居然问都没问就接受了我52克朗的报价。做生意的时候你必须牢记，哪怕价格只差10欧尔都能决定成败。"

"您的话我一定会记在心上。"我礼貌地回答，而且真的把这句话牢牢刻在了脑海中。直到今日，就算在瑞士家附近的露天市场买东西我也不改讨价还价的本性，总会在对方收拾东西起身要走的最后一刻，抓紧机会问问能不能以更低的价格买进。妻子特别讨厌我这种讨价还价的习惯。

在见完贡纳尔回家的火车上，我的肠子都悔青了，后悔没抓住机会把价格砍到51克朗。

贡纳尔的邮购公司起先规模很大，后来搬到延雪平省的奈舍市，最终又搬到林雪平市（Linköping）。可惜他的公司在过渡期出现了各种问题。贡纳尔最后移民去了列支敦士登，并在这个小国辞世。

从1949年起，我开始在《全国农场主周报》的增刊上登一些宣传文章。我以《致乡民》这样严肃的大标题发表了一些庄重的呼吁性文章。这些文章一下子就刊印了28.5万份，算是我第一次大规模的对外宣传，后来我称之为"面向大众的宣传"。

下面就是我在1949年发表的《致乡民》的节选：

第二章
崭露头角的企业家

亲爱的乡民们，你们一定已经发现了，现在这个年头要维持收支平衡很不轻松。但你们知道为什么吗？因为你们在自家农场辛苦地生产各种各样的商品（牛奶、谷物、土豆等），却只能从中获得微乎其微的报酬。我猜你们获得的劳动报酬少得可怜，我甚至可以十分确定是这样的。与此相反，如今的物价却高得离谱。

这一切都是因为中间商，是他们从中攫取了高额的差价。你们比较一下心里就会一清二楚了：1斤猪肉你直接卖给中间商多少钱，中间商再转一道手卖给商店，商店里1斤猪肉卖多少钱……现在到处充斥着这样的不对等——生产成本明明只有1克朗的商品，转手加价卖到你手上却高达5克朗、6克朗，甚至更贵。

我现在提供的这份报价表正是为了省去中间环节，使你们能获得物美价廉的商品。我们的售价和经销商的进价一样，甚至可能比他们的价格更低廉。

我在这篇宣言中强调的就是要跳过中间商直接给顾客供货。我的报价单里不仅有各种小商品，还包括家具——有榆木镶嵌的五斗橱、能调节高度的柱角桌，还有既是椅子又是梯子的多功能家具，以及结实耐用的书橱。

这种大规模发行的周报增刊与以前用于邮购的《宜家通讯》本质上类似。我曾把《宜家通讯》比作"宜家进口和销售组织的心脏"（当时所谓的组织只有我自己）。我们在1949—1950年出版的《宜家通讯》上刊登最多的主打产品是一支叫作"上将奥斯米亚"（Admiral Osmia）的钢笔（零售价格每支28克朗，批发价格为11.20克朗，10支起批）。钢笔的广告页上方印着这样的广告标语："不论你是医生、科学家、军人、农民、林务员，还是学生，1948年最流行的上将奥斯米亚钢笔就是你身份的象征。"

《宜家通讯》主要面向零售市场，而我那篇"呼吁"文则面向社会大众，尤其是面向乡村居民。这篇文章包含的思想雏形后来逐渐孕育发展成1951年出版的首份宜家《商品目录》①。半个世纪以后，宜家《商品目录》已经印刷逾2亿册，在全球各个角落都能读到。

1951年春天，我约见了一个重要的人物。这次会面在宜家历史上具有重要意义，尽管当时我还没意识到。那天我约见的人是斯文·约特·汉松（Sven Göte Hansson）。我们开始坐在花园里聊得很投机，然后又走进厨房一直聊到晚上还不尽兴，谈话持续了一天半之久。后来我邀请斯文加入了宜家。短短两年后，他就成了阿尔姆霍特新宜家商场的店长。在业务拓展阶段，他又进入管理和决策的高层，成为宜家的定价专家。

结识斯文的时候，宜家正在发展的十字路口上迷茫徘徊。邮购市场的竞争日益加剧，已呈白热化态势：前一季度，宜家刚以23克朗的价格出售一款哈尔布／奥斯永诃（Harbo/Asljunga）生产的叫作梅尔比（Mellby）的熨衣板，但贡纳尔那边马上就降价为22.50克朗，宜家因此被迫减价到22克朗。我们两边就好像在进行无休止的降价比赛，你追我赶的大甩卖停都停不下来。

随着抛售价格越来越低，熨衣板的厚度越做越薄、质量越来越差。没有底线的价格战已经影响了这些家居用品和家具的质量，顾客的投诉也日渐增多。如果一直这样恶性竞争下去，整个邮购行业都会

---

① 现译为《家居指南》。

第二章
崭露头角的企业家

面临巨大的危机。如果砸了整个行业的口碑和信誉，那么宜家也难以独善其身，难以持续性发展。邮购行业的本质问题在于，顾客无法亲手触摸到真实的商品，只能选择信赖广告或商品目录上的商品描述。消费者的权益无法通过这样的途径获得保障，而无良商家欺诈愚弄客户也很容易。

在这样的关键节点上，我们必须快刀斩乱麻地做出决断，否则宜家就会走向灭亡。我们必须找到新的发展思路，在提升消费者信任度的同时保证合理的利润空间。

与斯文彻夜谈心的那晚，我们探讨了宜家该如何走出整个行业"低价+劣质"的发展怪圈。于是，一种全新的思路诞生了——在实体店或展示厅长期陈列并展销宜家家具，让顾客能亲眼看见并亲手触摸，直观对比不同价位和质量的商品。

差不多与此同时，位于阿尔姆霍特的阿尔宾·拉格布拉德（Albin Lagerblad）家具商场即将关闭，于是我购买了他们的整栋大楼。购买这栋陈旧破败的大楼足足花费了我1.3万克朗。这次收购在当年可算是大手笔，可今天再想购买一整栋现代化的百货大楼至少得花20亿克朗。所以回头想一想，这笔投资真是物超所值。

1952年春，《宜家通讯》最后一次以增刊的形式出现在顾客手中。我们清仓处理了所有的小商品（但我在家里的地下室存了一两打自来水钢笔和几百张圣诞卡，以防还有其他顾客想要订购）。随后，我们正式向顾客宣布，宜家今后只经营家具和家居产品。我们随后刊印了第一本宜家《商品目录》，顾客可以通过这本小册子后面的表格订购心仪的产品。

就这样，我成了家具商。

1952年秋，我们进一步完善了《商品目录》，并赶在1953年3

月18日拉格布拉德展厅正式开张之前顺利刊印。这次我们主推的产品是一把叫作MK的扶手椅，至今我在阿尔姆霍特农场的起居室里还保留着一把MK。

我们对拉格布拉德家具商场进行了彻底的翻新，清理了所有垃圾，刮掉了墙上的旧石灰，在墙上铺上了纤维板，并安装了好多窗户。这样一来，我们就有了两个楼层的家具展示空间，可以把便宜的熨衣板和贵5克朗但质量上乘的熨衣板放在一起展示，让顾客自己对比。顾客果然还是识货的，不会一味贪便宜，而是明智地购买了性价比高的产品。

从那时起，宜家有了新的经营理念，但本质上还是通过《商品目录》展示琳琅满目的产品把顾客吸引到展厅，也就是现在的实体店。首期《商品目录》上写着这样的宣传语："我们在阿尔姆霍特的宜家展厅恭候您的光临，您将亲眼看到，我们所言非虚……"

顾客可以在宽敞明亮的展厅里自由走动，亲眼看到分门别类陈列的家居用品，亲手触摸喜欢的家居用品，遇到满意的商品可以随手填到《商品目录》的表格上，然后把目录邮寄给我们就完成了订购，订单会由工厂处理和发货。

邮购业务与实体展厅相结合的新模式是宜家首创的，也是我与斯文两个人的思想结晶。据我所知，那时还没有其他商家有这样的远见。

实体展厅很快取得了成功，为5年后宜家开设实体店奠定了基础，积累了资源。展厅对外营业那天，拉格布拉德家居商场门口挤满了顾客。我这一辈子都没见过上千人排队的场面，简直不敢相信自己的眼睛。二楼的展厅除了陈列家具，还为顾客提供咖啡和小面包。但二楼到底能不能装下那么多人我们还不得而知。最关键的是，我们来得及烘焙和供应那么多小面包吗？我们的承诺是在开业当天为所有到场顾客提供食品。

　　幸好二楼的建筑结构够坚固，而且我们的小面包出炉很快。自此以后，展厅每周都会迎来重复而愉快的繁忙场景：周末的白天，人们蜂拥而来，挤满家居展厅，晚上所有工作人员围坐在小小的办公室里，挤在桌边填写货运清单和发票。展厅刚开的那几年，每年都有成千上万的顾客从瑞典各地来到偏远小镇阿尔姆霍特，只为参观宜家展厅。他们仿佛朝圣者万里奔赴圣地，其中有些忠实的老顾客以前在斯德哥尔摩、哥德堡和其他地方就已经知道我们了，但大多数顾客还是通过免费的《商品目录》第一次看到宜家这个品牌。起先我们的客户数量有限，所以《商品目录》只刊印了10万多份。但就是这区区10万多份目录，在顾客间迅速传阅，把成千上万人带到了阿尔姆霍特。

　　那时我们已经正式告别了农场生活，门口那个有名的牛奶桶空空如也，宜家终于开始起航，成了一家真正的公司。许多不成文的规定逐渐成形，成为公司的明文规定。过去我们在艾尔姆塔里德农场代代相传的家族精神——乐于助人、勤俭节约、诚信负责，现在已经在这个新的企业里发扬光大了。

　　我还记得一个有趣的小插曲。有一天早上，收银员把一卷用来支付邮资的邮票遗留在桌上忘了锁起来。我留意到这件小事以后特别生气，于是算了算面值，拿走邮票并在桌面上留下了等值的现钞，大概15克朗。过了一会儿，收银员回到座位发现了钞票，于是她红着脸跑来向我承认错误。

　　经过这次教训以后，她才知道每张邮票面值虽小但也是要花成本的，以后她再没出现过类似的失误。钞票一张张地放在桌上，比邮票更能直观地体现出成本价值。因此，直至今日，宜家一直坚持把所有无形的内部成本转化成清晰可见的价格并公布出来。即便是广告宣传册，我们也会把广告成本明确标示在封面或封底上，因为我们花费的所有成本最终都会转嫁到顾客的消费上。

在创新的道路上，成本意识成了宜家经久不衰的秘诀。绳子（有时候我们会把短绳子系在一起接着再用）、纸张、箱子，我们都会反复利用以节约成本。同时我们也保持着另一项传统：为顾客提供咖啡和小面包。多年以后，宜家餐饮服务的营业总额已经高达100亿克朗[1]，成为宜家赫赫有名的特色服务之一。在商场提供餐饮服务的初衷与我们当年在阿尔姆霍特展厅提供免费食品的初衷一样：顾客饿着肚子是不会有心情买东西的。那时，在瑞典卖家具的同时顺便提供餐饮服务并不受管束，不像现在对餐饮行业的要求那么多。现在我们要在收银台外面的餐饮区卖烈性酒都得申请执照。毕竟时代不同了嘛。

在阿尔姆霍特提供什么食品成了宜家的大难题，因为顾客来自世界各地，众口难调。那时宜家俨然成为阿尔姆霍特最热门的旅游景点，风头甚至盖过了著名旅游点——瑞典植物学家林奈的出生地。考虑到顾客远道而来花费了高昂的交通费用，我们和瑞典铁路局合作推出了一项优惠活动——只要家里整体装修全都采用宜家的产品，就可以在阿尔姆霍特的开元酒店享用一顿免费的晚宴。

随着阿尔姆霍特展厅的接待压力日渐增大，我们又在外祖父商店原址旁专门建设了配套的旅店、饭店和游泳池。如果外祖父尚在人世，看到这些翻天覆地的变化一定会惊讶得认不出来。

---

[1] 现在宜家已经成为瑞典最大的食品出口企业。2010—2011年度，宜家商场的厨房和出口门店（出口门店销售瑞典传统食品）的销售总额高达110万欧元，相当于100亿瑞典克朗。

其实，细微体察加上权宜之计有时会指引着重大的决策。宜家就是这样一步一步完善自身的经营理念，而这些经营之道最后经受住了全球市场的考验。

家即公司，公司即家

我们在艾尔姆塔里德农场的生活完全被工作占据，
工作十分繁忙。每晚6点吃晚饭，7点后我们就不接听电话，
也不往外打电话了。饭后大家还会工作很久，
其实除了工作我们确实也没什么其他事可做。周日的时候，
大家常常出去钓鱼或者采蘑菇……这些都是英格瓦教我的。
我和他特别像……都挺节俭的，我甚至比他还抠门儿……
这可能是我们成为知己的原因之一。

——斯文·约特·汉松

英格瓦·坎普拉德平时总用那种慈父对子辈、孙辈说话的亲切态度与宜家员工交谈。"亲爱的宜家大家庭成员们，向你们所有人献上我最热情的拥抱"，每次圣诞演讲他都会用这样温暖的问候语开场。在宜家内部刊物上，英格瓦·坎普拉德发表了一封亲笔感谢信，他居然用"我不禁潸然泪下"这样的句子开头，用发自内心的真挚情感向曾在困难时期支持他的所有员工表达了感谢，就好像在感谢自己的孩子。

没有几个知名企业家能像英格瓦·坎普拉德这样，直接与雇员进行亲密无间的沟通交流。封建大家长式的庇护制度在现代瑞典社会已经荡然无存，只有宜家这种当代大公司还极力遵循大家长制。英格瓦·坎普拉德有时候就像一位德高望重的非洲自由斗士，在获得解放

之后直面他领导的人民,他那谦虚的表情中既透出坚毅的责任感,也有作为领袖的自豪感。他家长式的领导风格充满了情感、欢笑和美好的回忆,但也有不留情面的斥责——要是大家庭里有人无故背离节俭的作风,或者"走时不随手关灯",肯定会被他严厉批评。

实际上,坎普拉德的管理风格与那个年代格格不入,而且也与他在商学院受到的教育背道而驰。但这绝对不是他故弄玄虚的一套特殊管理风格。这种管理风格是坎普拉德与生俱来的性格所致,绝对不是从哪里学来的。在他眼里,公司确确实实就是一个大家庭,而他则扮演着这个大家庭的父亲角色。

那么,他的管理风格又是如何形成的呢?

坎普拉德从小比任何人都依赖家庭,而且他对亲情的理解远超出了自家亲戚的内部小圈子,他时刻都准备好吸纳外人进入他的家庭圈。他总爱不提前打招呼就请人回家吃饭,也不管家里有没有其他安排。坎普拉德特别喜欢与客人共进美食,这种事最让他心情愉悦。

在家人的帮助下,坎普拉德年纪轻轻就成了一名商人,而他的同龄人却还在忙着跳舞玩乐。家人和亲戚是坎普拉德最早的一批顾客,包括他的母亲、父亲、祖母、姑妈和姨妈。正是这一大家子人在内部给予他无私的帮助,他在公司的成长初期才能随时找到帮手。大家在他忙不过来的时候帮他打包邮购订单、接电话,或者记下顾客的抱怨。他的家就这样成了他的办公室,而办公室就是他的家。为了坎普拉德的成长(而不是农场的扩展),家人把农场的屋子都清空了,为他做生意腾出空间。他的父亲负责每天记账,同时也担任董事会的董事长,母亲则负责后勤,给大家煮咖啡。

当年他的家变成了他的公司,所以后来自然而然地,他总把公司视为自己的家。

有了这样的大家长观念，坎普拉德创造了很多关于管理的名言警句。他把互相帮助、彼此忠诚、团结一致、简单淳朴等生活理念和原则，用形象生动的比喻提炼出来，如"自己的窝自己收拾干净""永远不要拿超过你所能吃下的分量"。第一批员工就是被他这种亲密的家庭式氛围凝聚起来的。宜家的传奇人物斯文·约特·汉松就表示，他刚到艾尔姆塔里德农场就被这个大家庭迅速接纳，很快融入其中。1997年，我采访过他，他回忆说：

> 1952年的夏天，我加入宜家团队。那时的我们只有邮购业务。办公室里除了我，还有另外一名职员。我们就在那个特别有名的农场里上班，下班以后住在马路对面的客房里。那是阁楼里腾出来的两个房间，我住一间，他住一间。
>
> 除了英格瓦和他的妻子以及管家……我们这个大家庭还包括英格瓦的父亲费奥多尔和母亲贝尔塔，他俩住在农场的石屋里。那时候即便是休息日我们也不休息，因为我们根本不需要休息日。只要有事做，我们晚上也会工作。

1957年，宜家邀请自己的员工前往西班牙的马略卡岛（Mallorca）度假。《瑞典晚报》（Aftonbladet）上刊登了一幅这样的照片：英格瓦站在所有员工前面，带领70多人的团队即将出发。英格瓦按计划会带先遣小分队飞赴马略卡，留守小分队则继续在阿尔姆霍特坚守阵地办公。两周后他的妻子克尔斯汀·瓦德林（Kerstin Wadling）再带留守小分队飞赴马略卡，而此时先遣小分队正好结束休假搭乘飞机返回阿尔姆霍特办公。这就像父母带孩子进行了一次外出远足，而这张大合影被收入家庭相册中珍藏。

但就是这样一个一切以家庭为重的男人经常为了公司而忽略自己的小家。早期创业时,英格瓦常挂在嘴边的一句话就是:"只要把这个办完,之后就好了。"妻子总会在他不着家的时候质问他:"不是你说的,只要把这个办完,之后就好了吗?"然而,"之后就好了"尚未实现,因为"好"是永无止境的,他每天都会面临新的挑战。

对英格瓦来说,人生最大的遗憾莫过于工作太忙而忽略了三个儿子的成长。这个遗憾让他一直反省并愿意做任何事来弥补。但有孩子的人都知道,孩子的童年是永远追不回来的,陪伴孩子成长要珍惜每一个当下。

尽管拘谨老派的费奥多尔认为所有员工都应当称呼英格瓦为"老总",但英格瓦的做法偏偏和他父亲的大相径庭。英格瓦朴实无华,没有一丝一毫的自命不凡,也不会做作地刻意在公众面前表演。那些故意假装简朴的人最终都会露出马脚为人诟病,不是吗?就像斯文·约特·汉松所说的:"英格瓦越来越返璞归真了……从20世纪60年代末起,他上班的穿着打扮就比较随意。对我来说,第一次不打领带而且穿没领子的运动装上班感觉特别奇怪。英格瓦说话一直都用瑞典语中的非敬语'du',也就是'你、你们',而不是用'Ni',也就是'您'。我们绝对不是打破陈规的第一家公司,很多公司都这么做了,但当时管理层还是有人坚决反对。"

公司初创班底的员工们彼此都熟识,而且他们的心都连在一起,劲儿也都往一处使。这批先行者中的很多人都从宜家的工作经历中受益匪浅,都在一段时间后获得了晋升,并取得了事业上的成功。如果不是在宜家,他们也许永远都不可能取得这样的成就。这批人几乎都不是科班出身,没有受过大学高等教育,他们的一身本事都来自社会实践中的摸爬滚打。

大家庭式的公司一直是英格瓦的骄傲。宜家精神也建立在这种家族观之上，后来甚至还成了哈佛教授们感兴趣和深入研究的博士论文话题。

宜家从艾尔姆塔里德农场的家族企业转型为后来的大型跨国公司后，整体氛围不再那么亲密无间了，这位创始人很难适应这种氛围。他在内心深处一直拒绝这种变化。发展到2010年，公司规模空前巨大，10年内翻了一番，拥有超过13万名员工，但他还是把员工们视为自己的亲人。

大家都在慢慢适应现状，但起初没有人注意到。从原先阿根纳瑞德村里小小的艾尔姆塔里德农场，到在阿尔姆霍特镇的展厅，宜家已经迈出了巨大的一步。但这家人一直住在农场里。英格瓦和第一任妻子收养了一个女儿后，妻子不愿意追随他一起搬到镇上生活，更希望待在家里。

1955年的《商品目录》上留的所有通信地址还是阿根纳瑞德，宜家（那时拼写还是Ikéa）的电话还是通过艾尔姆塔莎（Elmtåsa）转接。最开始屈克比（Tjurköby）的宜家只有一条电话线路6B，而且必须拨分机号。虽然它的商业信函抬头印着"分店和分店管理中心"，但电话其实和总部一样。

英格瓦每天早上大约6点就得出发，开车20千米去公司，晚上再开车20千米回来。他的座驾最开始是一辆斯蒂旁克，后来换成了雪铁龙，再后来是一辆白色保时捷。虽然英格瓦离开了农场，但他的心一直都在艾尔姆塔里德。正如他自己所说：

> 每次谈到宜家大家庭，我怀念的其实都是在乡村的那段时光——那时候我们还是个叫Ikéa的家族式企业，还没发展成今天的IKEA。那段在乡村的初创期一直引领着我。我对集体的想法是

在那时产生的，所有员工互相依赖，我们将自己的生命融入我们一起创造的小世界。

那是我第一次和一群熟悉的亲密战友一起工作，结成坚不可摧的集体。直到今日我还在做同样的白日梦——希望大家永远在一起。从那时起我养成了一个错误的观念：不管公司再大，"我们大家"这种亲密的感觉永远都不会消失。那时候我们没有参加各种劳工组织，我们在这个领域一片空白。工会理事会和雇主联合会都不会干预宜家的活动。从我的角度来说，没能让公司一直保持家族氛围是我的过错和遗憾。

20世纪50年代末的一天，我被通知到商场里参加一次大型会议。同事们聚在一起，他们征询我的意见，问我是不是应该加入工会。我当时进退两难，于是回答大家：宜家现在的情况不适合加入。我实属无奈，没有更好的选择了。因为员工们一旦加入工会，我和管理层就得加入雇主联合会，游戏规则就是这么设定的。

最终员工们还是加入了工会，而宜家也随之加入了雇主联合会。这个最终决定让我感到沮丧，但我们双方很少产生摩擦。工会的一些最高决定有时会触怒我，比如他们禁止加班。某一天，有个工会成员过来找我说："英格瓦，你得知道，工会有三项最烦心的事：第一项是那些得到的比实际付出还多的人居然心生不满找我们抱怨。第二项是那些领导组织发来电汇，让我们评论一些稀奇古怪的问题，比如游船课税，这些关我们什么事呢？第三项便是薪资谈判。谈判双方整晚上坐在那儿争论不休，但依旧无法逾越劳资双方间的巨大鸿沟。可不知怎么的，突然有一天劳资纠纷就解决了，双方握手言和。还好薪资现在不是问题了，另外两个问题我们永远都无法解决。"

我自己也作为代表团的一员亲自参与过在斯德哥尔摩举行的一次工会谈判。那次我才意识到，像我一样总是事事考虑"大家"的人根本不适合这种游戏。我只能在心里默默说服自己，告诉自己工会这样的组织是历史的必然产物，也可能是件好事。只要不那么激进，那他们工作的初衷一定是为了公司好，为了每个员工好。

就这样，田园式的家庭工作管理风格已不在，它们化成另一种形式，永存于宜家精神中。宜家在农场起步的那些日子里，我们是一个真正的大家庭——那段时光会永远存留我心间，成为最珍贵的美好记忆。

现在宜家员工培训依旧注重传递家庭精神，它是宜家经营理念的一部分，我们称之为"宜家之道"。所有受训的员工都会做出郑重承诺，保证培训结束后在工作和生活中努力践行宜家之道。不论到世界哪个角落，宜家人之间都会互相关爱照顾。"我们是一个庞大的家族体系"，一名年轻的员工形容得很贴切。

1984年成立的宜家消费者俱乐部同样也以"家"来命名。加入专属大家庭的会员可以享受特殊购物折扣，还能在全球24个国家的250个商场参与特购活动。350多万瑞典顾客是宜家的核心顾客群，他们每年都会收到宜家寄送的《家居灵感》（*Family Live*）杂志。当然，对会员的关爱本质上属于商业行为，但同样出于宜家的经营理念，因此杂志里才会常常出现"关心""帮助""在一起""每个人都很重要"等体现宜家理念的字句。[①]

家即公司，公司即家。

[①] 参见第三章的《最后的晚餐》一节。

成功路上的九九八十一难

> 只有睡着的人才不会犯错。
>
> ——英格瓦·坎普拉德

英格瓦·坎普拉德亲述：

做生意让我欣喜，让我痴狂，但我更大的愉悦来自创造新的商业理念，并说服其他人这个理念可以成功。这种性格可能遗传我的母亲。也许这是一直以来推动我本人和整个公司前进的动力，这是一种欣喜若狂的特别感觉，是不愿错失任何良机的焦灼渴望，是天天都在琢磨如何达成一笔交易的昼思夜想。二手市场同样让我感到无法自拔。

生意场最有趣的地方在于，即便一方大获全胜，也可以完全没有输家。但不幸的是，我总是屡遭惨败。宜家的发展史上既有大获全胜，也有一败涂地。

我年轻时做得最成功的一笔买卖就是从巴黎以每支 1 克朗的价格进口了 500 支自来水钢笔，这个价格还包含了运费和关税，我最后成功地将其以每支 4.5 克朗的价格出售给了一家瑞典手表和钢笔公司。这笔生意得以成交主要是因为政府对进口的限制令：从事进口贸易必须持有牌照。这次生意轻轻松松让我赚得盆满钵满，每支钢笔净利润 3.5 克朗，而且一次性就卖了 500 支。

这一次的成功勾起了我在商业上的野心。

但紧接着我就遭遇了一次"滑铁卢"。这次特别愚蠢的买卖算是我人生第一次真正意义上的大惨败。这回把我骗惨了的是一个在哥德堡的澳大利亚商人，他是宝格拉夫钢笔公司（Ballograf）的创始人。刚开始他给我展示了一款设计简单但质量优良的圆珠笔，供货价是每支2.5克朗。他的定价非常合理，因为周边的竞争者同款产品的售价都是10～15克朗。我立马从他那儿订购了几千支，并以每支3.95克朗的价格铺天盖地疯狂宣传，我相信这种售价一定能吸引无数眼球。

广告最终为我带来了500多份订单，于是我兴冲冲地揣着钱赶去哥德堡提货。但见到供应商我傻眼了，那一幕在我脑中至今挥之不去——这位澳大利亚商人操着一口蹩脚的瑞典语一边道歉一边解释说，我们之间存在巨大的误会，他压根儿不可能以每支2.5克朗的低价卖给我，并瞬间把进价抬到了4克朗，比我零售给顾客的售价还高0.5欧尔。

一听他的话，我瞬间陷入了无尽的黑暗和绝望，竭力请求他高抬贵手帮帮我。

但是，他冷冷地拒绝了。

我眼含泪水，只好默默地当了冤大头，带着几百支钢笔垂头丧气地登上了回家的火车。回家以后，我还不得不按之前谈好的3.95克朗预售价给所有订钢笔的客户发货。

后来我给剩下的客户邮寄了另一种不同型号的钢笔，才算勉强保住了颜面。此后我又一次被骗，颜面荡然无存。这回我是从一家化学品公司订购了一批丛林精油，还打了不少广告，可连精油的影子都没见着。

于是，我不得不再次收拾残局。各种惨痛的教训曾让我痛哭流涕。而且，我这人很悲观，往往看不到事情乐观、积极的一面。

最为可悲的是，我还总是好了伤疤忘了疼。屡败屡战，屡次被同一块石头绊倒。父亲常常跟我说："你太容易上当了，英格瓦。你这样可不行啊。"

长久以来，我对人都是将心比心、毫不设防，很难对人心存芥蒂，年纪大了以后才开始在为人处世方面相对圆滑些，总体来说对人有了些提防。但对待内部同事，我还是百分之百地信任。同时我也会告诫他们（想想那个耍了我的哥德堡供应商）：不要在口头上达成协议，不要以为握握手就算成交，必须以书面形式确认成交的所有细节，保证万无一失。

切记一点：世界上没有任何律师仅凭握手作为证据就能帮你打赢纠纷官司。

我这辈子就像去取经，经历了九九八十一难，遇到了各种惨败。

其中最惨烈的一次莫过于投资一家位于赫尔辛堡市的电视机厂。电视的品牌叫普林森（Prinsen），我也是股东之一。那是在20世纪60年代，这次失败让宜家在5年的时间内付出了总资产的25%～30%当学费，折合今天的价格得有3000万～5000万克朗。当年我把厂子交给家里一位亲戚的丈夫管理，然而他和经理都玩物丧志，他们整天只知道开飞机玩乐。面对这次失败，我无法原谅自己，因为我虽然看出了事情发展不妙，却没有勇气及时采取行动解决问题。

此后宜家设立了一项重要原则，规定生产供应商必须来自外部。原则上我们不必拥有自己的产业，因为所有权意味着必须承担额外责任，不仅要负责销售，还要给供应商提供订单。虽然每个行业都有少数"老鼠屎"，但大多数供应商还是让人欣慰的，比如宜家旗下的瑞木工业集团（Swedwood）就是其中的典范，这家价值上亿克朗的大型企业非常明智地追求可持续性发展。

20世纪90年代以来，我们在俄罗斯的惨败再次证明了我实属常败将军。扬·奥林（Jan Aulin）和他的团队对我们在欧洲的投资提前进行了全面调研，建议我们在乌拉尔山脉租用林地，经营锯木厂，以保证宜家对木材的长期需求。于是我们签订了10万亩林地99年的砍伐权，期待未来整个世纪都能好好守护这片山林。

我们在瑞典买下一家锯木厂，把拆除的设备运到俄罗斯，准备用于组建新厂，并任命了一位担任过林务员的新项目经理。锯木厂就这样正式成立了。我们的理念是，在保护森林生态环境和运用瑞典高超的砍伐技术之间找到理性平衡。除了锯木厂，我们还决定之后再建几个工厂，用来打磨木料做家具。与我们完全背道而驰的是日本人，他们来势汹汹地乱砍滥伐，毫不考虑补种新苗。

计划很好，可我们自己棋差一着，加上俄罗斯黑手党的骚扰和没完没了的苏联模式的官僚体制，最后计划根本赶不上变化。即使经过调整，财报上还是有6000万克朗的巨额损失。如果算上我们之前投入的时间与人工，这次起码损失了1亿～1.25亿克朗。（请参见第六章第六节《乌拉尔的拥抱，希姆基的热吻》）

在俄罗斯的失败可能是宜家史上最血本无归的投资，在罗马尼亚投资的5000万克朗最终也打了水漂，按照当时的汇率换算，5000万克朗可谓折戟沉沙的沉重打击。[①] 我们在罗马尼亚的科德莱亚（Codlea）投资兴建了一座现代化工厂，不会破坏自然环境，而且采用

[①] 2010年春，宜家在俄罗斯的投资重蹈失败的覆辙，用坎普拉德的话来说：俄罗斯宜家的最高管理层的腐败问题比20世纪90年代在俄罗斯市场的铩羽而归还要严重。在没有完全理解合约条款的情况下（部分源于他们不懂俄语），这两位高层管理者与一家公司签下了极其昂贵的合同。这家公司经营柴油发动机，为宜家的一些商场提供电力。

这件事最终以宜家解雇这两名高管以及整整一年的艰苦诉讼调解而告终，最终让宜家蒙受了近100亿瑞典克朗的损失。当英格瓦·坎普拉德了解到这次丑闻的严重性时居然绝望地掉下了眼泪。在他看来，如果公司不能按照最初设定的方向发展，那么最高管理层该对所有问题负责，所以他一人承担了一切责任。"我来承担责任更好，这样能够尽快跨过这个坎儿继续向前看。"

另外，他也指出这一事件的教育意义：宜家必须做好万全准备以备不时之需。

2011年，俄罗斯市场的发展终于迎来了前所未有的好势头，以后会发展得越来越好。

西方现代化管理方式。在各种不间断的批评责难声中（偶尔也有些赞扬），我们最终还是无法将工厂产能提高到合理水平。这个工厂不属于宜家，但宜家也有一些股份。这些股份现在一文不值。

宜家总共为诸如此类的失败付出了上亿克朗学费，其中我要负主要责任，5亿克朗的损失算是比较保守的估计。宜家曾在泰国与当地合伙人合资建立了一座大型椅子制造厂。这次的投资又是一败涂地，至今我们还在为失败买单。我们在马来西亚与当地合建的家具厂也同样功败垂成。21世纪即将到来，什么时候重蹈覆辙尚不可知。仅我个人导致的失败教训就数不胜数，我的个人失败还不包括那些生活上的失败，诸如任用非人最后招致公司被出卖、感情和友谊破裂等。此外，不论从个人还是从公司层面来看，青少年时期与瑞典纳粹党林霍尔姆党、新瑞典运动的关联是我这辈子最大的污点。这个丑闻曾在1994年秋天和1998年春天让我的整个世界都崩塌了。

宜家诞生的社会背景

在意大利盟友墨索里尼的协助下，

德国不费一枪一炮就占领了……捷克斯洛伐克的德语区。

——斯德哥尔摩斯安银行（Stockholm Enskilda Bank）年报，1939 年 3 月

也许我们都生活在动荡不安的年代，也许对未来的不确定是这个时代每个人都会有的迷茫，我们唯一可以确定的是人生的不确定性。对有些人来说，正是生活的不安定和风云变幻推动了他们去实现理想。这些人身处动荡之中却善于发现机会、创造新生活，而不去无谓地纠结自身的愚昧无知。即便一切都不明朗，他们也能瞄准最好的时机，眼疾手快地抓住机会不放。

人如此，公司亦如此。每一个迅速发展的公司背后都有一个或几个这样善于抓住机会的人。

或许是这本传记的主人公坎普拉德生逢其时，或许宜家是那个热火朝天、瞬息万变的时代的产物，是在社会发生巨变与经济压力下催生的果实。

1914—1945 年，整个欧洲都处于硝烟与动荡之中，但第二次世界大战后的欧洲也获得了物质文明上的空前发展，不同种族和文化之间在发生激烈碰撞后又重归和谐。20 世纪 30 年代，第一次世界大战后的瑞典希望淡化过去曾从日耳曼追寻文化根源的事实。亲德国的人

第二章
崭露头角的企业家

不在少数,我们都知道瑞典政府、行业、机构和金融巨头们与纳粹都有千丝万缕的联系,只不过过去一直在掩盖。

过去,将希特勒视为"德国人的拯救者"的人可不只有艾尔姆塔里德农场上坎普拉德年迈的祖母和她当农夫的儿子。但伏尔加格勒战役和北非战争后,整个瑞典的国家舆论方向逐渐转变,第二次世界大战后的风气转变得更快。第二次世界大战后,受西方影响,瑞典变成了整个欧洲最美国化的国家。美国文化引领并激发了瑞典在第二次世界大战后的文化和经济生活。学生们纷纷抛弃死板难学的德语语法,爱上了英文电影和娱乐,希望从中学习更灵活、容易的英语。

在文化与经济的转折点上,瑞典通过现代化转型获得了优势。一方面,作为两次世界大战中的中立国,瑞典一直免于战争骚扰,在种族和文化上具有同质性;另一方面,极端主义和社会不安定的成分还未抬头。迎来世界和平后的瑞典能够充分利用那些保存完好的设备立刻投入生产。反观欧洲大陆其他地方,战争所到之处百废待兴。

英格瓦·坎普拉德出生于1926年,他的童年时代经历了20世纪30年代初的社会大萧条。他从小就听说过瑞典金融巨贾火柴大王伊瓦尔·克雷于格(Ivar Kreuger)的传奇故事。他在一个农业缓慢发展的社会背景下成长,生活环境相对宽松、安全,除了田间马粪的味道,他最熟悉的就是乡村商店和闲适的乡村经济。当英格瓦第一次鼓起勇气向更多人推销商品时,他努力找到了自己的优势所在——从此他很喜欢用这些词语——他的优势是善于向乡村顾客推销,这主要出于一个简单而合情合理的理由:

乡村居民是他熟悉的客户圈。他知道农民们需要购买治疗奶牛乳头发炎的药膏,需要束身衣、钟表、双座脚凳,还有易拉式领带,因为他自己过的就是这种日常而简朴的农村生活。那时他在很大程度上只能算是个有宏伟目标的小商贩，尽管他心里已经隐约有预感，知道一次全新的商业革命即将爆发。坎普拉德的第一份广告单上印着一辆风驰电掣的货车、一架翱翔的飞机，还有一艘破浪前行的商船，这仿佛寓意着冲破旧的一切，驶向全新的未知领域。

坎普拉德童年生活在农村，过着完全自给自足的生活，镇上的经济比较封闭，基本没有亲历过失业的恐怖。然而20世纪30年代，随着瑞典全国推行积极稳定的政策，国民经济的车轮越跑越快，公路与居住建设也迎来飞速增长期，房屋建造开始注重为儿童发展提供良好的环境。当时城市化尚处于襁褓之中，但工业化已日渐发挥影响力，房地产发展从1933年起一路狂飙。直到20世纪50年代，瑞典的经济对外扩张才正式开始。那时候英格瓦·坎普拉德25岁，已经成长为一名相对成熟精明的年轻商人。国际社会又恰逢韩国通货膨胀的影响——对他来说可谓天时、地利、人和，这时候进入瑞典市场是最正确的黄金时机。

1949年货币贬值了30%，这极大地推动了第二次世界大战后勉强幸存的出口贸易的发展。20世纪50年代到70年代初，瑞典国民生产总值平均年增长4个百分点，并且从未低于2个百分点；1960—1965年，增长幅度接近6个百分点。经过这一时期的发展，瑞典模式受到肯定，劳动力市场得以稳定，而失业率也不再像过去一样居高不下。瑞典政府几乎一直不变，基本由社会民主党执政。

那是民主政府的一段美好时光，是梦想成真的时光。这一时期的瑞典在各方面都得到了迅速的发展，全世界都在为来自瑞典的产品和理念疯狂。不止英格瓦·坎普拉德，很多精明的生意人都瞄准了大众市场能带来的高额利润，交易市场上早已人头攒动。

沐浴着改革的春风，瑞典迎来了丰收的喜悦，年年经济增长都打破之前的纪录。完成了现代化的瑞典已经变成世界上最先进的和平国家。仅在20世纪60年代，其国内汽车数量就从100万辆飙升至200万辆。农村人口迅速减少。阿尔姆霍特的年轻商人坎普拉德再也不用像过去一样同猪肉商贩讨价还价了。如今他的目标客户是那些刚从农村进城打拼的年轻人，背井离乡的他们年轻又有干劲儿，迫切需要找到稳定的居所，而城里人则希望尽可能以低廉的价格装饰自己的房子。

仅在20世纪50年代，瑞典共有5万家农场倒闭，60年代则达到了10万家。30年间，农业从业人员总量削减了75%；与此同时，郊区迅速发展，占领了城市外围。

国民住房建筑总体规划对宜家产生了巨大的影响，或者说为宜家带来了更多的潜在客户。住房建筑总面积不断突破历史纪录。仅第二次世界大战后的头20年间，瑞典就建成了100万套新公寓。20世纪60年代中期，宜家在斯德哥尔摩地区开设了新商场，那时它周边的居民房还都是典型的瑞典战后风格。同时，宜家选择在国王道（Kungens Kurva）兴建商场，那个地方当年还是一片泥泞的郊区。商场就建在一片斜坡上，旁边是购物中心，街对面住着成千上万的居民，这些对物质充满渴求的顾客就是宜家的目标客户。

政府福利和按揭贷款推动了房地产的发展，新的社会住房项目一个接一个落成。瑞典政府从20世纪30年代中期就开始提供住房救济，后来又成立了地区住房委员会。1954年瑞典政府住房部门起草颁布了一套住房标准——《住房典范》，并公开发行。《住房典范》对兴建房的最小居住面积，以及每个房间和居住空间的建造标准都进行了详细规定，包括杂物间、厨房和客厅等。

瑞典社会民主党提出的"人民之家"执政纲领把与住房相关的

所有人和事都纳入了政府管理规范。政府对家具、人民生活和健康的各方面都提出了指导意见。当时人们关心和讨论的是，一旦贸易遭遇低潮，瑞典人未来将如何维持消费水平。还有，在人们看来，家具是最重要的商品，包括床、椅子和桌子。瑞典社会福利制度不断发展进步，只要国家不依赖借外债来促增长，"人民之家"就会一直是保持活力的执政政策的一部分。

不管这一政策对瑞典社会和公民产生了怎样的影响，至少瑞典赢得了不受外界干扰的发展时间，合理改革使得工业和商业的发展大受裨益。在企业眼中，政治更多地带有两面性。第二次世界大战后这段时间，大型工会、企业和政府之间建立了亲密友好的互信关系，在法律、法令和工资条件等方面都得到了相应调整。与此同时，斯莫兰的小镇格努舍（Gnosjö）也形成了独特的中小型企业的发展模型。企业思想逐渐成形。那时候创立公司相对来说比较容易。

在延伸社会保障制度和完善失业保障之前，以及在关于企业是不是"吸血寄生虫"的政治大辩论之前，许多新兴公司侥幸存活了下来。不少企业家通过出售利润前景看好的公司赚得盆满钵满，却为高额的财富税而困扰。因为这种财富税是以企业的营运资金为基础计算征收的。

第二次世界大战后的瑞典沃土上绽放了无数财富的硕果，让人惊叹不已，也诞生了很多活跃的家族企业，比如利乐（Tetra Pak）。

这些企业一开始都与英格瓦·坎普拉德的邮购公司有关系。它们很多都是先在当地做大做强，牢牢掌握全部的商业基础设施，然后再迈出走向世界的一步，像坎普拉德一样最终走出阿尔姆霍特、赖尔多，走出艾尔姆塔里德农场。他们每个人都有自己的精彩故事，但他们都经历过从小公司慢慢积累壮大的过程，经历过一贫如洗的困窘，也经历了今日商场的尔虞我诈,他们的成功、荣耀和财富来之不易。他们是从"人民之家"走出来的大胆创新、富有冒险精神的王者。

这就是宜家诞生的社会背景。

当时的宜家正好搭上了社会飞速发展的顺风车。如果没有政府住房发展计划,没有民主改革,没有城市化进程以及汽车和公路的发展,没有职业女性数量的增长,没有关于住房的社会改革,没有消费者游说团体力量的增强,宜家就失去了飞速发展和扩张的前提条件,不可能如此顺利地得到广泛认可。

正是在这样的社会发展大背景下,坎普拉德才能如鱼得水地施展才能。凭借他一贯的商业意识,他和宜家对那个时代的善恶观进行了取舍:他迎合社会风气的开放,说话时不再使用敬语尊称,而采用"du"这样亲切的非正式称呼;他亲自撰写商品说明;他从"人民之家"的纲领中汲取了关于物质财富的灵感,开创了宜家"民主设计"的思想;他充分彰显了斯堪的纳维亚人和北欧民族的特色;他成功地把宜家转变为一种标准的理念,一个全球家喻户晓的品牌。

即便走出了斯莫兰的冰碛平原,他依旧毫不迟疑地像传道者般用冰碛平原的美德引领整个公司走向未来的成功之路,他崇尚的依旧是简朴、勤俭、谦逊、精明、顽强的精神,对一切抱有感恩的态度,在困境中"狡猾地"找到出路的能力。

坎普拉德在这里播下的希望种子已经绿树成荫、果实累累,也有不少人在这里铩羽而归。未来,这片土地一定还会生生不息地孕育出更多色彩各异、芳香四溢的鲜花。

如果今天还想请植物学家林奈给这片土地上绽放的所有花朵起个芳名,那么好心的林奈一定会忙到数不过来。

第三章

步履维艰的资本家
1953—1973

我是唯一一从零开始见证宜家故事的亲历者。

抵制、离婚和成功

在20世纪60年代初,一位挪威顾问汉斯·伯恩哈德·尼尔森(Hans Bernhard Nielsen)专程前来阿尔姆霍特指导宜家进行改革。抵达的第一天晚上,他突然走进办公室说打算放弃这项任务,并向我解释了原因。他说如果之前有人问他,在阿尔姆霍特这种荒凉的地方能否经营好一家商场,他肯定会郑重地警告这人,绝对不可能成功。"然而,"他对我说,"该死!宜家居然做到了!也就是说,我提不出更好的建议了。我还是收拾行李打道回府吧。"这位顾问就这样回挪威了。这件事的有趣之处在于,我甚至连第一天的咨询费都不用付给他们公司了。从维克森咨询公司(Vercosen)的角度来看,他们为宜家提供了一天免费的服务。

——英格瓦·坎普拉德

在阿尔姆霍特的老拉格布拉德展示厅,宜家一步一个脚印地度过了第一个动荡的5年,韬光养晦,为未来做好了准备。二层的木制建筑现已翻修一新,原本的白灰泥墙上早已铺了层纤维板,这里已经成为宜家展示新产品的超级实验室。为了寻找更完美的销售模式,宜家还专门成立了一个工作室,同时继续发行《商品目录》,不断总结生意经，并保持着即使遭遇失败也一直为他人所不为的实践精神。

1958年，当阿尔姆霍特的第一家宜家商场开业时，大家还都像手足无措、刚刚步入家具世界的高中生。"怎么才能把这儿全塞满呢？"盯着6700平方米空空如也的商场，英格瓦和未来的商场经理斯文·约特·汉松的脸上都带着些许绝望，而几天后这里将变成世界上规模最大的家具展厅。

15年前，宜家简陋的发货仓库还是在农场门口的奶站上改造而成的；5年前，宜家才以1.3万克朗收购了拉格布拉德大楼，并以60万克朗投资重建成展示厅；到1958年，宜家已经迅速发展为大型企业，销售额也如火箭般节节攀升，1951年即突破首个100万克朗。1954年，宜家的总营收额高达300万克朗，次年收入居然惊人地翻了一番。然而，在惊人的增长背后宜家并没有疯狂扩员。直至1956年，宜家还只是个30人左右的小团队。亲密的小团队氛围能保证大家彼此知根知底。

随着宜家大家庭不断吸纳新成员，生疏和隔阂也随之产生，但紧密的家庭观还是一如既往地发挥着凝聚力。成千上万的瑞典人为宜家疯狂，纷纷来到偏僻的阿尔姆霍特参观第一家宜家展厅。仅1955年一年，宜家就发出了50万册《商品目录》。当时宜家品牌的官方拼写还是"Ikéa"，字母e上标有重音符号。当时的官方通信地址还是阿根纳瑞德，因为品牌创始人坎普拉德那时还住在他们的家族农场。

山雨欲来风满楼，坎普拉德的个人生活在这些年也发生了翻天覆地的变化。1956年，他亲爱的母亲不幸死于癌症。1961年，他和克尔斯汀·瓦德林的婚姻破裂，并失去了养女的抚养权。养女在小时候备受祖父费奥多尔的宠爱，费奥多尔以前抱着她逢人就骄傲地宣称："英格瓦有了接班人啦。"

第三章
步履维艰的资本家

我和第一任妻子结婚很早。她当时在瑞典广播电台工作，白天担任拉尔斯·马德森（Lars Madsen）的秘书，并协助著名歌手波韦尔·拉梅尔（Povel Ramel）做晚间节目。我们在一起度过了幸福的几年。在农场刚起步的那几年，前妻确实给予了我莫大的帮助，但她从来都不喜欢我对工作和公司的全情投入。她期待的是完全不同的生活。

我不是普通的朝九晚五的上班族，不能常常守在妻子身边。她愿意跟着我到处走吗？不，她更喜欢待在家里。就这样，夫妻之间慢慢有了隔阂并渐行渐远。曾几何时，这一切被我们归咎于没有自己的孩子。尽管我们很想有自己的小宝宝，并尝试过要孩子，也都去医院检查过，但还是失败了。

所以后来我们收养了一个瑞典小姑娘，希望通过养女拉近一家人的距离。的确，养女的出现暂时缓和了我们夫妻间的矛盾，但最终我们还是决定离婚。婚姻的破裂是我人生的失败。在工作上我可以失败，这毕竟是工作的一部分，有工作就有失败，但在个人生活上我不允许自己失败。婚姻的失败对我是个巨大的打击，并且我特别想念我们的养女。

离婚分家的时候前妻狮子大开口，连她的律师都吃惊不已。虽然最终双方达成了一个合理的数目，但这件事的余波远没么快结束。前妻很快就病倒了，并在几年前因结核病后遗症去世了，她年轻时就不幸感染了这种病。

很长一段时间她都不允许我探望养女。我从心底想念那个小娃娃，她在我心里还是小时候熟悉的模样。好在现在我们终于重新取得了联系。她现在已经有了幸福的家庭，丈夫在建筑公司工作。虽然她没有加入宜家，但我们每年都要见一两次面，关系也很好。

前妻去世前，我和她化解了彼此间的矛盾，但这整件事至今还让我痛彻心扉。我认为自己是一个真正的浑蛋。我总是问自己，在婚姻中我真的尽全力了吗？还是我们都早就不再是当初的我们了？

对英格瓦来说，20世纪50年代他个人生活的痛苦与事业成功的甜蜜如影随形。每日沉浸于痛苦之中，他只能寄情于生意，并希望能再次寻觅到生命中的最爱。英格瓦在一次前往意大利的旅途中邂逅了一位年轻的老师玛格丽塔·斯滕纳特（Margaretha Stennert）。他们于1963年结婚，次年，他们的第一个孩子彼得（Peter）诞生了。

现在的英格瓦·坎普拉德不再是过去大家印象中的那个斯莫兰的商业神童，他已经修炼成一个自信、优雅，甚至是令对手敬畏的商场弄潮儿，尽管他的经商手法有时会遭到对手的恶意诋毁，被认为是不怀好意的。他们的竞争不再局限于邮购市场，整个家具行业都感受到了这位来自斯莫兰森林的商人带来的压力，坎普拉德的削价政策对大家来说都是威胁。

这次的较量导致整个行业对坎普拉德发起围攻，好像狮群围剿待宰的小羊。

1955年，宜家的《商品目录》广告语是"梦幻家居梦幻价格"。一家竞争对手马上在《斯莫兰邮报》上刊登了广告作为挑战："如果你发现以梦幻价格购买的梦幻家具变成了昂贵的喜鹊窝，那么我们欢迎您的光临。"

换作今天英格瓦对此也许可以付之一笑，但在当时这可是一项棘手的挑战。他要面临的是来自整个传统家具行业的挑战，同行们不惜任何代价都要阻止他引领时代的步伐——他们呼吁政府禁止宜家被报道，并以各种形式集体抵制宜家。很多供应商突然冷漠地拒绝给这个新生企业供货。有些供应商只敢偷偷摸摸地发货，运家具到宜家的时候连发件人姓名都不敢写，甚至货车都不敢带商标，就怕被人发现他们跟宜家有关联。仍然给宜家代工的供应商不得不改换设计，因为家具经销商们会集体抵制任何与坎普拉德有生意来往的企业。

1950年左右，Ikéa（当时品牌官方拼法不一）这个名字第一次被展销会拒之门外。即便是以个人身份，英格瓦也遭遇同行排挤，连一些交易会都参加不了。面对巨大的压力和同行的压制，一方面，英格瓦难过得痛哭流泪，另一方面，他用自己的骄傲和机敏进行了反击。在这期间，他成立了多家名称不同的公司，这样就可以借壳扮演不同的角色，既是买家，又是卖家。1951年的瑞典希尔科公司（Svenska Silco，用以出口家具）是第一家，1953年他又创立了瑞典皇家进口公司（Svenska Royalimporten，主营地毯），1955年创立了瑞典森切罗公司（Svenska Sencello，以泡沫橡胶床垫闻名）。这些公司都是为了配合宜家的业务而成立，宜家当时在斯德哥尔摩最有名的商业街上开设了一家宜家商场，很受消费者欢迎。此外，在邮购业务方面，他还创立了"服务上门"品牌（Hemservice），这一品牌最终发展为著名的家居品牌阿森特（Accentensortimentet）。

各类商品交易会对于20世纪50年代的新兴产品来说是重要的展示平台。举办得最成功的圣埃瑞克斯展销会开始对公众开放，但是展销会管理者阻止宜家参展。展销会在哥德堡举办的时候，英格瓦坐在一辆沃尔沃杜埃特车上偷偷混了进去。英格瓦的好朋友用一块威尔顿地毯盖在他身上，神不知鬼不觉地把他带进了大门。英格瓦在展台间从地毯里钻出来的时候，谁也不敢把他撵出去。

还有一次，英格瓦因为在一次省里举办的展销会上销售地毯而被罚款，被处以连续25天每天缴纳20克朗罚金。在斯德哥尔摩，他不得不花钱出租自己紧邻圣埃瑞克斯展销会的经营场所，因为只有这样才能参与其中。追逐低价是消费者的本能：参加展销会的人们包围了英格瓦的摊位，挤破脑袋就为了抢购廉价的商品。当时报纸对抢购事件的系列报道炒热了大家对"斯莫兰家具"的兴趣。但与此同时，不少供应商收到了瑞典全国家具经销商联合会发出的最后通牒，正式的通知书上这样写道："如果厂商继续向宜家供货，联合会将不再从该厂商进货。"

当时不少供应商都退缩了，因为他们不敢忤逆联合会的"旨意"。现在再回顾当初的抵制事件，英格瓦对这些厂家充满了理解，毕竟这关乎厂家的生死存亡："如果换作我，我可能也会像他们一样屈服。"但也有些厂家并没有屈服，有些是因为坚守原则，骨气铮铮，有些是因为实力强大无须畏惧联合会的制裁。

愈演愈烈的同行抵制，造成宜家的成本暴涨。此外，宜家也因此无法如约交付《商品目录》里宣传的不少商品，信誉遭到了损害。短期来看，宜家也许可以采用替代商品熬过危机；但若长此以往，恶性的抵制可能会彻底摧毁宜家的领先优势，让公司毁于一旦。

部分忠诚的供应商还是勇敢地继续用假地址与宜家保持生意往来，但送货地址不能写阿尔姆霍特，得换成希尔贝里（Killeberg）或者其他地方。工作人员也不敢白天公然提货，得等到晚上才能把货车偷偷摸摸开进来，搞得好像禁酒令时期非法运酒一样，其实他们只是运沙发而已。对宜家的抵制愈演愈烈，英格瓦·坎普拉德为此度过了无数个"夜夜垂泪，辗转难眠"的日子，彻夜冥思苦想解决办法。最大的难题之一就是填补数千个沙发订单的空缺。

1957年，全国价格和同业联盟会，以及自由贸易委员会（垄断委员会）开始注意家居行业内的动向。同年的《价格和同业联盟问题》

杂志第五期上发表了一篇特别报道。这篇报道从今天的角度来看实在是荒谬可笑，它宣传报道的主要内容是斯德哥尔摩商会已经和圣埃瑞克斯展销会特别委员会联合形成强大的行业垄断，并达成共识阻止宜家参与任何展销会，阻止宜家以亲民的价格接触那些对价格敏感的民众。

在各方资源极其有限的情况下，宜家从1949年开始参加交易会。刚开始只有宣传册，1950年以后宜家开始展出几乎全系列的家具和家居用品。表面上看，家具行业大战所争论的焦点是，展销会上允许像宜家一样面向参观者零售，还是只能大宗批发。内行人都明白，此举其实是为了扼杀宜家这颗冉冉上升的巨星。

匿名信和报纸新闻纷纷涌现，英格瓦·坎普拉德之前也给展销会写过一封抗议信。他强烈抗议家具竞争对手的恶意攻击，抗议他们在展位上大搞硝烟，制造紧张气氛。

年复一年，竞争者们对宜家的抱怨一直不断。1952年，各项限定越发离谱，甚至都不准参展商在展会现场接单，而年轻的宜家董事长英格瓦甚至被传唤到商会接受"质询"。几年后，全国家具经销商联合会甚至成功迫使交易会禁止宜家在展示商品上标示价格。

以今天的眼光来看，这无疑是一场近乎荒唐的游戏：保守甚至是僵化的销售思路企图抵抗新生销售思路带来的横扫一切的价格压力。宜家一次又一次地被封杀，但每次都绝处逢生，找到突围的出路。如果宜家不能以自己的名义出现，他们就会用坎普拉德家族旗下的其他公司打掩护参加展会，或者借助可靠的供应商的力量参会。

在一封来自全国家具经销商联合会的信中，宜家被比作恐怖的七头怪兽："砍掉一个头，另一个马上会长出来。"

产业协会的董事们纷纷开始以企业自由化的名义向宜家宣战，而这帮人转而又鼓吹市场竞争的优势，认为正是竞争打破了计划经济的桎梏。欧洲商品贸易保险公司也被卷入了这场"限制此类营销方式"的战争，行业内充斥着针对宜家"猖獗零售"的批评。宜家开始反击，也从每一次的围堵中学会了应对的策略。

不管对手如何攻击，宜家依旧屹立不倒，宜家的商品销往瑞典的每一个小城镇，只要有展销会的地方就有宜家的商品。如果无法以宜家的名义出席，他们往往会通过宜家的子公司或有参展资格的斯莫兰供应商参加展销会——参展费用会全部转回阿尔姆霍特，由宜家承担。

行业协会的强大压力迫使圣埃瑞克斯展销会从一周对外开放6天减少为仅对外开放4天，造成展销会的总体参观人数直线下降。其他参展企业开始反对针对宜家的联合抵制，认为这种不聪明的做法只会让始作俑者自食其果。

争夺展销会参加权的斗争本质上都是为了以低廉的价格占领市场。对手的偃旗息鼓并非因为改变了观点，也并非因为全国价格和同业联盟会的干预（坎普拉德也不希望如此），而是因为宜家自身实力的飞速壮大，它的增长速度不断突破纪录，并在三个核心城市建立了自己的展销场所。阿尔姆霍特的宜家人从此免受干扰，忙着争取胜利的人根本顾不上这些纷争。

宜家旗下的工厂从家具经销商那里拿货时，遇到的阻力不仅丝毫未减，而且不断升级。坎普拉德如果想从规模小一点儿的厂家进货，小厂家总会以"不敢"而推托。一部分厂家虽然不惧威胁，继续给宜家供货，但一般都改走陆路货车运输，因为传统的铁路运输比较容易被行业内的人盯上。

全国价格和同业联盟会在1957年的调查报告中曾引述过某个厂

家对宜家和其他家具经销商的差异描述。报告中称,宜家一般在10天内结款,现金支付有3%的折扣;而其他公司结款往往要拖上三四个月,现金支付也要求同样的返点。善待供应商是坎普拉德恪守的重要原则之一,他一直反复跟宜家的员工们强调这一原则,也可以说,他当时也是为大环境所迫而不得不做出这种尝试。

挺过了行业抵制期的诸多困难,我最终总结出一点:恶性竞争是没有用的。我的同行竞争者们恰恰输给了恶性竞争。他们违背潮流,企图遏制进步,阻挠新事物的发展,而不是积极竞争,凭借实力一较高下。假如当初双方公平较量,天知道我们还能不能取得成功,说不定我们会因为什么原因铩羽而归。抵制反而增强了我们的团结。随着我们不断地在困境中求突破,危机也成了契机。

事实上,宜家在世界各地发展的过程中都延续了同一个模式。比如在德国,宜家也不幸遭遇行业的负面抵制。正是在这些国家所遭遇的挫折,让走过风雨的我们见到了最绚丽的彩虹。

宜家的风雨历程总结出一句黄金定律,并成了宜家今天的经营哲学:要把每次危机当成契机处理。新问题也可能带来激动人心的良机。当别人不允许我们售卖同样的家具时,我们就被迫走上了自主设计的道路,从而拥有了自己的独特风格,成就了自主设计品牌。为了确保将我们的商品安全送抵客户手中,如何运输成为亟待克服的难题。宜家以这个难题为契机,打开了通向全新领域的大门。这个新机遇便是欧洲市场,更确切地说,是在波兰。

第一件自助组装家具的诞生

"噢,天哪,我们把这些桌腿拆下来,放在桌面底下包装吧。"

伊利斯说,"天啊!这样的平板包装真是又小又方便啊!"

在大众心目中,宜家家具都是平板包装的,回家得自己动手组装。通常的组装工具就是一把特制的六角小扳手。音乐剧和新闻报道当时都以组装宜家家具为话题取乐,嘲讽看不懂天书般的说明书而着急的人,嘲弄他们手忙脚乱而找不到螺钉,取笑扳手根本拧不动螺钉的尴尬场面。

不仅是宜家,连竞争对手们也都开始广泛采用自助组装的设计,今天的消费者逐渐习惯了自己组装家具的形式。

英格瓦·坎普拉德从他的前辈约瑟夫·阿内尔(Josef Anér)身上学会了如何从生产阶段就开始控制成本。约瑟夫总是精明地赶在厂家的淡季进货压价,而英格瓦则青出于蓝而胜于蓝,进一步将自助组装的设计理念融入家具生产的过程。他不断地调整工序,这里截掉一两厘米,那里切掉一两厘米,自助组装演变为设计的原点,其本质目标是通过节省材料压缩成本,从而降低价格。

自助组装的设计理念是机遇和竞争共同作用的产物,也是宜家与合作方通过一次又一次的会议碰撞而产生的灵感。尽管自助组装的概念在当时还颇具争议,但可拆装家具大幅削减了价格成本,如今已经得到了充分发展。宜家专注于产品设计和创新是让创始人英格瓦最骄傲的地方。

英格瓦·坎普拉德自己如此评价自助组装家具：

> 为了完成宜家的第一份《商品目录》，我们急需一个设计师为马上就要印刷的广告设计出一份原稿。当时的准备时间非常仓促，所以我赶紧联系了那时还在马尔默市一家广告代理公司工作的年轻制图师伊利斯·隆格列（Gillis Lundgren）。
>
> 后来伊利斯成了宜家忠实的合作设计师之一，并最终成为坎普拉德家族的好朋友。他设计了不计其数的产品，很多都是畅销产品。假如没有他，我们不可能如此迅速地通过自助组装家具抢占市场。自助组装家具已经成为宜家的标志和基本理念。
>
> 有一次，我们在阿尔姆霍特一家叫作埃尔夫家具（Elf's Furniture）的供应商厂家开会。厂家提供了一个宽敞的空间充当临时摄影棚，给宜家《商品目录》拍摄商品宣传照片。伊利斯专程赶来帮忙摄影，他随身带来一部刚买的二手禄来福来相机（日本相机品牌），调试了几盏摄影灯，简单布置了一两个内景后就开始了拍摄。
>
> 伊利斯拍摄时需要一个插有鲜花的花瓶做道具，于是我赶紧跑到镇上买了五朵郁金香。谁知，刚到第二天早上，第一朵花就蔫得耷拉下了脑袋，到了第五天，最后一朵也萎靡不振地抬不起头了。伊利斯用针把花朵固定在花茎上才把它勉强撑起来。这个所谓的花瓶其实是普通啤酒瓶涂黑后充数的，但最终出现在《商品目录》上的成品照看上去还是很专业的。
>
> 我在夜里亲笔写下了这些文字：

那时候工作非常简单，很多创意都是即兴发挥。那是一段快乐的时光，伴随着偶尔的冲动。我们不断尝试，失败，爬起来再尝试，直至成功……

结果证明，伊利斯确实具有非凡的创造力，而且很有经验。我们的想法常常不谋而合，可惜我缺乏绘画天赋，而伊利斯恰恰善于把我想要的内容鲜活具象地呈现出来。有时候伊利斯会稍微改动家具的设计，这样宜家的竞争者们就无法众口铄金地指责供应商为我们提供一模一样的产品了。来自行业内部的抵制日渐加剧，宜家和供应商一直处于竞争对手的严密监视中。伊利斯只好调整图纸，告诉供应商："把设计这样变一变，一件新产品就诞生了。"

宜家就这样走上了自主设计家具的道路，其实最初是为了避开来自行业内的各种抵制和麻烦。有一次，我们给桌子拍完宣传照要把它组装起来，伊利斯就在一旁嘀咕道："噢，天哪，我们把这些桌腿拆下来，放在桌面底下包装吧。天啊！这样的平板包装真是又小又方便啊！"

于是从那天开始，也可能是从当晚开始，我们有了史上第一件平板包装家具，并由此掀起了一场轰轰烈烈的改革。1953年的宜家《商品目录》中出现了第一张叫作"马克斯"的自助组装桌子（实际上1952年就制作完成了），其他成套的自助组装家具随后陆续问世。到1956年，自助组装的概念几乎已经形成了完整的体系。

可以说宜家的创新之路是现实所迫。当时家具在运输过程中的破损率非常高，总有些部件因为途中颠簸而受损，而欧洲保险公司对这种情况的索赔怨声载道。随着越来越多的可拆装家具问世，运输过程中的破损率不断下降，运输成本因而得以削减。这就是平板包装背后的一整套逻辑。

第三章 步履维艰的资本家

伊利斯开始跟着我一家一家拜访制造商。他会去观察商品的制作流程，快速画出设计草图，并琢磨能不能进行改动……就这样，自助组装书架、椅子、床等家具源源不断地问世……

我曾在1949年的《致乡民》宣传文章中谈到过中间商如何通过巨大差价盘剥消费者，并呼吁民众跳过中间环节，通过宜家从一线工厂直接购买商品。早在20世纪50年代中期，在第一家宜家实体商场开业的前一年，我们就已经具备了设计、功能和价格全方位的综合实力。宜家一直以来都在各地进行低调的调研，实地考察各家工厂产品的质量，并始终在细节上抠成本，从而最终大幅压缩成本。

参加了米兰交易会，又拜访了一家大型地毯供应商以后，我有了醍醐灌顶的感觉。通过这位供应商，我才得以窥视意大利普通家庭真实的样子，才得以了解普通职员的家究竟是怎么陈设的，亲眼所见的画面让我深深震惊——笨重的暗色家具、笨重的餐桌摆放在起居室内，上面悬着一个光溜溜的灯泡——普通人家的室内装潢同我在交易会所见的风雅差了十万八千里。

一个想法究竟何时开始在脑海中孕育成形难以界定，我也不想片面夸大自己的远见卓识，但在米兰的所见所闻确实帮助我百尺竿头，更进一步，完善了所谓的"民主设计"理念，并让我和未来的市场经理伦纳特·埃克马克（Lennart Ekmark）牵上了线。"民主设计"不仅追求精良的设计，更要求设计从一开始就要适应机器大生产，并能创造价格亲民的产品。在这样的设计风格和自助组装家具的创新风潮的双重影响下，我们在生产制造和运输环节节省了大量成本，从而降低了终端售价。

总有人好奇地问我，这些想法是什么时候开始扎根于我脑海之中的，其实我也很难回答。15岁之前我就开始好奇为什么商品的出厂价和商场的最终定价会差那么多。奥洛夫·古斯塔夫森（Olov Gustafsson）以0.5欧尔的批发价就能进到日本进口的圆珠笔，但一模一样的笔在20世纪40年代阿根纳瑞德的里卡德·马格努森（Rickard Magnusson）杂货店居然卖到10欧尔一支。这么大的差价让儿时的我百思不得其解。

在后来的人生中，我不断地问自己："价格低廉的产品，为何一出工厂大门就瞬间飙价？为何人们如此理性地关注生产环节，却对直接面向顾客的最后环节敷衍了事？"随着思考和调研的不断深入，我逐渐发现中间的分销环节才是成本问题的症结所在。

在之前的章节中我们就讨论过，传统鞋店的经营模式不仅费力且回报率极低——墙上架着梯子，售货员爬上爬下，淹没在货架上无数个一模一样的鞋盒中，全凭徒手翻开鞋盒的衬纸寻找不同尺码的棕色和黑色皮鞋——这样的销售模式能挣钱才怪。在哥德堡就读商学院时，我满脑子都在想这类问题。这些不是学校教给我们的商业经济学理论，是我自己通过摸索总结出来的。

内行人都能看出自助组装家具和平板包装的优越性。平板包装能够大幅度节约仓储成本和交通运输成本。而且从长远来看，它也为未来实现顾客自提、自己搬运家具回家提供了必要的前提。但那时候我们距离最终目标尚有很大的距离。

除了宜家，也有其他公司用了同样的点子。斯德哥尔摩的NK公司早前就已经设计出一系列可拆装家具，却没有大张旗鼓地在商业上进行推广宣传，因此错失了商机和爆点。相比之下，宜家抓住了此次良机，成为第一家在商业上深入而系统地发展创新理念的公司，而这也得感谢那些和我交流思想的先锋设计师们。

除了伊利斯，埃里克·沃茨（Erik Wørts）也给我很多启发与灵感。他曾就职于NK公司，在南部城市尼雪平（Nyköping）的一家工作室担任室内设计师。本特·鲁达（Bengt Ruda）也曾在NK公司工作过，并与埃里克·沃茨一起成为宜家著名的家具设计师。他俩当时都勇于在同行轻蔑的眼神中挑战传统，为宜家设计，做到了真正为人民大众做设计。

迄今为止，宜家还没有启用过任何瑞典设计师，这一点我必须申明。我们的原则是疑人不用。即便是大名鼎鼎的伊利斯也只不过是在阿尔姆霍特半路出家，想出了用针固定枯萎郁金香的妙招，从而"误打误撞"成了宜家的广告绘图员。

拆下桌腿的人

伊利斯·隆格列生于1929年,他是一个充满活力,同时也很务实的人。他满脑子都是无尽的想象力和创造力,是英格瓦·坎普拉德手下的一员爱将。正是他某一天心血来潮地"拆下桌腿"放在桌面底下,从而创造了宜家历史上的一段佳话,并帮助宜家首次掀起了一股平板包装的市场营销革命大潮。

伊利斯和英格瓦在1952年相识于瑞典南部斯科讷省的兰斯克鲁纳(Landskrona)。那年英格瓦27岁,伊利斯23岁,他们见面的初衷原本是解决版面设计方面的一些难题,但结果两个人彻夜长谈,开始讨论严肃的人生理想。来自艾尔姆塔里德农场的青年企业家英格瓦侃侃而谈,他对未来的愿景让来自隆德的年轻人伊利斯听得如痴如醉,就仿佛遇见了一位意气相投的好兄弟,两个人的想法不谋而合。

伊利斯眼光独到,他的祖父和外祖父分别当过木匠和铁匠,父亲曾是一位技工,母亲设计过鞋子,伊利斯深得家人真传,会很多门手艺。他朴素节俭的工作作风也很符合典型的宜家式风格,与早期开创团队不谋而合。伊利斯原先在马尔默技工学校学习绘画,后来转行在马尔默的格玛丽斯广告公司做过一阵子版面设计、摄影和印刷等工作。

1952年在兰斯克鲁纳的那次会面冥冥之中决定了伊利斯的命运。迄今为止，他已经为宜家设计了不下400件家具和其他产品，具体数字多到可能连他自己都记不清了。唯一可以肯定的是，未来他还将源源不断地为宜家带来更多的好点子。伊利斯并不算是蜚声国际的著名设计师，但他的名字已在全球家喻户晓——他设计的无数畅销商品就是他的个人标签，比如"比利"（BILLY）书架，风靡一时的"米拉"（MILA）扶手椅。

伊利斯在很多方面都驾轻就熟。过去的15年里，宜家《商品目录》都由他一人操刀，他全面负责从摄影、内景布置，到监督印刷等一切事务。此外，他还一度掌管过信息服务和广告部，并作为产品经理负责过宜家的系列产品。一直以来，伊利斯都是英格瓦最忠实的密友，两个人交情好得像亲兄弟。

"只要我有一口饭吃，就保证饿不死你。"英格瓦和伊利斯签约的时候曾与他如此郑重地握手承诺。伊利斯·隆格列为宜家一干就是一辈子，再没有去过其他公司。伊利斯说："为宜家服务对我来说已经是莫大的奖赏。"

他和英格瓦两个人一家一家走遍了数百个工厂，仅在蒂布鲁（Tibro）这个小片区就有125家工厂，未来都有可能成为宜家的供应商，但这些厂子绝大多数是车库那么点儿大的小作坊。两个年轻人在走访的过程中四处碰壁，甚至还被人撵出来过。来自行业内的抵制依旧影响很大，这让他们付出了惨痛的代价。只有那些具有远见并且愿意追随宜家的工厂，才能在经历了漫长的半个世纪后依旧保持繁荣昌盛。

伊利斯·隆格列就这样无意间成了宜家的首位全职设计师（设计包装和设计椅子对他来说其实也差不多）。除了他，其他设计师也为宜家的成功立下了汗马功劳。1961年的《商品目录》是在瑞典设计师本特·鲁达的带领下，由四位才华横溢的丹麦设计师——普雷本·法布里修斯（Preben Fabricius）、埃里克·沃茨、阿尔内·瓦尔·伊韦尔森（Arne Wahl Iversen）以及 T. 赫莱夫（T. Herlev）共同完成的。鲁达是一位极富天分的设计师，他从 NK 公司离职后转投远在斯莫兰森林之隅的宜家，体现出了他在职业发展道路上的巨大勇气。

行业内部对宜家的恶意诋毁从未消失过。时至今日，竞争对手最惯用的伎俩还是指责宜家剽窃，虽说偶尔指责之声确也属实。1997年，宜家在远东地区制造的一款被称为"迷宫"的玩具就被指出是抄袭，尽管英格瓦·坎普拉德很震怒，但不得不说，"迷宫"在很大程度上确实与瑞典著名儿童玩具品牌布里奥的产品雷同。

伊利斯·隆格列在瑞士工作、生活了 12 年，现在被斯莫兰的阿尔姆霍特等商场返聘，依旧活跃于宜家的设计舞台，并一直是创始人坎普拉德的亲密战友。伊利斯认为"一切设计都来自学习借鉴"。家具设计师多多少少都会互相借鉴。如何界定什么是抄袭？这个边界非常模糊。他说："新样式往往风靡一时，设计师们只是碰巧不约而同地用了同样的解决方案而已，没有谁剽窃谁之说。"

现在，竞争对手有时还会指责宜家在设计上剽窃，但这些煞有介事的商业争端最终都会自动偃旗息鼓，没有任何一起最终需要诉诸法律解决，起码伊利斯和英格瓦都没打过官司。伊利斯回忆说："杜克斯（Dux）曾想控告我们侵犯著作权，宣称宜家的设计师卡林·莫博林（Karin Mobring）剽窃了瑞典著名设计师布鲁诺·马特松（Bruno Mathsson）'独创'的一款床头设计。开始我们的律师因为这个案子伤透了脑筋，后来我翻出了自己多年前设计的一个床头，布鲁诺·马特松的设计和我本人的也有诸多相似之处。这个案子最终戏剧化反转，以宜家承诺不起诉杜克斯侵犯著作权而告终。"

波兰——另一个女人

英格瓦和我们逐条敲定了 200 多件不同商品的合同条款，

连 1 欧尔都会拼命讨价还价，

谈判一直持续到晚上 11 点还没达成任何协定。

艰苦卓绝的谈判让所有人都疲惫不堪，于是我提议："大家先休息一会儿，

一起去找家学生常去的夜店消遣一下吧。"

就这样，我们一群人在舞池尽情挥洒，舞到下半夜才散，

谈判在第二天晚上达成了共识。从我们的角度来说，

当然希望外币现金流越多越好；但对英格瓦来说，

谈判的目标则是压价，价格越低越好。

——西尔维亚·卢卡西克（Sylvia Lukasik）

如果把宜家壮大的历程比作一个青年成长的过程，那么，艾尔姆塔里德为他举办了洗礼仪式，阿尔姆霍特见证了他的践行礼，而德国则为他和欧洲操办了结婚庆典。那么，波兰呢？波兰在宜家不为外人所知的岁月中扮演了"另一个女人"的角色，同时也是他这辈子的一次冒险，是他命运中的重要转折点。

在 20 世纪 60 年代初期，作为一个奉行社会主义的国家，波兰亟须贸易往来以提高国民生活水平。于是热情的波兰张开了臂膀，接纳了这位来自瑞典的资本家。这次的因缘际会后来使波兰顺理成章地

成了宜家的救世主，在瑞典国内禁运愈演愈烈、行业抵制釜底抽薪之时，为宜家雪中送炭。

波兰不仅是宜家通往世界的桥梁，还帮助宜家从小小的家具商场摇身一变，在15年后发展为欧洲大陆的强者。波兰知道宜家最终必将征服整个世界的市场。对从斯莫兰森林走出来闯世界的宜家来说，波兰是开拓家具产业的第一站，是技术和商业方面的训练营。过去宜家在国内发展得不错，但现阶段，它不得不放弃自身的德国烙印。而且，波兰也让宜家知道，原来在奥斯比（Osby）以南还有比瑞典更广阔的天地供它大展拳脚。

20世纪50年代后期起，家具行业对宜家的供货禁令已是明刀明枪了，但依旧有少数供应商很有骨气，继续为宜家提供支持，比如"斯托克雅兹"（Stockaryds）座椅（当时排名第一的畅销商品）的制造商。宜家对木质座椅的需求量实在太大了，供货缺口急剧增长，而且对质量的要求也在不断提升。据统计，1961年宜家要满足4万把木质座椅的订单就已经很困难了，因为其中半数根本无法在国内采购到，亟须在海外拓展供应商渠道。

英格瓦和新上任的家具供应链负责人——经验丰富的采购工程师朗纳·斯泰特（Ragnar Sterte）四处走访，不断寻找新产能。起先他们去了丹麦，并在那里建立了供应链。1960年英格瓦从《瑞典日报》上得知波兰外贸部部长W.特拉姆金斯基教授即将到访斯德哥尔摩商会，并希望寻求同瑞典的双边合作，于是英格瓦立即致信W.特拉姆金斯基，表达了自己强烈的合作兴趣。几个月后，他终于迎来了波兰方面的回复："波兰欢迎您。"

1961年1月21日，英格瓦和他的父亲，以及朗纳·斯泰特一行三个人乘坐飞机抵达波兰首都华沙，对波兰进行了为期一周的访问。

他们当时在波兰的所有活动都由波兰秘密警察跟踪并详尽记录，保存至今。

波兰木材和木制品进出口公司组织家具行业的代表团接待了英格瓦一行。年轻的马里安·格拉宾斯基（Marian Grabinski）就是当年波兰代表团中的一员。他是木材技术专家、建筑师、设计师，后来还成了波兰的外交官。20年后，随着"柏林墙"的倒塌，他被宜家聘为驻波兰华沙的高级顾问及问题协调专家。因为怀念旧日时光，他至今还保留着当年波兰政府对这群斯莫兰访客所做的记录副本。从这些记录中可以发现，政府的秘密警察对英格瓦一行人的行踪、住所、谈话等都了如指掌，但最终网开一面，破例准许他们离开首都，参观位于乡村的家具工厂。

出于同样的兴趣，格拉宾斯基也记录了英格瓦致信波兰外贸部部长后为宜家带来的惊人收益：从1961年到1998年，宜家同波兰的贸易往来从区区6.9万克朗的一笔木质座椅订单，已经迅速扩大到数十亿克朗的净出口体量。此外，宜家还在波兰参与了锯木厂等其他各项投资，并成功建立了实体商场。

1961年恰逢冷战，两种意识形态的争端不可调和。在当时的历史背景下，波兰从一个纯出口国转型为东欧的市场典范。在波兰，宜家既是进口商、零售商、生产商，同时也是出口商。

在第一次波兰之行，宜家就签下了首份订购单。"三个火枪手"（格拉宾斯基打趣地把英格瓦、其父亲费奥多尔和斯泰特称为"三个火枪手"）在抵达的第二天就签下了第一份家具订购单。然后，他们马不停蹄地搭上了前往波兰中西部城市波兹南（Poznan）的列车，去考察当地的生产加工业。现在宜家在波兹南开设了一家大型商场，在华沙有两家，在港口城市格但斯克（Gdansk）和西南部的罗克劳

（Wroclaw）各有一家商场。从最初只有六七家供应商，到现在已建立起一套庞大复杂的供应商体系，宜家已经能有效管理150多家供应商，以及大量位于波兰华沙外围小镇坚奇（Janki）的采购组织。坚奇镇上现在也兴建了一家宜家商场，用英格瓦的话来说，扎根于"土豆田里"的宜家在波兰已经芝麻开花节节高了。

想当初刚刚进入波兰市场的时候，他们完全不清楚波兰能否为宜家解决供货危机问题，或者更隐晦地说，是否允许宜家"脚踏两只船"。英格瓦很乐于回忆当年那些戏剧性事件：

> 刚开始，波兰木材和木制品进出口公司给我们看了一些非常拙劣的商品照片和报价，当时他们还暗示，我们无法离开华沙去其他地方参观工厂。当时我就开诚布公地回复，自己没有合作兴趣，差一点儿就要打道回府了。

最终危机得以解除，代表团陪同"三个火枪手"走访了波兰很多省份。三个人亲眼看见了当时波兰凋敝的工业发展状况。但即便经济再衰退，也都没有摧毁波兰人民对家具和木材业的传统热情。此外，当时波兰的物价特别低。早已退休的朗纳·斯泰特如今回忆说："生产同样的产品，当时波兰的生产成本连瑞典的一半都不到。"他小心地翻查着已经被翻得破旧不堪的订单簿，小心翼翼的程度好像在翻阅珍贵的《死海古卷》珍本。

对波兰人来说，之前最重视的是商品数量。质量是朗纳·斯泰特经常挂在嘴边的词，但对波兰人来说，质量在实际生活中无足轻重。经过漫长的努力，波兰才慢慢建立起保护消费者权益的各项质量标准，也就是质量保证。英格瓦接着回忆道：

刚开始的时候我们还得偷偷摸摸夹带点儿东西进波兰。文件夹、机器零部件,甚至是老式打字机上的复写纸都属于禁运品。如果没有复写纸,办公室的文秘姑娘就得把同一张发票手写12遍。

看到波兰糟糕的生产环境后,我们给工人添置了保护口鼻的口罩,并从林雪平市的一家公司收购了不少二手机器,安装到波兰的工厂。

除了追求利润,我们也讨厌官僚主义,对波兰人民的遭遇充满同情。因此,很快我们对这群波兰友人产生了发自内心的同情,与他们一起高效工作仿佛演变为来自私人援助组织的援助。慢慢地,虽然时有倒退,但最终宜家帮助他们建起了现代化的家具产业。

落后的基础设施依旧是我们成功道路上的巨大障碍。当时从华沙往国外打一个电话要花一整天的时间。老百姓连普通的报纸都没有,但从早到晚都有喝不完的伏特加,早餐、午餐、晚餐,人们能从早一直喝到晚。惨遭战火蹂躏的木材也给我们带来了大麻烦——遗留在树干里的子弹会对锯齿和刨子造成损坏。好在波兰的橡树木材资源丰富,用橡木做成的家具在瑞典掀起了一股销售热潮。

波兰工厂可以说是畸形的。半自动化的组装线在生产制造过程中会突然罢工,仿佛颤巍巍的小老太太推着独轮车——波兰仍然缺乏完全实现现代化的足够资源。但在这样的大环境下,他们仍旧造出了一批深受宜家消费者欢迎的家具产品——"奥格拉"(ÖGLA)扶手椅、"托尔"(TORE)抽屉柜、"比利"书架等。

当位于弗龙基(Wronki)的工厂生产的"托尔"系列抽屉柜产量突破百万件(其实,"托尔"系列总产量的一半不止百万件)大关时,宜家颁发给当时大波兰省的一家家具厂的经理耶日·帕夫(Jerzy

Pawlak）一个欧瑞诗牌水晶花瓶作为表彰。耶日为此殊荣深感自豪，经常把花瓶拿出来向人展示。自此以后，波兰为宜家源源不断地输出数百万件书架和抽屉柜，还有数不清的"英格"（INGO）桌子。如今，"克利潘"（KLIPPAN）沙发和其他热销商品已经创造了新纪录。在波兰突破百万件产量的商品如果要拉出个清单，真是数不胜数。就这样，数以百万件的波兰家具默默地装点了无数瑞典家庭。

"奥格拉"扶手椅之前是在具有传奇色彩的意大利家具百年老字号——索耐特（Thonet）位于拉达斯科（Radonsko）的工厂代加工，使用的都是山毛榉木材。拉达斯科见证了第一把和第一百万把"奥格拉"扶手椅的诞生。虽然新版的"奥格拉"扶手椅已经改用塑料材质，但在工业化之前遵循传统工艺的制造体验依旧让人着迷——破旧的作坊里，熊熊燃烧的炉火炙烤着山毛榉木材，身强力壮的工人纯粹依靠手工，用最原始的方法把木条弯曲出一定的弧度，用来制作椅子的扶手和椅背。

作坊旁不远处就是一座20世纪90年代兴建的现代化工厂。工厂每天能制造出5000把椅子，其中大部分都是宜家的订单。和波兰合作的第四个年头，"奥格拉"扶手椅就已迅速成为宜家物美价廉产品的形象代言人。一项研究表明，价格低廉的"奥格拉"扶手椅和人们花大价钱在伦敦最昂贵的"流行大街"买到的椅子质量一样好。连知名广告人莱昂·努丁（Leon Nordin）都把这个经典案例写入了自己的广告教程中。

"宜家同其他境外资本相比，有两三个很明显的优势。"西尔维娅·卢卡西克（Sylvia Lukasik）评论说。她现在在实现了私有化的波兰木材和木制品进出口公司担任管理者（她至今还记得在波兹南谈判时去酒吧通宵跳舞的事）。

"第一是决策问题。宜家向来只有一个老大说了算，你可以信赖宜家做出的最终决定。从长期发展来看，这也是最重要的。双方签订的是长期合约，能够心平气和地磋商长远规划。第二，波兰现已迅速成为宜家的主要供应商。20世纪60年代以来，来自波兰的商品已经占据了宜家《商品目录》一半以上的页面。直至今日，仍有约1/3的商品来自宜家旗下的波兰瑞木工业集团。第三，宜家在波兰引进了新技术，比如说木材表面处理方面的技术革新。他们还很擅长在各个环节节约成本，以降低价格。"

然而，事实表明，宜家毫无保留地引进新技术其实也存在一定风险。比如，宜家曾在波兰莫西纳（Mosina）的一家工厂斥资550万美元引进了一种新型机械，用于加工生产书架。但当"柏林墙"倒塌后，重获自由的波兰人在巨大的狂喜下居然单方面撕毁协议。尽管最终支付了设备款项，但本属于宜家的设备被用来给其他厂商生产加工。在极度失望之下，瑞木工业集团还要被迫接受原料价格的剧增。

我们都知道，签订长期合同的一个基本前提是保持相对低廉的价格。某些鼠目寸光的波兰木材和木制品进出口公司领导人开始拿宜家的支付条款和德国等公司的支付条款进行比较，要同宜家"好好算算账"。20世纪70年代末，一位关键性的人物——扬·诺德斯基（Jan Nandurski）上台，成为波兰木材和木制品进出口公司在家具方面的高级负责人。但他在产业营销方面的意识非常薄弱，这导致波兰人在谈判中开出天价，与英格瓦·坎普拉德的合作最终陷入僵局。此时，英格瓦开始计划撤离波兰，转而像过去一样到其他东欧地区寻求价格更为低廉的供应商。从1978年到1984年，宜家和波兰的合作受到了各种各样的阻力，订单总额直线下降，短短几年就从1亿克朗缩水到5000万克朗。与此同时，其他国家则满怀欣喜地接替波兰的位置，成了宜家的主要供应商。

造成波兰和宜家分道扬镳的时代背景是，当时一些德国和英国买家在波兰市场上进行了小规模的所谓现货交易，他们愿意以高于市场的价格获得货物的快速交付。而与此相反，宜家签订的都属于长期契约，以低廉的价格订购大宗商品，有时候甚至为了遵守合同条款，在不需要的情况下也大量买进商品作为仓储。

事实上，宜家模式最适合波兰这种集权体制。首先，体制的转换需要较长适应期。此外，在转换过程中，适应新标准和原料短缺也会带来令人头疼的问题。种种冲突如果单从表面来看，是陈旧落后的计划体制和激进的市场经济之间的矛盾，但这几乎完全摧毁了宜家自1961年来对波兰逐步建立起来的合作和信任。直至一位冰雪聪明的女士——芭芭拉·沃耶切霍夫斯卡（Barbara Wojciechowska）接管了波兰木材和木制品进出口公司的事务后，才最终化解了所有问题和不快。

好不容易重归于好的关系随即又遭遇了冰与火的试练。当时正值"柏林墙"倒塌，波兰政府支持的产业在整个东欧范围都面临着破产的威胁。一夜之间，与卢布挂钩的兹罗提（zloty，波兰货币单位）变得一文不值，然而所有的合同还是以原来的货币为单位签订的。所有波兰制造企业都因此蒙受了至少40%的损失，这实际上已经等同于破产。

回忆往昔，西尔维娅·卢卡西克还记得一个小插曲。当时她跟着一个代表团专程前往英格瓦·坎普拉德在瑞士洛桑的家，试图寻求一个走出危机的紧急方案。在洛桑，她还见到了英格瓦的妻子玛格丽塔。

对英格瓦来说，他永远不可能改变宜家在《商品目录》上明码标注的价格。这些价格已经施行一年了，这是英格瓦始终恪守的经营理念之一。对我们来说,我们希望能有逃生之路,避免灭顶之灾。

记得在协商时,英格瓦叫停了大家的谈判,走进厨房为我们做了一顿美味的晚餐。等大家吃完,英格瓦也做出了最终决定。

他最终还是决定鼎力支持波兰。他能看到正在逼近的灾难可能造成多么巨大的影响。宜家最终同意支付上涨的40%差价,但与此同时维持《商品目录》上原有的定价不变。我们就这样挽救了企业,挽回了面子和所有的商业关系。

正是因为宜家在这种时候挺身而出,我们才如此真心地敬爱英格瓦和宜家。

"柏林墙"的倒塌造成了宜家在未来走向上的重大变化,这种改变不仅仅体现在波兰。从"三个火枪手"抵达华沙开始,宜家已逐步在东欧很多国家成功地拥有了低价优势。东欧各国一下子就满足了采购需求的1/5,采购已经演变为系统性的集中行为。内行人应该能明白集中采购所带来的好处。

但是现在整个供应系统瞬间化为乌有,东欧大陆一片混乱。随着旧时代的统治者被驱赶下台,莫斯科也停止了采购。新的掌权力量并不想继续施行原来的协议,但与此同时又希望充分利用宜家的先进机器设备为发展经济做贡献,只不过不再为宜家服务了。

英格瓦和当时的集团主席安德斯·莫贝里(Anders Moberg)都意识到,公司必须寻求新的保障,一种不会轻易被高价收买的供货保障系统。既然不能再使用之前的生产设施,宜家就必须成为自己的供应商,为自己加工制造。

他们过去曾说过,宜家的生产供应商必须来自外部。这是宜家从20世纪60年代普林森电视厂的惨败历史中总结出的教训。通过和形形色色的供应商打交道，多年来宜家确实获得了最大限度的自由。

但东欧体制的崩塌彻底瓦解了宜家的这一条原则。

1991年，宜家收购了位于斯莫兰的瑞木工业集团，这家企业在加拿大和丹麦都有分支机构。"这次并购让我们学到了必要的知识，"安德斯·莫贝里说，"购买能力不等同于产业能力。购买和产业运作是完全不同的两件事。宜家在前一个方面一直做得很出色，但对后一个方面知之甚少。"

从瑞木工业集团起，宜家开始从多个维度提升管理能力，并开始涉足更多全新的产业。从世纪之交开始，宜家在波兰、斯洛文尼亚、匈牙利、乌克兰、罗马尼亚以及俄罗斯等国收购了不少原本属于国有或集体所有的企业，并对它们进行了现代化改革。

在本章附录中有关于瑞木工业集团更多的信息。在过去的2010年到2011年，这家公司的总营业额已经达到约16亿克朗，并以平均每年25%的速度持续增长，现已拥有1.5万名员工。

就像安德斯·莫贝里形容的那样，刚收购瑞木工业集团的时候，就好像带回了一个格格不入的外星人。时至今日，宜家与瑞木工业集团的合作已经非常顺畅，并能够更好地利用规模获利。由于宜家既是瑞木工业集团的东家又是客户，双方已经通过磨合学会了如何站在对方的角度看待和思考问题。工厂直接将商品运抵商场的做法已经成为惯例，并且价格也越发优惠。这样的举措一下子就为顾客节省了很多成本，虽然顾客可能不太清楚这个复杂的供应链是如何在每个环节上节约成本的。

波兰对宜家的重要性日趋明显。1990年以来，波兰总共开设了7个家具商城和多个采购办事处。但宜家在波兰真正的创新举措是开创了自己的生产供应体系——5家锯木厂和数个家具厂拔地而起，采用的都是最先进的设备和技术，比如最新的框架板结构（board-on-frame）技术。这项由英格瓦自主开发的新颖独创的技术，其灵感来源于之前提到的设计师伊利斯·隆格列。

10年前，英格瓦曾给产品经理霍坎·埃里克松（Håkan Eriksson）写过一封长信，试图把框架板结构做成一项"宏大工程"。他的目标是通过这一模式确保宜家拥有强大的供货能力。

英格瓦如今已经基本实现了当年的这一梦想。

框架板结构是一种外框架为木板而内部填充刨花板或硬质纤维板的结构，是一个类似三明治的压合结构，可以替代传统实木。英格瓦把这种东西比作"厚墙"，瑞典的大多数室内门采用的都是这种技术。框架板结构既能节约大量木材，减轻家具自重，又能让家具保持坚实的质感和承重能力，它已经成为宜家最成功的技术之一。目前在波兰西部的巴比莫斯特和东北部的卢巴瓦都有宜家全资投建的漆桌厂。借助该项科技，该厂每年采用桦木胶合板生产出150万张色彩亮丽的桌子。框架板结构家具主要都在波兰制造，目前的销售规模达数十亿克朗。公司内部近期热议的话题是，是否应该将类似工厂引进中国。波兰加工出厂的产品中98%均用于出口。同时，企业的一部分也在默默向后端转移——从只砍伐原材料，到退回森林进行森林资源保护。

在宜家的生命历程中，波兰并不仅仅是"另一个女人"，也是另一个故乡。在这里，移民们又一次在异乡的土壤感受到了斯莫兰的喜怒无常，相似的血脉中孕育出了朴素、勤俭和创意的伟大精神财富。

第三章
步履维艰的资本家

前波兰贸易部部长安杰伊·奥莱霍夫斯基（Andrzej Olechowsky）曾说过，波兰刚脱离苏联后，国内如雨后春笋般一夜冒出了200万家小型企业。在当时的集权压制之下，唯有坎普拉德式的机敏和坚持，唯有创新才能绕开强权杀出一条生路。

宜家的整个管理体系简单透明，对那些已经习惯了遥不可及、高高在上的统治集团的老百姓来说，宜家是他们梦寐以求的理想工作环境。那些受过良好教育的有为青年纷纷被吸引到宜家工作。"与那些实行军事化严格管理的跨国大公司相比，宜家就是个彻头彻尾的反面典型。"奥莱霍夫斯基评论说，"宜家代表了一个无障碍的管理体制。"宜家所售的家具满足了人们数十年来压抑的需求。过去人们迫切地希望添置新的日常用品却负担不起，极度缺乏精巧的设计来解决居住难题。有了宜家以后，一切问题迎刃而解，波兰人对宜家的热爱是有原因的。马里安·格拉宾斯基评论说："宜家进入波兰是最明智的决定。波兰人积极乐观，他们已经把黑暗的过去抛在身后，正在奔向光明的未来。"

除了这个战略性优势，波兰的工资水平也一直比较低，相当于瑞典工资水平的1/4。

波兰也是宜家积聚力量的喘息之地，就像宜家先驱朗纳·斯泰特所形容的，宜家人能够通过波兰"看到整个世界"。波兰为宜家人提供了激动人心的事业。霍坎·埃里克松就是从这里走出去的佼佼者。他在波兰建起了整条生产线，并成功地制造出了畅销产品——色彩明亮的"拉克"桌子，从而使宜家发展为欧洲框架板结构方面的领头羊。

这一切都促使波兰自然而然地成了英格瓦·坎普拉德人生中的岔路口和冒险之地。在波兰人的帮助下，他获得了价格战的领先，而这是瑞典国内任何家具厂商永远无法企及的。极其讽刺的是，来自这位创始人家乡阿尔姆霍特的种种抵制和打击，反而促使这位青年才俊变得更加强大。

波兰后来顺理成章地成为进军俄罗斯市场的桥头堡。1997年秋，宜家管理层做出一系列决策，决定未来将对俄罗斯进行数十亿克朗的投资。宜家希望通过此项投资一次性达成占领俄罗斯市场的长期目标。宜家在拉脱维亚租赁了大片森林，并拥有森林的砍伐权，这将有力地配合进军俄罗斯市场的目标。此外，宜家还组织了一项被称为"森林杂草"的实验性项目，研究如何利用那些传统家具行业认为无法使用而价格低廉的木材生产家具。东欧已然成为宜家的巨大实验基地。

如果没有波兰，宜家不可能如此胸有成竹地挺进欧洲内陆市场。但宜家的成功不止波兰一个因素，正如霍坎·埃里克松指出的：

> 宜家的成功是因为年轻人能够担当重任，因为员工们能够在工作中充分发挥想象力并运用常识；因为我们常年保持着谦逊的低姿态：如果自己不进步，别人就会进步并超过我们，所以必须拼命努力。
>
> 还因为英格瓦·坎普拉德持续倡导的永无止境的内在驱动精神，我们永远都在问自己：怎样才能再便宜一点儿？你觉得能吗？当然！我们一定能做到。

所以，宜家这种对事业的巨大热情逐渐转化为双方坦诚合作的动力，合作双方相互信赖。东欧联盟与宜家共谋发展，很快发展为与亚洲同等重要的快速增长区域。

从另一个角度讲，宜家往往"提前一年就为整个系列产品准备了一份长期订单"。波兰加工厂波兹南的经理亚当·布尔达（Adam Burda）说："很多厂子的80%的产品最终都提供给了瑞木工业集团。"这是十分值得我们学习的重要一课。

锦上添花的是，英格瓦终于学会了亲吻礼。他终于学会了用亲吻脸颊表达热情，就像在热腾腾的波兰甜菜汤上放一团香浓的甜奶油。

后来的故事
一家名不见经传的大公司的诞生

要理解宜家的成长,就不能低估波兰在其中扮演的重要角色。假如没有波兰,宜家想在瑞典取得突破可能需要更长的时间,也可能熬不过这一关;假如没有波兰,宜家在俄罗斯的冒险之旅也不可能那么顺利,尽管在此过程中免不了悲伤和烦恼(请参见第六章第六节《乌拉尔的拥抱,希姆基的热吻》)。与波兰结合的伟大结晶之一就是前文中提到的瑞木工业集团。尽管瑞木工业集团是宜家集团旗下最大的家具制造企业,但公众对它知之甚少。

宜家是一个充满各类神话故事和不幸遭遇的公司,在它内部流传着一些小小的奇迹故事,而瑞木工业集团就属于奇迹之一。这个制造业的小字辈成立之初,旨在帮助宜家度过封锁期,完成家具的交付,而今它已经羽翼丰满,成长为成熟的跨国公司,身家数十亿克朗,是宜家可以信赖和倚重的亲密手足。

瑞木工业集团的一切都源于坎普拉德改变了战略决策。正如之前所说,他放弃了宜家必须永远保持采购商的身份,去促进供应商之间的竞争,而决不能自己变成制造商的神圣理论,并形成了另一个理论——"10%规则"。从此,宜家成了自己的供应商,但内部采购量不应超过总生产量的10%，比如家具。

因此，宜家收购了瑞木工业集团。它下辖5个木材相关企业，其中一个位于阿尔姆霍特，以确保在价格最低的同时保障商品质量。这一举措在波兰一经实施就带来了巨大影响：一方面由于之前提到的历史原因，另一方面得益于较低的用工成本和（当时）源源不断的优质木材原料。

成立伊始的瑞木工业集团只在波兰的卢巴瓦（Lubawa）、泽波津（Zbaszyn）以及巴比莫斯特（Babimost）拥有3家框架板结构加工厂，下属仅420名员工，年销售额区区3500万克朗；发展到20世纪90年代末，它已拥有1100名员工，年销售额超过3亿克朗。而如今的波兰瑞木工业集团已然壮大为超高效的生产加工企业，并新增了3家锯木厂和6家实木家具厂，其年家具出口销售总额高达85亿克朗（来自波兰），且9000名雇员都掌握了最前沿的高精尖技术。与此同时，位于恩厄尔霍尔姆（Ängelholm）的母公司热衷于拓展国际业务新疆界，现在在全世界三大洲的十余个国家拥有超过30个生产企业（包括锯木厂和工厂）。尽管宜家在增长方面谨慎保守，然而瑞木工业集团的总销售额着实令人印象深刻，高达160亿克朗（下属1.6万名员工）。销售额在不到10年的时间内翻了一倍多。

一直在为实现目标而不断努力的霍坎·埃里克松终于可以在2011年退休了。他骄傲地回顾了瑞木工业集团的长足发展。为了便于读者理解，我们不妨用简洁的数字来描述这些让人难以置信的成就：在宜家每年制造的4000万个"比利"书架、650万个"埃克佩迪"（EXPEDIT）书柜、120万张"马尔姆"（MALM）床以及1300万张"拉克"桌子的背后，毫不夸张地说，默默耕耘的都是这位闪亮之星。

霍坎·埃里克松说："坎普拉德高瞻远瞩，早就看准了框架板结构带来的新机遇，以及其他节省原材料的新技术。正是由于他的大力支持，我才能像其他独立的企业家一样，在集团内部经营自己的独立业务。这是莫大的荣幸。"

与宜家不同，瑞木工业集团的总部设在瑞典。因此，在瑞典的阿尔姆霍特、蒂布鲁和胡尔茨弗雷德（Hultsfred）的三家工厂可以和其他用工成本较低地区（比如俄罗斯一些地区）的工厂竞争价格，这是件很有意思的事。但是正如曾任瑞木工业集团经理一职达8年之久的贡纳·科塞尔（Gunnar Korsell）所说，这是高度自动化带来的产物。蒂布鲁运用的是最先进的机器人技术，而胡尔茨弗雷德和阿尔姆霍特则拥有制造五斗橱、衣柜和厨房门的专业机械。

瑞木工业集团在家具这一产品单项上并没有宜家集团之外的任何其他客户（即便公司章程并未禁止）。即便如此，也得依靠竞争让它焕发活力。科塞尔强调："宜家对待我们就像对待其他任何外部供应商一样，来自远近国家的竞争对手一直在价格上对我们形成挑战。事实上，宜家选择我们作为供应商并非由于照顾手足，而是因为只有我们才能持续不断地满足宜家（在环境、强度、外观、交货保证等各方面）不断提高的质量要求，而且只有我们才有足够强大的资源接手这种大型、长期的订单。宜家只有通过足够大规模的订单才有可能实现低价。"

"只有瑞木工业集团的工厂才有足够大的体量接受超大规模订单。比如，我们在波兰泽波津的工厂占地面积 18.5 万平方米（约 25 个足球场）。然而，被母公司捆绑也意味着公司必须时刻做好万全准备，以应对随时可能产生的金融危机——当订单锐减的时候，瑞木工业集团不得不裁员 5000 人，但现在新增的招聘人数也接近这个数字，尽管现在新招的员工可能不完全是当年那些被迫裁掉的员工。"

贡纳·科塞尔过去曾就职于医药和化工行业，他从彼得·贝恩特松（Peter Berntson）的手中接过公司领导大权时，瑞木工业集团当时的销售总额为 100 亿克朗，后来为 60 亿克朗。科塞尔目前密切关注的是波兰国内的发展动态。比如，假如波兰加入欧元区会带来什么影响？波兰兹罗提的汇率会变为多少？当斯洛伐克人真的做出决定加入欧元区以后，在斯洛伐克控制生产成本会更加艰难。

目前来看，在日益发展壮大的宜家框架下，瑞木工业集团的实践不能说不成功，但如何合理协调外部供应商和内部生产依旧是一个巨大的挑战。在宜家内部故事的主线中，波兰依旧是通往世界的大门。自 1961 年以来，波兰人和瑞典人之间缔结的深厚而温暖的情谊，为宜家在波兰的成功打下了坚实的基础。

让宜家走向全球的家居杂志

也许我们有点儿幼稚，

但我们自认为是引领先锋的教育者。

——玛丽安娜·弗雷德里克松（Marianne Fredriksson），瑞典先锋新闻记者和作家

《科技世界》杂志的测试员曾驾驶新款梅赛德斯迷你车型进行翻车测试，当车身翻过来时，轿车产业从此揭开了一个全新的篇章。

向来声名显赫的梅赛德斯因为这次翻车测试使其多年积累的江湖地位被撼动。本来梅赛德斯这个品牌长久以来就是高品质和高安全性的代名词，在进行了数次修复品牌声明的公关后，这一车型最终被召回重新设计，公司因此花费了数十亿克朗用于挽救失信的名声和信誉。

很难相信宜家会允许同样的事情发生，但这类事件确实出现过。1993年，德国公布了一则消息，透露宜家生产的书柜含有甲醛，会向室内释放有毒气体。这一丑闻不禁让这位家居业的巨人为之一颤。宜家立刻采取了紧急措施进行整改，他们不得不召回全部存货，并对顾客进行全额赔偿。同时，在生产过程中任何含有有毒物质的产品也都被严格禁止销售。由于措施得当，这次有毒物质的丑闻很快就被人们淡忘，并未在销售上给宜家带来什么停滞和影响。

但随着时间的推移，宜家数次卷入类似的产品质量、设计剽窃以及不安全产品等风波。每次发生危机，宜家管理层在面对问题时总能抱着尽快解决、公开坦诚的态度，从尊重事实的角度出发，提出解决措施，因此最终总能重新赢回顾客的信赖。1997年秋天，宜家就发生过一个类似事件。当时一个收视率颇高的电视节目披露了宜家在远东的某些供应商在工厂非法使用童工的新闻。

宜家同新闻媒体的关系充满激情碰撞，欢乐与悲伤交织，但更多的还是互惠互利。新闻媒体需要把宜家树立为理想企业的楷模，把坎普拉德树立为那种神秘的白手起家、征服世界的传奇人物。同时，宜家也需要新闻媒体的推波助澜。虽说从股份的角度上看，宜家并非众人瞩目的上市公司，但很少有哪家公司能像宜家一样如此广受大众的关注。

长期以来，宜家一直是各种新闻媒体热衷报道的话题，大家都喜欢讲述一个贫穷的男孩如何一步步建立起强大的集团的故事。在宜家成长的幼年期，当得知家具行业在从内部抵制宜家并封锁它的供应链时，普通大众对宜家产生了普遍的同情。而宜家创始人英格瓦的言行——他异常节俭，即便富可敌国出门也坚决坐经济舱——既代表宜家所倡导的企业精神，又为宜家增添了传奇和进步的色彩。

此处笔者要讲讲宜家的逸事，从而清晰论证：新闻媒体既可以积极地促进企业的发展，又可以消极地破坏企业的声誉。

1964年9月，宜家刚刚向瑞典国内的家庭投寄了80万份《商品目录》，随后《家居百科》(*Allt i Hemmet*)杂志就发表了一篇令人动容的家具商品比较的调查报告。这一调查报告发现，在宜家商场花33克朗购买的椅子，质量比大商场里那些标价168克朗、价格是宜家的5倍，但看上去设计几乎一模一样的椅子质量还要好。

《家居百科》是出版公司邦尼尔（Bonniers）旗下的家居杂志，当时的主编是玛丽安娜·弗雷德里克松，她后来成了一位深受读者推崇和喜爱的出版家和小说家。1956年，年仅28岁的玛丽安娜就成了《家居百科》的编辑，从一开始她就显现出一种以消费者为导向的、高度现代化的新闻风格；她的语言风格有些调皮放肆，但尊重事实；她观点清晰，关注贸易，力图从描写中挖掘出家居行业的潜在潮流。

这份杂志很快吸引了许多业内记者的注意，一些专业顾问也加入进来有意识地为杂志背书。这批专业顾问中绝大多数是追求进步的设计师（在瑞典，室内设计师往往要接受建筑方面的培训）。出于这一点，《家居百科》此前一直未能给予宜家应有的关注，更别提表扬它了。虽然当时的宜家已经是最有影响力的邮购公司（1962年的营业额达到了6000万克朗），但它只有阿尔姆霍特一个声名鹊起的商场。

当时，宜家在大众眼中就是国内价格最低廉的邮购公司，不少消费者怀疑它的产品质量不如其他公司的好。坎普拉德也怕消费者有这方面的顾虑，所以从1953年开始，他打算换一个方式发展，跳出和其他邮购公司的恶性价格战。在邮购过程中，消费者只能依赖一本《商品目录》，它就是商品背后不知名的生产厂家派来的唯一的售货员。顾客既无法亲眼看到商品，又无法亲手触摸货物，只能抱着良好的信念祈求《商品目录》诚实可信，描述属实。实际上，顾客所看到的大多只有冰冷的价格，产品描述可能全都是毫无用处的空话、套话。

英格瓦·坎普拉德早就意识到，只有高质量、低价格的产品才能确保宜家的未来。正所谓好事不出门，坏事传千里，恶名总会挥之不去。虽然越来越多的瑞典人纷纷慕名涌向阿尔姆霍特一睹宜家商场的芳容，大家逛完商场驾着沃尔沃旅行车满载而归时心满意足，但总有些专业设计师的武断评论对宜家报以无声的蔑视。宜家一旦推出一款优雅精良的新款家具，这些反对的声音会立即诬陷说这些设计肯定都是抄袭的。

玛丽安娜·弗雷德里克松，这位后来在瑞典掀起"身心灵世界派"新闻报道方式（注重报道人的真实感受）的女记者，已经听腻了办公室里的人对宜家的种种质疑，最终决定到阿尔姆霍特看个究竟，自己做个论断。她想亲眼看看这家公司到底是什么样子的，随同她一起前往的摄影师同时也是一位经验丰富的设计师和建筑师。

英格瓦·坎普拉德和他的表妹、负责产品系列的 I-B. 贝利从办公室里紧张地注视着玛丽安娜·弗雷德里克松一行。两个人都认出了这位大名鼎鼎的编辑，而且都对她心存畏惧。但实际上，玛丽安娜来参观宜家是为了完成一项激动人心的调查，并将最终写成一篇具有深远影响力的消费者调查类新闻报道。

《家居百科》杂志希望对宜家做一次全面的质量考察，包括商品的样式、功能和价格。一群匿名的消费者将从宜家购买一系列家具和家居产品（包括沙发、餐桌、扶手椅、书架、台灯、窗帘等），同时也会从其他家具店和厂商购买同种类型的相似商品。

在斯德哥尔摩的道拜恩斯加坦（Döbelnsgatan）一个拥挤的工作间里，他们用宜家和另外四种风格的其他品牌家具及家居产品分别装饰了一间起居室，并拍了照片。几个品牌的价格天差地别。用宜家家具及家居产品布置的房间最便宜，花了 2770 克朗；而使用其他品牌家具及家居产品的布置成本最贵可达 8645 克朗，差了近 6000 克朗。

最后引起空前轰动的还是质量测试这一环节。所有家具及家居产品都被送到瑞典的设计实验室，安排公正的测试员，在两位知名设计师的指导和监督下进行了数轮匿名检测。

实验结果让整个家具行业和普通大众都感到震惊：原来宜家的每一件产品质量指标都比知名品牌设计的昂贵家具要高。

最让人大跌眼镜的是宜家在波兰根据意大利著名品牌索耐特模型制造的"奥格拉"扶手椅。它的售价只有33克朗，而豪华大商场里类似的扶手椅则要卖到168克朗，但便宜的"奥格拉"最终赢得了测试的胜利：即便用测试机进行了5.5万次摇动，这款在华沙南部的传奇"索耐特"加工厂生产的山毛榉木扶椅依然完好无损。

即使没有《家居百科》杂志的这次实验，或许也会有其他事件对宜家的发展产生更大的推动作用，但这篇杂志报道在宜家发展史上的重要性不容小觑。正是由于这篇报道，宜家的产品才被中产阶级认可接受，从而出现在中产阶级的客厅里。

从此以后，谁要再敢无端地抹黑宜家，说其产品质量差，荒谬的谎言就会不攻自破。《家居百科》杂志的报道更加坚定了宜家持续提高质量的决心。5年后，一名叫作布·瓦德林（Bo Wadling）的年轻人被委派到阿尔姆霍特负责建立宜家自己的质量监测实验室。布的名字被永久载入了宜家史册，因为他在每个宜家商场的入口处都安装了一台测试设备——当着所有顾客的面用机器对扶椅进行碾压实验。

最终，反对者的手中只剩下最后一张底牌了，他们又开始攻击宜家的产品设计。

对此，《家居百科》杂志认为，消费者自己有能力判断什么样的设计看上去更美，什么样的设计值得什么样的价格。另外，编辑们也毫不犹豫地批评了宜家《商品目录》上长篇大论的商品描述（很长一段时间，这些商品描述都是坎普拉德亲自撰写的）。此外，《家居百科》杂志也指出，宜家一些不知名的家具和著名设计师的作品确实有相似之处，但这些雷同之处是否真的如此耸人听闻呢？不论是手工制造还是机器批量生产,并不会对价格产生巨大影响。尽管知名设计师会对整个家具市场的流行趋势产生影响,但这并不等同于设计上的剽窃。

行业内部的一些人对此事件非常震怒,并把《家居百科》杂志的报道评价为"一场骗局"。家具行业联合会会长办公室直接给杂志社发了一封公函,威胁说如果继续进行类似测试和报道的话,整个行业将会联合抵制在该杂志上刊登广告。招惹了麻烦的杂志眼看就要遭到封杀,玛丽安娜·弗雷德里克松也感受到了强大的压力。

但她立即从两个意想不到的方面获得了支持。首先是来自杂志社老板和出版商卢卡斯·邦尼尔(Lukas Bonnier)的力挺,他敦促玛丽安娜务必坚持立场,不要在意抵制和威胁。他认为广告收入可能会因此下跌一阵子,但很快就会恢复正常。结果证明他是对的。几家有勇气坚持自由竞争的公司和品牌渐渐开始主动向杂志社提供自己的商品,参加客观公正的测试,他们看到了来自消费者的巨大力量。任何能够证明自己同消费者处于同一战线的企业都将取得巨大的销售增长。

当电视节目《热点话题》(Aktuellt)采访玛丽安娜·弗雷德里克松的内容播出后,家具行业打算放出大招给《家居百科》杂志和宜家致命一击。因为玛丽安娜在节目中偶然提到了那封让杂志社广告客户联合抵制他们的威胁公函。像往常一样,同情的天平再一次倾向了宜家这一边。

玛丽安娜·弗雷德里克松和《家居百科》杂志安然渡过了难关。这次的测试俨然成为杂志社最主要的特色,不仅提升了杂志销量,也为其带来了更高的声誉,广告收入不减反增;而宜家也在一夜间不费吹灰之力,没花一分钱,就轻松获得了民众的认可,进入了千家万户的客厅。去宜家购物不再被当成愚蠢的选择,因为宜家的客户不仅会把钱花在刀刃上，而且品位高。

真可谓世事难料。

"佩尔·阿尔宾·汉松建立了瑞典的'人民之家'，而英格瓦则为这个家提供了家具……而我们《家居百科》杂志教会了人们如何摆放家具。"当我1997年采访玛丽安娜·弗雷德里克松时，她笑着评价道。这本杂志和宜家的创新理念一样，都产生于第二次世界大战后的创新大潮之中。她说："社会上已经产生了关于家具的新思潮——简洁就是美。朴实的东西适合朴实的大众。也许我们有点儿幼稚，但我们自认为是引领先锋的教育者。"

最终，玛丽安娜·弗雷德里克松见到了英格瓦·坎普拉德本人。《家居百科》杂志社每年都需要拍摄一个年度经典家装设计专题，而这一年的所有经典产品都来自宜家。家具大王英格瓦·坎普拉德带着一大盒三明治和啤酒出现并为所有工作人员提供食物，他在用自己的方式向杂志社表达感激之情。

奇迹商场

> 每个人都是一个橱柜。
>
> ——莱娜·拉松（Lena Larsson），瑞典设计师

宜家的故事值得每个企业家研读。它教会了我们一个道理：在公司开创期和发展过程中，没有任何一件事是无关紧要、可以被忽略的，失败与成功共同缔造了一位企业家。

有时灾难也可以转变为奇迹。宜家的发展之路也是大部分企业发展的必由之路，每一个新阶段自然而然地发生，尽管可能并不合乎逻辑。当年那个艾尔姆塔里德农场的小男孩卖出第一盒火柴时，他的天赋就已经被唤醒，同时物欲也被驱动。当发现邮购家具比别的小商品卖得更好时，他第一次感受到了一种内在冲动，渴望从走街串巷的小贩转型为家具经销商。但此时这个青年眼中还只有钱，缺乏远见。当邮购公司之间恶性竞争、压低价格威胁到商品的质量，并因此损害了消费者对企业的信心时，英格瓦才真正深刻认识到价格和民众需求之间的关系。之后，他决定把老拉格布拉德家具商场改建为宜家的展示厅。从这一阶段开始，他才认识到每一件事都是同等重要的，从此踏上了装点"人民之家"的征途。

苦难一定会伴随着进步，逆境一定会伴随着更多的成功与挑战。阿尔姆霍特宜家展厅蜂拥而来的顾客带给了英格瓦勇气和资源，

他决心在斯莫兰的郊区建一座"不可能完成的"商场。宜家的成功已经引起了竞争对手的疯狂堵截，迫使宜家跨出国门寻找新的供应商。就这样，随着成本降低，价格下降，宜家自然而然地巩固了其市场赢家的领先地位。

如果没有这一决定性的胜利，宜家不可能有足够的资本在斯德哥尔摩郊外的国王道开设新商场（斥资1700万克朗），英格瓦一分未借，全靠自有资金建成了这个商场。这一事件对宜家来说是个转折点，为现代化的宜家在未来征服世界市场奠定了必要的基础。随着公司不断发展壮大，宜家一直在从国王道的商场中汲取灵感。

1964年5月2日，汉斯·阿克斯（Hans Ax）——来自斯德哥尔摩南部一个工人家庭的消防工程师、防火砖推销员，搬进了市中心一座破旧大楼的办公室。1963年秋天，他才被坎普拉德任命为宜家新商场的经理，全权筹备新商场的开业，并有权直接任命下属。而阿克斯被任命的场景让人啼笑皆非。那天大家在阿尔姆霍特繁忙的宜家餐厅开完会，阿克斯在现场收到了任命，当时餐桌旁还围坐着一些正在就餐的顾客。接着，坎普拉德的一位老友出现了，开始认认真真地询问这位新同事的薪金。

在阿尔姆霍特开设的第一家宜家商场只有7000平方米，耗资60万克朗；而国王道的新商场则有4.58万平方米，斥资高达1700万克朗。这栋新建筑的设计灵感来自纽约地标建筑——螺旋上升的多层建筑古根海姆博物馆，设计师是宜家的克拉斯·克努特松（Claes Knutsson）。出于实用目的，克努特松把整体建筑设计成圆形，因为坎普拉德认为方方正正的建筑物有很多犄角旮旯无法充分利用，而圆形建筑则能最大限度地利用空间。

宜家对国王道新商场的收入预期同样让人瞠目结舌——他们预计

年销售额可达 3500 万克朗，是阿尔姆霍特商场的 4 倍之多。1964 年秋天，随着《家居百科》杂志家具实验报告的发表，宜家家具旋即声名鹊起，一夜间成了物美价廉的代言人。在此大好形势下，汉斯·阿克斯激流勇进，进一步把预计销售额提高到了 6000 万克朗。当时的局面对宜家来说可谓天时、地利、人和。要特别感谢《家居百科》杂志，正是它把宜家这个品牌正式推举到知名家具品牌的地位，并为宜家打开了斯德哥尔摩的市场。

一年后的 1965 年 6 月 18 日，位于国王道的商场终于正式开张。闻讯而来的顾客在宜家门口排起了长龙，首日就有多达 1.8 万名顾客到商场参观，导致阿尔姆霍特商场的员工不得不立马放下自己商场的工作，赶往首都支援手忙脚乱的国王道商场的同事。由于顾客填写订单的时间较长，再加上收银柜台太少，商场内还引发了骚动。在你推我搡中，很多顾客根本无法走到收银台付款，而有的顾客干脆趁乱顺手牵羊了。商场经理赶在警察到来之前在停车场捉住了一个偷地毯的小贼。

国王道商场掀起了一股抢购狂潮，而政府从当年的 7 月 1 日起征收增值税的新规定让抢购愈演愈烈。尽管增值税率仅仅 3 个百分点，但对普通百姓而言，抢在新规定实施前购买大件商品就好像在和时间赛跑。

究其背后原因，国王道商场的选址是最具战略意义的，而且商场的整体布局在此后几十年来一直是各地宜家学习的范本。刚开始，选址的出发点是在远离市中心的地方找一个地价相对便宜且有很多停车位、交通便利的地点。国王道商场周边未来还会建一座新的地铁站——斯德考尔门（Skärholmen）。商场实际位于城郊区，该站的名字尚待官方正式宣布。

这一特殊的地理环境在一定程度上决定了宜家的营业时间：从上午11点至下午7点。如此一来，在早高峰结束后，或晚高峰过去后，商场还会继续营业，顾客前往国王道商场会比较顺畅。这样的营业时间也适合兼职店员。很多宜家商场的店员都是需要顾家的家庭主妇，她们一般会在商场工作一周，然后再倒休一周。

顶楼上的标识牌（5年后引发了一场火灾）也无声地预示着宜家未来的另一个新方向。关于这个商场的名字，精力充沛的汉斯·阿克斯和坎普拉德的"超级会计师"阿兰·克伦瓦尔（Allan Cronvall）曾有过激烈的争论。克伦瓦尔希望把它命名为"宜家家具"，而阿克斯则希望单纯使用"宜家"两个字就好，因为宜家的业务实际并不局限于家具。最终解决方案：朝南的标识牌上写着"宜家"，而朝北的一面则标有"宜家家具"。

还有另一个关于标识牌的故事。1970年的9月5日，因为电路故障，宜家顶楼的标识牌引起了一场火灾。这场大火最终导致了瑞典历史上迄今为止最大的一宗保险索赔案。对宜家来说，这场灾难更像一场烈火带来的洗礼，对其组织架构、商业和意识形态来说都是一次浴火重生。对不断进取的汉斯·阿克斯来说，这也是一次新生，促使他继续留在宜家任职，同时也促使英格瓦·坎普拉德在过去5年成功经验的基础上对商场进行现代化改造和扩张。火灾之后，1971年3月国王道商场重新开张。同时，宜家开始实行一些新的举措。

现在，自助服务已经成为宜家既定和永远不变的销售模式。自助服务，加上出口处快速收银台的出现，还有邮购订单数量的下降，这些新变化都有力地推动了宜家总营业额和利润水平的大幅增长。消费者们从此自主承担了在家具销售中最繁重的两部分任务——货运和组装。

第三章
步履维艰的资本家

开业的那次骚乱后，汉斯·阿克斯很快提出了推广便于运输的轻型家具的计划。这意味着，原本的一整套邮购业务即将成为历史，坎普拉德还曾因为这个提议难过得掉下了眼泪。这意味着一个全新的纪元即将到来，而伤心的英格瓦后来成了自助服务模式的大力倡导者。

国王道商场一些好的做法后来都成了其他商场的学习范本。商场入口处设置的儿童游戏场，宜家最著名的彩色海洋球池，都被其他设计师模仿学习，因为孩子们都特别喜欢跳入海洋一般的塑料球堆中玩。如今，游戏场已经成为所有宜家商场神圣理念的一部分，每个加盟商都必须建游戏场。如果因为特殊原因无法建游戏场，必须向位于荷兰代尔夫特（Delft）的授权管理机构——英特宜家系统（Inter IKEA Systems）提交特殊申请。

重点推荐商品区也是国王道商场的新特色。这原本是坎普拉德自己的创意。一般质量比较好的商品会在这个区域陈列，消费者可以买来当作礼品送人。后来一名叫作因加·莉萨·勒文（Inga Lisa Löven）的女经理把这个点子发扬光大，并正式命名它为"重点推荐商品区"。

国王道商场的另一个特色服务后来也成了宜家特色，即在餐厅提供斯莫兰家庭风味的食品，并为顾客提供酒精饮料。英格瓦·坎普拉德曾在奥斯陆（Oslo）的一家商店品尝过维京小吃，颇具商业头脑的他立刻就想道：能不能在国王道商场试着提供维京小吃呢？但维京小吃到底是什么呢？维京人到底吃什么呢？宜家能不能在商场里供应蜂蜜酒呢？宜家餐饮如何做到"斯莫兰化"呢？

汉斯·阿克斯为此还专门向一位广播电视节目名人——著名的民族志学者和民俗学家马茨·伦贝里（Mats Rehnberg）求教。伦贝里否决了维京小吃的想法，但提供了一个更为明智的建议：为什么不提供斯莫兰特色风味的食品呢？既然宜家商场里卖的家具都来自斯莫兰，而且斯莫兰也是宜家品牌的发源地，那为什么餐饮不做出斯莫兰特色呢？

宜家餐饮的经典菜单就这样诞生了——顾客可以品尝到香肠土豆配白酱汁、瑞典肉丸配越橘酱，还有苹果蛋糕配香草酱这三道宜家特色菜。时至今日，瑞典肉丸在全世界范围都是最畅销的一道菜。位于西约特兰省（Västergötland）的德芙家（Dafgård，也是一个家族企业）每年都通过宜家出口成百上千吨的越橘。

家常斯莫兰风味因此通过无数海外宜家商场走出国门，走向世界。作为补充，宜家商场还在收银台附近专设了瑞典食品小卖部。现在世界各地的人们都可以方便地品尝到热狗、布勒丁三文鱼、布胡斯鱼子酱、薄片生姜饼干、瑞典奶酪、耶姆特兰云梅干，以及装在杜松子酒杯里的瑞典特色的阿夸维特酒。

国王道商场的火灾实属不幸，但这场事故催生了许多新生事物。保险公司因此赔付宜家2300万克朗保险金，在一定程度上补偿了销售收入的损失。事故发生几周后，宜家做了一场灾后降价处理特卖，吸引了8000多人排队购买。为了购买削价商品，人们居然通宵达旦地排队，还有人支起了帐篷。有一家人开了辆沃尔沃旅行车来排队，还大搞传统龙虾宴，连商场经理都被邀请出席了呢。

第二天，排队的长龙一直拥堵到了高速路上，绵延长达5000米。商品削价幅度从五折到一折不等，疯狂的人群把整个商场"洗劫一空"（特别是重点推荐商品区的商品，工作人员降价的时候直接把价签上的小数点向左挪动了一位）。

重整后的国王道商场在翌年3月重新开张营业，面貌焕然一新。现在它依旧是整个宜家集团的旗舰店。从年销售额7000万克朗和50

名员工起步，如今的国王道商场已发展壮大到年销售额逾10亿克朗、雇用近900名员工的巨型规模。能在这个巨型旗舰店担任经理就像在阿尔姆霍特商场担任经理一样了不起。

情形大致如此。

最后的晚餐

我从不相信体系,一点儿都不信。

我也从未有过体系。我不相信当权集团、党派机构、协会,还有公司。

我只相信个人,相信那些我碰巧觉得可以信赖的个人。

有时候我也会被骗得蒙头转向,但大多时候我不会上当受骗。

——皮哈尔·G.吉林哈默(Pehr G. Gyllenhammar),前沃尔沃集团董事总经理

一位商业先贤曾说过,任何公司都不应超过 12 个人,包括老板在内。"你看,耶稣有 12 门徒,"他说,"加起来一共 13 个人,最后那个犹大不就被证明是多余的吗?"

在宜家发展史上,从 1953 年到 1973 年的 20 年间是内部小圈子的时代。当时这个了不起的管理小圈子聚集了宜家早期才华横溢的一批门徒。这个圈子特别小,人数两只手就能数得过来。

这批最早的门徒已将宜家沁入血脉,直接从导师手中继承了宜家的衣钵。而他们的导师每时每刻都在身边悉心指导,与自己的爱徒只隔着一个书架的距离。这些门徒永远都记得导师的言行和精神,并传承下去。正是因为如此坚定的信仰,宜家才能走遍世界,装饰起大半个地球。

没有哪个管理者能像这一时期的英格瓦·坎普拉德那样做到无为而治,同时又无时不在。刚刚退休的莱夫·舍——他在 1958 年加入

宜家，担任客户服务部经理，之前曾长期在阿尔姆霍特的宜家商场担任信息部主管——他说老板每天都在，要么抬眼就能看到，要么能接到他从不知哪个角落打来的电话：工作怎么样了啊？什么商品的销量比较好？需要我帮忙吗？……坎普拉德每天也给家里的父亲打一个电话，老板爱打电话这件事已经不是秘密了。

当年去波兰的"三个火枪手"显然开创了一个新纪元。这一时期宜家在瑞典的斯德哥尔摩、松兹瓦尔（Sundsvall）、马尔默和哥德堡4个城市都开设了商场。但这么多年过去了，宜家的运转枢纽还在阿尔姆霍特。英格瓦最好的朋友，那位牙科医生，依然会在上班前到英格瓦的办公室里喝上一杯威士忌。而担任董事会主席的费奥多尔则会在外面的商场踱着步，像地主巡地一样巡视自己儿子的产业。

宜家正在茁壮成长，向大公司迈进，但仍在很多方面深深保留着小公司的烙印。那时门徒们各司其职，还没有谁是多余的。

托尔比约恩·Ek（Torbjörn Ek），那个把一辆小小冰激凌车发展成海姆格拉斯（Hemglass）这个大型食品公司的商业奇才，在他的书《勇者无敌》中提出了一套"六重天"理论。他说，上升期的公司会经历数个关键期，就像走台阶一样，每一步都需要小心谨慎、步步为营。

公司的第一个阶段往往是创始人一个人的单干期；在第二个阶段，公司一般会发展壮大到5名员工；在第三个阶段则会递增到6～15人；然后，逐步发展到第六个阶段，成为拥有2000多名员工的大型公司。超过这六个阶段就跨越到了超然的"七重天"。

1973年，宜家雇员总数已经突破千人，但实际运作仍处于托尔比约恩·Ek所说的第二或第三阶段。整个公司弥漫着乡村家庭气氛。费奥多尔勤勤恳恳，每天出现在公司（他在公司四处奔波，负责管理库存）。英格瓦的表妹I-B.贝利担任他的私人秘书，事事为他挺身而出，就像他的大姐姐一样。这些使宜家家族公司的氛围进一步发酵。I-B. 贝利后来成为宜家的产品系列经理。在2011年去世前，她是这样评价自己在宜家工作的岁月的：

以前我们在红色的谷仓顶楼有一间办公室。英格瓦坐在里面，我坐在外面。屋子里连盏灯都没有。任何人进去见英格瓦都得先通过我。

我们一大清早就开始工作了，有时候6点就上班了。要是谁来晚了，我们就会打趣说："哇，你看过晚报了吧？"

当时如果有董事会这个概念存在的话，那就只有英格瓦、阿兰·克伦瓦尔和我三个人，斯文·约特·汉松则在外围发挥影响力。

我们所有人会一起制作宜家《商品目录》，英格瓦负责文字，伊利斯·隆格列负责设计，我负责编辑。最开始的商品很少有名字，后来英格瓦决定给所有商品命名，因为他发现数字形式的商品编码很难让人记住。做计算机的希望使用数字，但我支持使用名字，名字能让人天然联想起产品的设计者。我们用城市的名字来命名成套家具、沙发和椅子，书架一般用男孩名，窗帘用女孩名，羽绒被用桥梁的名字。比如，我们给一款扶手椅起名为"斯台比"（STABIL），因为这个名字听起来就很"坚固"（stable）。商品一旦被赋予一个名字，就终身不会改变。"雅漾"（AVENY）和"苏丹"（SULTAN）这种名字对有些人来说可能有点儿奇怪，但我们一直就是这么叫的，除了"英格瓦"不能用来给商品命名（不过请看关于俄罗斯的章节）。

"比利"书架以前被称为各种名字，现在叫"埃法尔"（IVAR），原来叫"博时"（BOSSE）或"英格"……宜家的小箱子都叫"莫泊"（MOPPE），以前有一款以北极花花纹装饰的窗帘叫"莫罗特"（MOROT），意思是胡萝卜。全世界的宜家商品现在都使用同样的名字，用瑞典语拼写。

英格瓦拥有最终决定权。他对很多工作都会提出自己的看法，也会启发或责备我们，甚至会发脾气，但最后拍拍我们的背往往也就消气了……

我们有一个产品委员会。委员会负责提交日常工作议程，英格瓦返回意见时会批示"好""很好""禁止"等批语。

除了I-B.贝利这位唯一的女性，加入宜家并受到重用的人几乎都是英格瓦一手提拔的。在得到相应的职位前，这些人都经历过重重试练和考验。就像之前提到过的，斯文·约特·汉松入职前，英格瓦对他的面试居然持续了一天半；朗纳·斯泰特第一次参加会议就忙碌了一整天，为即将出版的《商品目录》中的家具逐一做定价；而广告人、未来设计师伊利斯·隆格列成为宜家麾下大将则有点儿"误入歧途"的意味。但不管怎样，这些宜家的功臣都与英格瓦擦出了火花。

扬·奥林于1968年加入宜家，成为英格瓦早期的一批助理之一。他说刚入职的第一个月自己就是孤零零的一个人，因为当时老板正在波兰。他不得不自己去学习商场的运作，从邮递员手中骗来英格瓦的信件，并主动把自己介绍给公司的决策层——一切对他来说都可以任意发挥，没有章法可言，充满不确定性，但仿佛到处又存在着无形的规则。

奥林被迫开始自己管理自己，在力所能及的范围发挥影响力，而他的做法也得到了英格瓦的赞同。一方面，他坚定不移地恪守着宜家的经营理念；另一方面，他特立独行。他既是在荒野孤行的独狼，也是需要与群羊互相依偎着取暖的绵羊。他的性格和英格瓦作为企业家和公司创始人的性格很像。他对自己的剖析非常透彻。

事实上,在这一阶段,在宜家进入欧洲市场之前,公司各方面都还处于托尔比约恩·Ek 的"六重天"理论的第一个阶段。用英格瓦自己的话来说:"宜家刚开始只有我一个人单干,我习惯了做决定。大家在家里会一起讨论问题,但最后还是由我拍板。"

因此,宜家虽然超越了托尔比约恩·Ek"六重天"的每个阶段,但同时又非常矛盾地保留了每个阶段的某些特征。

当创始人把财务管理权交出去的时候,标志着宜家走向成熟的历史时刻。如果不这么做,就会妨碍公司的正常商业活动。当英格瓦任命经济学家阿兰·克伦瓦尔作为宜家的财务大总管时,宜家迎来了历史的新阶段。阿兰·克伦瓦尔来自阿尔姆霍特,性格有些一板一眼,缺乏英格瓦的平易近人、敏锐的直觉和商业意识。但他在公司逐渐发挥了核心作用,连费奥多尔都会在和自己儿子散步时提问道:"这事你征得阿兰同意了吗?"

克伦瓦尔在媒体面前塑造了一个说一不二的铁腕形象,就连英格瓦都成了二号人物。有时候克伦瓦尔甚至都腾不出时间和老板谈话,老板见他不得不提前预约。他非常擅长强行推行死板的规则和体系,也容易和那些积极活跃、不达目的誓不罢休的人产生冲突。比如,他反对宜家跨出斯堪的纳维亚地区发展。最终,他因为一笔房地产暗箱交易彻底辜负了英格瓦的信任,两人以很不愉快的方式分道扬镳了。克伦瓦尔差不多是在董事会上当着众人的面被解雇的。

但最早的一批开创团队正在历练中变得更加坚韧。

这批人不论在工作中还是在生活上都形影不离。就像英格瓦形容的:"I-B. 贝利、斯文·约特·汉松、莱夫·舍、因加·莉萨·勒文、布鲁诺、伊利斯·隆格列、朗纳·斯泰特、扬·奥林、霍坎·埃里克松——这些宜家的开拓者们——我们都……我是说……我们互相热爱……我想那是最美好的一段时光。"

多年以后，英格瓦在瑞士收到了采访邀请。一位就读于商业学校的记者希望采访他。

> 记者问我："什么是领导力的核心要素？"我回答说"是爱"，然后他就陷入了沉默。但这是我的真心话。爱可能会被世俗化。你可以把我这句话理解为："与人友好不费一分钱。"或者，作为商人，你也可以理解为："如果得不到他人的理解和认同，商人怎么做销售？"
>
> 用我自身的例子来说，作为领导，我要运用这种情感优势，不断激励员工为公司做贡献。还在阿尔姆霍特的时候，我们所有人都像一家人一样彼此相亲相爱，我们怎么看彼此都觉得特顺眼。
>
> 对我来说，商业很难剥离感情单独存在。我们可以用宜家的儿童部举个例子。粗略一看，卖儿童家具这个商业行为的目的无非就是赚钱。但换一个角度来想，有什么比照顾好孩子更重要呢？如果我们有能力为操心孩子成长的家长们提供有效的解决方案，与此同时又能赚到一些利润，何乐而不为呢？
>
> 这些商业行为的背后蕴含着深厚而真切的人文关怀。

英格瓦同宜家早期的那批开拓者缔结了亲密的伙伴关系，但也像他自己说的：

> 不管你觉得自己和别人关系有多亲近，你都必须承认：人和人

之间始终还是有距离的。一个人如果拥有了权力和金钱，就等于在受双重的磨难。对我来说，从过去到现在一直是这样。我的经理们"只"拥有权力，所以相对来说轻松一些，但依旧高处不胜寒。

我相信很多同事会在危难时刻伸出援手，这已是不争的事实。但他们很难完全对我敞开心扉，甚至直截了当地批评我——员工怎么敢批评领导？要达到如此开诚布公的程度，还有漫长的道路要走。因为高高在上的权威感，我可能一派胡言也没人会指出来。这就是领导的可悲之处——即便你邀请大家参与谈话，想引导大家把问题说出来，大家也会顾虑重重——因此用人的时候应该任用那些开口见心的人。现在很少有人能对你完全交心说实话了，很难有人能客观看待问题，保持不偏不倚。

我采访早期那批核心创业团队时发现，没有人是被利益驱动的。恰恰相反，这批元老当时的工资水平都很一般，特别是管理层。不过，朗纳·斯泰特还记得，20世纪60年代的一天，英格瓦说"如果没什么别的事要做的话"，让他陪着进城一趟。突然，英格瓦停下车并掏出一大摞钞票递给他，有3.33万克朗。他说："我刚刚在挪威悄悄做成了一单生意，缴完税后就剩这些了。我想把这笔钱分给你、阿兰和斯文三个人，每人1/3。"

经济问题从来都不是员工加入宜家时最主要的考虑因素。新生代的宜家员工表示，员工在宜家不会被剥削，但"也不会暴富"。他们说出了与前任宜家主席安德斯·莫贝里在被笔者采访时谈到过的相同感受："我们之所以想要加入宜家，是因为它与我们的生活方式契合。人活着可以不必考虑地位高低、居所是否富丽堂皇以及衣着是否光鲜。"或者如波兰地区主管扬·穆西奥利克（Jan Musiolik）所说："加入宜家以后，我找到了内心的和谐，与自己相处的自适。"

坎普拉德喜欢把这些人称为公司里的"团队栋梁"。他所谓的"团队栋梁"不仅指第一代宜家开创者，但第一代元老们确实奠定了宜家人的基调：

宜家人是那些默默无闻、兢兢业业的员工，他们对工作的热忱超出了应有的职责——他们下班前会多看一眼门是否锁好，确定灯是不是关了。即便路过不是自己负责的部门时，他们也会同样留心。

"团队栋梁"们具备前瞻性的思维："尽管我在休假，但公司明天可能会需要我。我明天也得去看看，能帮忙打包几个包裹也好。"

如果没有这类人，整个公司就无法运转。宜家初期创业团队中就有这样一批人。发展到今日，宜家的各个工作岗位上都网罗了一批不自私自利、兢兢业业的员工……在斯德哥尔摩危机委员会任职的芒努松先生就是其中的榜样和楷模。当时我去他们那儿是为了申办进口许可证。他是帮我办证的人，而且对业务了如指掌，能立刻告诉我是25号房间还是32号房间里的办事员更好。他没耍一丁点儿官僚派头就迅速帮我办妥了证件。

"忠诚的团队栋梁"构成了宜家的脊梁，组建了一支充满道德感、具有守望精神的精锐部队。"我们的闲暇时光和工作时间不会分得那么清。"莱夫·舍活着的时候是这么评价的（莱夫·舍于2006年去世）。用传奇人物扬·奥林的话来说就是："世界上没有别的公司会像宜家一样，我们会昼夜不停地讨论。大家一起待在简陋的旅馆房间里,翻来覆去地推敲、计划、讨论、孕育新点子、睡觉、喝酒,然后继续讨论。我们谈论的一切话题都和宜家有关。"

"我几乎是24小时和宜家生活在一起。宜家就是我生活的全部,但上了年纪后,我正为这样的生活方式付出代价。"I-B. 贝利说,"但这也值了。最重要的是,我曾乐在其中。"

团队的栋梁们也把这种企业文化传承给了新一代的宜家人。同事间互相称呼使用"你"而非敬语"您",穿制服不打领带,推翻了等级制度,并大力推广勤俭朴素的品质。他们从供应商层面就开始播下民主设计精神的种子,不论是对待顾客还是对待生产厂商都谨守谦虚的原则。宜家人从不对那些多年合作的厂商颐指气使。

一天晚上,英格瓦带着怀旧之情回忆起往昔逝去的日子,他说:"假如能把创业初期一半的开拓者和后来一半的新人结合起来,那宜家就拥有了世界上最伟大的团队。可能我们在这方面的努力还不够。"

在每年的圣诞演讲中,英格瓦都要向那些开拓者们致敬。而早期创业团队的成员们都会围坐在一张特殊的餐桌旁。他说:"我们从过去走来,为今天添砖加瓦,努力开创更美好的未来。我们不是要躺在过去的功劳簿上故步自封,而是要一直传承活力,在变化中求发展,因为不创新就会走向死亡……"

宜家和它的创始人都从初创团队中汲取了营养。英格瓦喜欢和这帮有创意的宜家人待在一起,这样他才能跟上潮流。有时候他还和大家一起外出采购。1991年,他和驻阿尔姆霍特的采购公司经理拉尔斯·约兰·彼得松(Lars Göran Pettersson)一起去中国出差。在香港,他们看到聪明过人的小贩们会在倾盆大雨中向路人兜售雨伞赚钱,两个人灵光一闪,从中发现了新的商机。从此,宜家开始在雨天减价促销雨伞,而在晴天雨伞的价格则是雨天的2倍。

第三章
步履维艰的资本家

伦纳特·莫尔文（Lennart Molvin）也是宜家的老员工，和他在一起的时候，英格瓦想到要创办一个名为"家居生活"的"会员和折扣"俱乐部。后来伦纳特·莫尔文和肯内特·文曼（Kenneth Wänman）一起把这个项目做大，并创立了同名会员杂志。截至2011年春，宜家会员俱乐部在全球24个国家和地区共有4200万名会员。很多人都想不到宜家会员俱乐部会发展得如此迅速。约根·斯文松（Jörgen Svensson）也是宜家"团队脊梁"中的一员，至今已经为宜家服务达35年之久。出生于商人之家的他深得英格瓦的器重，过去曾多次担当重任。即便是他，也无法想象5年内宜家会员俱乐部会扩大到拥有1亿会员之巨。

作为对会员的回馈和奖励（尽管会员卡不是信用卡），宜家为这些忠实的老顾客提供了多种折扣和优惠活动。同时，宜家也能从会员渠道持续搜集到大量有价值的反馈，用于更好地完善商场和产品系列。

最终，宜家的核心创始团队、中坚力量和先驱者们纷纷要求英格瓦把宜家无形的理想和信念形成有形的文字。因此，英格瓦离开瑞典前撰写了著名的《一个家具商的誓约》一文（请参见附录中《一个家具商的誓约》）。与此同时，这批开山元老开始分道扬镳。

而此时的坎普拉德方才清醒地意识到，自己同这批宜家老员工以及新进力量之间的关系太过亲密，融入了过多的私人感情。渐渐地，他开始认真考虑移民问题。经过漫长而痛苦的考虑，他最终做出了成熟的决定。从此，一往情深成为过去，内心的伤口在离开后才逐渐愈合，而坎普拉德的出走注定成为传奇。

第四章

建立宜家帝国
1973—

我是唯一从零开始见证宜家故事的亲历者。

提前计划身后事

> 你绝不会为了移民的决定后悔。
>
> 你爱美国就像爱你年轻的新娘，
>
> 而瑞典则是你那年迈的母亲。
>
> ——威赫姆·莫贝里，《寄往瑞典的最后一封信》

早在20世纪70年代初，英格瓦·坎普拉德就开始筹划自己的身后事。他忧心的不仅是瑞典天文数字般的遗产税，还担心下一代无法继续在瑞典把宜家这个代代相传的家族企业成功地传承下去。

此外，英格瓦·坎普拉德的儿子们当时都还未成年，这个问题也很让他头疼。他多少年来一直想要有个自己的孩子，直到第二次婚姻才有了三个儿子，而这时的他已经年近半百了。如果在儿子能够独当一面前他就不幸去世，那该如何是好？

此外，宜家还受到很多来自外部的威胁，恶意收购就是其中之一。还有些居心叵测的小册子用夸张的不实言论误导人们，控诉所谓的当代资本主义如何恶意敛财。这些都让从斯莫兰这个小地方走出来的坎普拉德陷入深深的焦虑。他认为小册子的宣传论调是极其短视的，与宜家以产品为本、切实服务消费者的原则截然不同。

缺乏未来发展所需的资金也是困扰宜家已久的难题。在后来逐渐形成的执行董事会（早期费奥多尔曾担任董事会主席）中，佩尔·林德布拉德（Per Lindblad）曾坚持说服董事会成员们让公司挂牌上市。他说了很多上市的好处，甚至还警告大家，不参与股票市场可能会对宜家不利。长期以来，董事会成员扬·埃克曼（Jan Ekman）一直是佩尔·林德布拉德的忠实拥护者，他有银行从业背景。他们时常会提出质疑，质疑宜家未来的发展速度能否超越过去——比方说，为什么公司尚未进入巴西市场？他们认为，上市的想法是合情合理的，因为上市可以立即筹措到大笔资金。

但英格瓦·坎普拉德坚决抵制上市，他认为董事会对宜家问题的看法是片面的。宜家有史以来的发展资金全都靠自身筹措，这是坎普拉德如此坚持的原因之一。另外，在坎普拉德眼中，公司发展不仅需要资金到位，人才、创意、文化以及历史等各方面要素也要到位。

直到今天，宜家仍然希望保持自己的步调稳步向前发展，不仅要创新，更要守成。宜家战略一直是至少把一半的资源用于改善公司现状，另一半用于未来发展。虽然有无限资源可供支配，但这样做还是可能会拖慢宜家的发展速度。宜家不能像某个揠苗助长的董事所形容的那样："开车到高速公路上兜一圈，选个合适的地方，赶紧开家新的宜家商场啊。"

很多时候都是坎普拉德跳出来发话说："先停下来，想一想，我们不可能在任何土壤中都孕育出同样的文化、精神。"这有时候看起来有点儿矛盾，坎普拉德认为，"毕竟，相对而言我的思想还是比较进步的"。

但他最终还是说服了董事会——这多少有些出乎坎普拉德的意

料——大家认为创始人的话还是很有道理的。今天回头再看，所有人都会赞同，因为从长期来讲，宜家上市弊大于利。挂牌上市会把宜家暴露在媒体闪光灯的追逐之下，一味追求利润和扩张会扰乱正常竞争，打乱商业周期和企业的发展愿景。此外，英格瓦·坎普拉德还指出，通过上市解决资金短缺是很不合算的解决方案。上市公司必须将其利润的 1/3 支付给股东作为年终红利。这么一来反而减少了资产，宜家就无法像以往那样偶尔"做出冒险激进的决定"了，这些义无反顾的决定需要源源不断的资金作为支撑。相反，今天宜家看重的是，它的实际拥有者斯地廷·英格卡基金会（Stichting INGKA Foundation）是否有能力在未来做出英明的抉择并坚定地执行下去。

英格瓦曾很极端地表示，自己"早就计划好了身后事"。但是事实上，直到 1973 年，他才开始为"宜家的重生"做计划。1973 年，宜家第一次走出斯堪的纳维亚，在瑞士的斯普赖滕巴赫（Spreitenbach）设立了一家商场。

> 我一直在问自己，并试图寻找这些问题的答案：我们现在正在做的是什么？如何避免巨额遗产税或家族矛盾、兄弟争产让宜家元气大伤？
>
> 我们如何避免贪欲危害辛苦建立的大业，同时保持宜家的活力和创造性？如何顺利向国外扩张，同时避免自己和家庭财产被活活榨干？
>
> 由于我的疏忽大意和愚昧无知，一开始就没有向专业人士求助，所以浪费了很多时间、走了很多弯路才找到最佳解决方案。以前我愚昧地认为，这种普通问题找个普通的律师咨询一下就能办妥。但实际上要解决这个问题还得聘请美国、瑞典、英国、瑞士、

法国以及荷兰的庞大律师团,花掉天价律师费。我都不敢细算到底花了多少钱。

我毕生的追求不仅是宜家长盛不衰,而且是它独立于任何国家而存在。对宜家来说,不幸中的万幸是瑞典国家银行对这个问题的保守态度。这迫使我们启动了一系列确保公司幸存的备用方案。通过艰苦的努力,我们最终筹措了500万克朗,在欧洲大陆建起了第一家宜家商场——位于苏黎世附近的斯普赖滕巴赫宜家。但为了避免商家逃税,瑞典政府的一项特殊条款要求我们必须把每一分利润汇回瑞典。对于本就缺乏启动资金的我们来说,这项严苛的规定无疑是雪上加霜。

好在位于苏黎世的私有银行诺德法南兹银行(Nordfinanzbank)及时向宜家伸出了援手,解救我们于水火之中。当时这家银行有1/15的股权属于瑞典商业银行,肯贷款给我们是出于宜家的良好商誉以及商业银行家扬·埃克曼的大力协助。扬·埃克曼后来成了宜家的长期董事会成员,直到去世一直是我的亲密好友。

我有一天终于还清了从瑞典借来的500万克朗时,简直高兴坏了——这毕竟是在瑞典宜家辛苦挣来的血汗钱啊。我们终于赎回了自由身。

移民的时候,根据瑞典国家银行的规定,每个家庭成员可以随身携带10万克朗出境。尽管瑞士法律规定外国人不得拥有地产,但我们带出境的50万克朗足以在瑞士建立基金会,在不同的国家开设一系列公司。我们公司的足迹从瑞士、荷兰,到巴拿马、卢森堡、荷属安的列斯群岛,遍布世界各个角落①。宜家旗下强大的律师

---

① 宜家后来也在列支敦士登成立了基金会。

团会提前在世界各地注册公司，这样一旦有需要就能不费吹灰之力地迅速派上用场，而且注册价格也不贵，尽管其中有许多已注册好的公司从来没有用过。

在瑞典国内，不少睿智的律师曾为宜家出谋划策，寻求解决问题的最佳方案。在这里，我不得不提到奥拉·埃尔温（Ola Ellwyn）。他20年来都是宜家董事会成员。此外，我还要感谢瑞典北欧斯安银行（SE-Banken）的尼尔斯·G.霍恩哈马尔（Nils G. Hornhammar）；还有汉斯·谢勒纽斯（Hans Källenius），汉斯曾短暂就职于马尔莫航空（Malmö Aviation）。英格玛·古斯塔夫松（Ingemar Gustafsson）一度掌管我们的家族企业伊卡诺，也为推进宜家国际化进程立下了汗马功劳。

对英格瓦·坎普拉德来说，宜家不断向海外扩展，使他不断陷入私人财务的复杂困境：

> 早在20世纪50年代，我个人就已经无力偿还债务。第二次世界大战后瑞典的国内财富税非常高，个人名下公司的运营资本必须缴税（尽管现在这部分不必缴税了）。为了支付天价税费并维持个人开销，我经常向公司借钱，而这些借款也都得到了批准。虽然我在宜家拿工资，但微薄的薪水并不比手下员工多多少。
>
> 这些借来的钱，我一部分用来给自己和孩子们投了大量资产保险，一方面出于减轻未来可能的遗产税的考虑，另一方面想为自己退休后的生活提供保障。

就这样，英格瓦·坎普拉德在宜家欠了一大笔钱，总计1800万

克朗。作为自然人，英格瓦实际上已经破产，宜家却在蓬勃发展——这真是个奇妙的畸形状态。只有一个方法可以平衡巨额财富税——将自己的公司转卖给另一家自己的公司，从所获利润中抽取现金收入。现在，此类交易只能在市场价格限定的情况下进行了。

通过这一手段，英格瓦开始重组财务结构，利用自己名下的家具公司和室内装饰公司获得的利润清偿自己的债务。

瑞典的新闻媒体曾披露过一条关于著名服装品牌创始人卡帕（Kapp-Ahl）的丑闻。卡帕因为经营廉价时尚成衣获得了不小的成功。新闻中说，他在游泳池边和一堆美女跳舞，旁边还有管家给他斟酒。他大肆宣称在瑞典当个成功资本家毫无技术含量可言，无非就是把自己的公司倒卖给自己，从中赚取资本收益罢了。

这篇报道发表后，坊间就开始流传新法规即将出台的爆炸性消息。

我当即决定以2500万克朗的价格出售自己名下的一家公司，以结清债务，因为公司很在意我的债务。年底的时候，为了支付这笔交易，我的执行经理向政府支付了2万克朗的印花税。他因为太忙无法赶在传闻中的所谓新法规出台前办妥，也就是在圣诞节或新年前完成交易，但他很淡定地表示："1月1日以前不可能出台任何新法规，淡定。有风险也没事，我会全权负责。"

我后来经常回忆他的这句话。当一个人敢于用别人的真金白银冒风险的时候，他是什么意思呢？

后来事实证明，英格瓦·坎普拉德的怀疑是有道理的。财政部部

第四章
建立宜家帝国

长不久就正式宣布，当年1月1日起的所有交易都必须执行新的税收规定，新年开始生效，并有追溯效力。英格瓦那2万克朗的印花税因此打了水漂，债务依旧没有结清，而那个大言不惭的执行经理为他的冒险付出了代价。

当我责问他："你现在要怎么负责？"他的脸"唰"地一下就红了，他抱怨说简直不敢相信瑞典当局。

1973年，我计划移居丹麦。通过出售名下一家全资海外公司，我才终于还清了欠宜家的所有账款。那时候挪威宜家和丹麦宜家的所有权都还在我个人名下。作为个人，我不仅无债一身轻，还拥有了800万克朗的私人财富。此外，我在宜家拥有市值1.6亿克朗的股份，但我从来不把这些财富看作"自己的"私人财产，这笔财富属于宜家的未来。

对于瑞典当局，坎普拉德决定直截了当地和盘托出自己的移民计划，解释清楚自己的动机，希望以此换取携带资本出境的可能。坎普拉德来到位于斯德哥尔摩的国家税务委员会，向总监毫无保留地详细陈述了自己的实际情况。这位总监明智而审慎地听完了英格瓦的解释，并向他承诺一定照章办事。

事实证明，总监确实履行了自己的承诺，而不只是打打官腔，开空头支票。他还告诉我，这是第一次有人能来找他，而且打开天窗说亮话地跟他商讨。

随后，我又拜访了丹麦国家税务委员会的总监。我也向他直接阐明了自己的来意，并说明乐于支付所有私人税款，但希望在宜家的税收方面能获得一定程度的减免。他就此提出了几种可供选择的方案，并告诉我，一旦我做出最终决定，丹麦会非常欢迎宜家的到来。

在向海外扩张的整个过程中，我都一直保持着这种开诚布公的态度，因为这样才能在最大程度上保护公司，同时也能确保宜家在未来的日子里不受丹麦或瑞典天价遗产税的影响。最关键的是，我开始正视并着手处理继承问题了。

鉴于现实税收问题，丹麦方面的律师建议我在丹麦居住的时间不要超过4年。因为4年后我就会被视作丹麦公民，需要与丹麦公民一样缴纳税费。而在享受税费优惠的4年内，我和公司都能相对自由地为未来全球蓝图出谋划策。在丹麦第一次报税时，我将自己在瑞士、荷兰、卢森堡等地的公司营收全都计算在内，数目非常庞大，个人所得税也相应较高。但我对此毫无怨言，就像我在瑞典根据瑞典法律纳税时一样毫无怨言。个人缴多少税都无所谓，我会誓死保卫宜家。

根据法律规定，我的身份已经变成瑞典侨民。宜家总部刚开始设在哥本哈根附近的一座购物中心，一两年后搬到了哈姆勒贝克一家有点儿年岁痕迹的旅店内，这里紧邻著名的路易斯安那现代美术馆。我们全家人就住在总部南边的韦兹拜克（Vedbæk）。

正如律师建议的那样，我们全家在丹麦总共生活了4年。孩子们开始上学了，我们的日子过得也很愉快。但新的问题来了：我们要不要继续在丹麦待下去？顾问们出于遗产税方面的考虑，建议我们最好还是离开丹麦移居到别的国家，比如英国或者瑞士，这两个国家都是不错的选择。

为此我们展开了一次旷日持久、艰巨而又耗资巨大的调研。来自瑞士、丹麦、瑞典、法国以及英国的律师们专程在荷兰的阿姆斯特丹召开了为期两天的会议。律师团的天价账单再一次让我瞠目结舌，但最后的讨论结果是清晰无误的。最明智的决策是在荷兰设立一个基金会，因为荷兰针对基金会的法律法规是全世界最稳定、历史最悠久的。就我个人而言，设立这个基金会不是为了逃税避税，而是为了保护宜家，保证它能在长久的未来避免来自家族内部和其他方面的纷扰，持续健康地发展。

总而言之，英格瓦离开瑞典的主要原因并不完全是瑞典高昂的税费，而是他无法在阿尔姆霍特继续发展。他说："我个人迟早会拖宜家的后腿。"

这一悲剧确实被英格瓦再次言中，而这一次就不仅是英格瓦个人背上沉重的个人债务了。这一次，宜家在荷兰创立了斯地廷·英格卡基金会。经过一系列复杂的手续，基金会全面接管了宜家的所有权，但英格瓦仍然在公司董事会占有席位并保留执行权，用英格瓦儿子的话来说就是"爸爸把公司给捐了"。这一最终解决方案实际上是一位荷兰律师的想法，并从20世纪70年代开始施行。这位律师是荷兰一个著名基金会的董事会主席，他向英格瓦详细阐述了荷兰在处理此类贸易公司与基金会事务方面的悠久传统和丰富经验。这样的传统能够很好地避免未来的不确定因素对公司产生的颠覆性破坏。

在移民的漫长过程中，英格瓦也在瑞典设立了另一个基金会。下面的章节我们将会探讨宜家的组织架构。

英格瓦·坎普拉德举家迁往瑞士还有其他因素的影响。本来对一般瑞典人而言，移民英国是最简单的方案。

如果被我发现某个国家在财税方面的法律法规存在弄虚作假的可能性，那么我根本不会去。如果谎报漏报税费就能骗过税务局获得商业上的成功，那当局就会假设所有企业的报税数目都是有水分的，然后自然而然就会在应纳款项的基础上提高整体税率，将你所申报的数额乘以5甚至10来征税。天知道这种恶性循环什么时候才能结束。

这促使我最终下定决心背井离乡。我不愿意继续留下来和那些偷税漏税的人为伍，因为这样让我觉得自己也是一个违法者，我不愿意继续留在这样的国家。

经过旷日持久的调研和权衡后，英格瓦最终选择了移民到瑞士的法语区。这样孩子们还可以继续学习法语（他们每个人都会说4种语言）。玛格丽塔·坎普拉德的法语非常流利，而英格瓦的德语比英语流利，这可能是因为他的童年在德国祖母弗兰齐斯卡身边度过。现在英格瓦已经能说点儿带斯莫兰口音的法语了。

移民瑞士意味着彻底挥别自己的祖国，但在我的意识中，我们好像只在瑞士待了5年。尽管税务顾问告诉我，在瑞士我只需要按生活开支报税就行，但我不愿意做一个在瑞士街头乱晃的寄生虫和逃税专业户。移民到了新的国家也要行得正坐得端。

所以我诚实地申报了自己的全部年收入——50万瑞士法郎，尽管税率高达40%。顾问和律师们都觉得我疯了，问我倾囊纳税的意义何在。

说真的，这就是我内心真正的渴求，所以我要付诸行动。事实上，这笔高昂的税费已经和丹麦宜家支付给我的年薪差不多了，但

第四章
建立宜家帝国

我至今仍为自己的决定感到自豪。我可以昂首挺胸地走在瑞士的大街上，并且因此成了受到瑞士当局欢迎的座上宾。官方甚至为我和玛格丽塔专门举办了一场欢迎派对。

这就是宜家和英格瓦移民的整个经过。英格瓦心里很清楚，有些人一定会曲解他的行为。从某些阴暗的角度解读，这只是一个富翁费尽心机地在寻找避税天堂罢了。但事实上，瑞典僵化的税费政策和环境迫使英格瓦举家移民。他们必须离开瑞典，这样宜家才能按照英格瓦设计的模式和经营理念继续发展。

在瑞士度过了5年后，我们全家五个家庭成员，包括我、玛格丽塔和三个儿子，盘腿坐在起居室召开了一次家庭会议。离开丹麦对于我的家人来说意味着失去了所有的朋友，大家都不希望再频繁地搬家了。现在摆在我们面前有两个方案：要么搬回丹麦（大家更希望搬回丹麦），要么搬回瑞典。我个人认为让大家回归阿尔姆霍特不太可能。

我想，就像刚才所说，我其实并没有足够的勇气抛弃自己的事业。如果回归瑞典，那我得每天大老远地一路开车经过波尔索（Bölsö），再到阿尔姆霍特的办公室去办公。随着年纪越来越大，我会成为宜家新生代管理层的沉重负担。在隆德或者赫尔辛堡办公比较现实，但要去斯莫兰，开车实在是太远了。结果，所有的家庭成员都坐在一起一致表决："我们愿意留在瑞士。"

玛格丽塔在瑞士已经有了能够融入其中的朋友圈，孩子们也有了自己的朋友，现在都能说一口流利的法语了。他们已经开始逐步接触宜家的业务，而现在的宜家业务早已不再局限于瑞典。再次搬家从方方面面都会带来不便，而且感觉也很别扭。

最终，我们还是留在了瑞士的这个小村庄。晴朗无云的日子，从海拔700米的高原上眺望，越过环绕的群山和山下湖泊，另一边就是美丽的洛桑。我有一间惬意的书房，房间里摆放着一台复印机、一部传真机，还有一台电脑。每周秘书都会造访一次，或在我需要的时候她也会来协助我的工作。

距离瑞士首都洛桑25千米就是欧伯纳（Aubonne）宜家商场。如今，宜家的总部设在丹麦，基金会设在荷兰，在比利时还有一个协调小组（稍后会进一步介绍），而创始人则定居在瑞士。不论是坎普拉德，还是宜家，谁还能说他们仅仅属于瑞典？

近年来，日本人不断进军美国市场，一家接一家地收购美国人手里的大型公司，甚至买下了美国的地标——洛克菲勒大厦。美国人究竟是什么心情？我想这大概和外国人买下瑞典传统的瓦萨牌薄饼、通用汽车收购瑞典萨博的一半股权时瑞典人的心情一样。一个发人深省的问题是，品牌所有者的国籍在今天是不是真的还那么重要？

起决定作用的难道不是一个公司良好的运转能力和组织体系吗？这才是推动事业的关键性力量。

在下面描述的坎普拉德家族的所有权及管理架构中，我希望能够让大家明白，这样的架构不仅对整个公司有益，而且能够帮助宜家保留纯正的瑞典风格和斯莫兰烙印。

很久以前，阿尔姆霍特商场就是宜家的一切。今天，阿尔姆霍特商场的销售额才占宜家总销售额的0.5%，但未来宜家还会继续并更加依赖在瑞典的加工制造、出口和销售……阿尔姆霍特一直都在定义并守护着宜家的文化。

我完全理解现在的民族主义思潮。我虽然在国外，但也有爱国心，嘴里离不开瑞典口含烟，冰箱里堆满了瑞典赖尔多的熏肠。但从更理智的角度出发，一个公司能否成功并非取决于所有权在谁手中，无论宜家属于基金会、上市公司还是家族企业，不论它注册在哪个地址，能否高效运转才是成功的关键。

有一天，我们开产品系列会议时，大约来了25个人做汇报，其中竟然连一个女性都没有。我认为这很不合理。要知道，宜家的客户群几乎都是女性，而且传统室内装修也是比较偏女性的一门艺术，可负责产品系列的清一色全都是男士。

多年以来，英格瓦·坎普拉德一直希望吸收一位女性成员进入宜家管理层，他把这称为自己"最大胆的梦想"。各地宜家一直以来都不断涌现出各式各样的杰出事业女性，她们作为商场经理或者地域经理表现得非常优秀。时至2011年，宜家总部终于在这个问题上离英格瓦的梦想越来越近了。撰写本书时，宜家集团的7位董事中，女性已经占据了2个席位，但这并不意味着女性已经从社会上取得了她们应得的地位和权利。

至于为什么这么多年都无法实现这一梦想，即便是英格瓦这样睿智的人也无法做出回答。用他的话来说，漫漫征途还在脚下。

神秘的宜家帝国架构

普适世界的真理，真的存在吗？如果这本书没有穷尽真理，那又凭什么说这就是真理？

——英格瓦·坎普拉德

当英格瓦·坎普拉德决定出走瑞典时，不可否认，他想要争取的就是为宜家的"长盛不衰"尽可能创造最好的条件。他希望即便自己百年以后，宜家仍然繁荣发展。用他自己的话说，"只要地球上还有人类的居所，强大而高效的宜家就应该随时发挥作用"。

但他的雄心壮志远不止于此。

他认为的理想状态是：宜家的发展不受任何人、任何事的干扰和破坏，可以免受来自任何家族成员、市场力量或政治人物的不良影响。他想为宜家建立起坚固的屏障，使它不仅能够抵御来自外部的恶意攻击，也能免遭因疏忽大意引发的危机。他希望竭尽所能为宜家长久保持活力保驾护航。不论是战火纷扰，还是政局变迁，他希望宜家理念都能被延续和呵护。最重要的是，对宜家的最终控制权应该牢牢掌握在坎普拉德家族手中。

让我们来剖析一下英格瓦·坎普拉德谦虚地称为"有些与众不同"的宜家商业架构。宜家模式成形于20世纪70年代，在80年代初开始贯彻实行。由于背后的法律体系错综复杂，外人管中窥豹难以见其全貌。除了法律法规等明文规定，坎普拉德不愿意透露宜家在各国精妙复杂的体系背后的核心商业秘密。而且，在不同的国家，法律规定和处理方式各不相同——欧洲国家的公司一般都会公开所有权结构；但在美国，没有上市的家族企业受到法律保护，可以不公开所有权结构。

简单来讲，现代宜家受到两套体系的指挥：一套是"看得见的指挥棒"，另一套则是"看不见的意识形态"。整个公司因此被划分为两部分——一套日常组织体系主要负责管理所有的宜家实体店，而另一套意识形态体系则负责发展宜家这个理念。

这两套体系对宜家来说缺一不可，各自在不同领域发挥关键性作用。一旦有一天象征着宜家精神的坎普拉德不在了，这两套体系的有机结合就关乎宜家的生死存亡。当然，如果有读者认为"看不见的意识形态"系统更重要，笔者也无法反驳，毕竟宜家这个理念也是价值连城的。

"看得见的指挥棒"指的是实实在在、有形的部分，比如所有权、股份、建筑、工厂、产品等一切看得见摸得着的东西，是成千上万宜家雇员每天赖以生活的有形资产。这一组织过去曾被称为"宜家国际"（IKEA International），也就是今天简称的"宜家集团"。

"看不见的意识形态"时刻守护着宜家，确保宜家商业理念的贯彻和执行。从宜家商场的地面设计到天花板装饰，每一个细节都在传递宜家精神，且必须百分之百地确保无误。宜家精神就是所谓的"宜家理念"。在所有宜家人的字典里，"宜家理念"是一个特别的字眼，几乎是神圣的，是一种道德责任。

宜家的实际拥有者——设立在荷兰的基金会——斯地廷·英格卡基金会，在1982年正式上市。如今，基金会拥有的宜家依旧如往昔一样稳健发展，完成了1943年17岁的英格瓦在小镇阿根纳瑞德的小小艾尔姆塔里德农场的梦想。

基金会拥有英格卡控股公司的所有股份，包括商场的运营和其他正在飞速发展的工业集团。1998年，英格瓦·坎普拉德年满72岁，达到荷兰的法定退休年龄。此前他一直担任该基金会的主席一职，退休后则变为高级顾问。提到自己的职位，他狡黠地一笑。

即便有一天英格瓦退出一线，坎普拉德家族依旧对宜家的真正拥有者——英格卡控股公司的董事会成员具有影响力。加上在宜家内部早就栽培了一批亲信骨干，坎普拉德家族对宜家未来的重要决策，比如商场发展，以及瑞木工业集团和瑞展工业集团的生产等问题，都会继续干预，毕竟这些都是关乎存亡的核心决策。

斯地廷·英格卡基金会和斯地廷·宜家·英格卡基金会是符合荷兰模式的双重基金。在这一模式下，盈利的分支会把利润分配给负责慈善的分支。换句话说，双重基金总体来说属于慈善性质。斯地廷·英格卡基金会过去曾在建筑、环境以及设计方面，资助过很多个人及开创性项目。但由于近期，特别是2010年荷兰相关法律规定的改变，所有慈善基金必须全部用于纯粹的慈善活动，因此现在基金会主要致力于贫困国家和地区儿童生活的改善和赈灾救济，每年都会拨出巨额善款。根据联合国儿童基金会的官方统计，迄今为止，宜家是联合国儿童基金会在全球范围内最大的私人机构善款捐赠者。

基金会的游戏规则带来了一系列复杂的变化。在第一次法院审理时，法官曾强烈反对宜家的一些措施，但英格瓦·坎普拉德对宜家的表现表示满意。在法律上滴水不漏的斯地廷·英格卡基金会和英格卡控股公司确实如他希望的那样固若金汤、牢不可破。

斯地廷·英格卡基金会和斯地廷·宜家·英格卡基金会既是宜

家的实际拥有者,也是慈善组织。它们就像一对不可分割的连体双胞胎,共用同一个身体,但有两个不同的脑袋。这就意味着它们要听两个不同大脑的指挥——英格卡控股公司作为整个宜家王国所有权的有形象征,是调控宜家集团和所有下属公司实际运营的"有形之手"。然而,再强健的"有形之手"也得依赖"无形的意识形态之手"。如果没有双重调控,没有人去推行宜家理念,"有形之手"最终也会瘫痪无力。宜家集团实际上肩负了基金会的执行功能,它的总部在荷兰莱顿(Leiden),负责建筑、生产、采购、产品系列、分销渠道、销售以及供应到商场的生产制造方面的运营和协调。

然而,宜家概念的实际拥有者和管理者另有其人——英特宜家系统堪称守卫宜家理念的"监护人"。英特宜家系统虽然在法律和实际上都不属于坎普拉德,但与他关系紧密。每年宜家集团的全球商场和外部加盟店都要向英特宜家系统支付年总销售额的3%作为特许经营授权费,包括使用"宜家"这一商标和品牌名称的费用。这部分收入会被转到由坎普拉德家族全权控股的英特宜家控股公司,再分配到其下属的各个基金会(其下属基金会数量众多,也许创始人坎普拉德自己也数不清)。2011年,英特罗格基金会的存在才被公之于众,据传坐拥1000亿克朗的巨额财富,它的存在掀起了激烈讨论和广泛关注。实际上,英特罗格基金会只不过是宜家在海外注册但并未实际发挥作用的诸多备用基金会之一。

如果说宜家集团掌管了管理、销售和制造三大职能,那英特宜家系统的首要任务则是品牌培育。英特宜家系统是荷兰一家常规的私人有限公司,位于风景如画的小镇代尔夫特。公司总部大楼中还有一家负责做测试的试点商场。

从功能上严格划分,英特宜家系统是宜家理念和全球宜家特许权的所有者，是英特宜家，也就是红色集团的一部分。红色集团在位于比利时的首都布鲁塞尔以南大约20千米的滑铁卢镇（Waterloo）设立了一个协调小组办公室。英特宜家的早期负责人是佩尔·卢德维格松（Per Ludvigsson），他为人谨慎周到，虽然现已退休，但一直以来都是英格瓦·坎普拉德的至交密友，也是坎普拉德三位继承人的"智囊团"。所谓的英特宜家系统是"神圣宜家概念"的拥有者，包括宜家品牌所有的名称、版权、详细的运营规定、具体要求等无形的资产。它存在的重要职能就像梵蒂冈之于天主教，是为了确保神圣正统的斯莫兰信仰能在每个细节中践行，有一天能在偌大的消费者之殿走上登峰造极的圣坛。

英特宜家系统负责商场授权，批准宜家直营店和外部门店在极其严格和具体的条款下使用宜家概念。

外部门店中有些是坎普拉德三位继承人通过伊卡诺集团间接拥有的商场（请参见下一节），其中三家远东商场是属于伊卡诺运营的加盟店。三位继承人未来很可能在宜家大展拳脚，自主运营和管理更多这类商场。如此一来，既能让家族精神焕发新活力，培养出新一代宜家继承人，激励三位继承人为事业拼搏；又能为整个宜家的事业添砖加瓦，就像宜家鼓励和扶植其他加盟商一样。

如果某个宜家商场（不论直营店还是加盟店）不想遵守宜家的既定概念和规则，比如更改商场的外观设计，不想建儿童游戏场，减小餐厅面积，或在其他标准上存在偏差，必须由商场经理亲自向英特宜家系统提出申请，并获得特别准许。

所有加盟店都要遵守严格的规则，否则英特宜家系统有权要求商场摘下宜家品牌标识并停止对商场供货。尽管这类事情从未发生过，但宜家已经为最坏的情况做了万全准备。

保障宜家长盛不衰的强大系统

在有形的指挥棒和无形的意识形态之间，英格瓦·坎普拉德架构了精巧绝伦的系统。这一耗费巨资、由律师精英团队搭建的系统浓缩了他毕生的心血和智慧，能够为宜家千秋万代保驾护航。只有为数不多的几个人真正了解这个复杂而精妙的系统——一个就是我们之前提到的佩尔·卢德维格松。佩尔·卢德维格松正在逐步担负起坎普拉德家族"智囊团"的角色，并被三位继承人奉为"最高法院"（其中一个只保守地表示"很有可能"），仲裁未来三位继承人在管理宜家的道路上可能出现的矛盾和分歧。

英特宜家系统的母公司设在卢森堡大公国，通过下属的各个分支对财务管理、加盟授权、地产物业等方面进行管理。财力雄厚的英特宜家系统能在危急关头为任一地点的宜家提供支援。因此，有人称之为为宜家提供准备金的内部银行。从法律角度严格来讲的话，这个说法并不正确。事实上，是英特宜家系统在幕后掌控着这个数亿克朗的庞大资本，在全世界进行基金、债券、长期有价证券和房地产方面的投资。投资风格非常保守稳健，符合坎普拉德家族一贯的谨慎作风。

英格瓦·坎普拉德的系统架构明智又合理。现在也好，未来也罢，即使某一天创始人去世无法再继续监管，英特宜家也必须确保能够继续沿着他的既定道路走下去，就像他固执坚持的那样：因为加盟店有些属于基金会，而有些则是外部门店，因此宜家集团的总部无法同时监管所有方面。

对下一代来说，如果没有一个特别的组织作为"印玺守卫者"辅佐他们，传承宜家的理念就会越来越艰难。这个"印玺守卫者"的职责就是确保推行宜家理念并将之发扬光大。如果缺少该守卫者，那么即使再好的经营理念也会死在襁褓中。

英特宜家的创立正是出于上述目的，现任总裁为汉斯·于戴尔（Hans Gydell）。坎普拉德的三位继承人被安排轮流在英特宜家控股公司的董事会中担任职务，由此不难看出，英格瓦·坎普拉德希望家族成员未来继续发挥重要影响力。三位继承人的影响力固然重要，但英特宜家系统才是确保宜家沿着康庄大道不断前进的保证，是促进发展的灵丹妙药。

用英格瓦·坎普拉德的话说，他在有生之年的心愿就是教导三个儿子存续宜家理念的重要性，并教会他们如何去维护和实现。即便并不拥有宜家理念，根据基金会的管理规定，他的三个儿子也必须确保这一监管机构——英特宜家系统的稳健发展。

英特宜家及其相关分支，包括财务管理、地产物业以及概念授权。整个精妙复杂的体系在一定程度上反映了英格瓦·坎普拉德时刻如履薄冰、谨小慎微的性格。他的骨髓里深深烙着斯莫兰的印迹，他奉行永远不把鸡蛋放在同一个篮子里的信条。他对任何事都会未雨绸缪，做好万全准备，绝对不会被逼到绝境后束手无策。同时，他也一直在努力寻找最佳的财政解决方案，他希望能在严格遵守每个国家和地区税务规定的前提下，尽可能多地获得净盈余额。

现在宜家的实际拥有者是一个基金会。基金会的类型和属性划定了英特宜家（红色集团）的活动范围，也让三个儿子免受巨额财富带来的纷扰。坎普拉德说："红色集团从税务角度来看是个挑战，下一代在现有环境中想管理好宜家很不容易。"

对很多亿万富翁来讲，要解决财务问题，就必须在适当的时间选择居住在适当的地点，其中包括坎普拉德家族，因为宜家的财富价值已经迅速翻了好几番。这不仅得益于诸多宜家商场总营业额的提升，也得益于整个宜家王国各个分支的明智投资和管理。

不论任何国家在遗产继承税和财富税方面的法律怎么规定，英特宜家都可以不受限制地拥有并管理宜家。通过这样的安排，坎普拉德家族的下一代就能强有力地"掌控"英特宜家（比如，他们可以任命英特宜家系统的董事会成员），虽然他们并非实际拥有者。

宜家的律师汉斯·斯卡林发明了用不同颜色来区分宜家内部体系的方法。红色集团就是英特宜家，蓝色集团代表的是宜家集团及下属公司，绿色集团则代表了伊卡诺——至今唯一的坎普拉德家族直接拥有的公司。

宜家设计出这一系统的时代背景我们不应当忘记，当时整个世界还笼罩在"铁幕"的阴影之中……任何事都有可能发生。于是英格瓦·坎普拉德在撰写基金会章程时特别设计了一套规则，就是为了应对危机，提前找好逃生的应急出口。尽管这套规则从来没有施行过，但仍然反映出这位创始人未焚徙薪、希望保宜家万全的苦心。

纵观历史，在战火纷飞的年代，很多著名的大公司都曾遭到被瓜分的厄运。捷克斯洛伐克的百威（Budweiser）以及荷兰的飞利浦（Philips）都因此大伤元气。在这种情况下，企业需要启用一套特殊的应对策略，需要一个逃生的应急出口。因此，包括宜家在内的很多知名品牌，都从中汲取了教训，开始建立自我保障体系，以免被瓜分和充公。至于这个应急出口应该通向哪里，如果事实上必须使用应急出口的话，那就必须在有效期内解决这个问题。

宜家王国复杂的体系架构背后的伟大工程师正是创始人英格瓦·坎普拉德，众多律师们用专业知识帮助他去执行任务，处理具体事务，解决利益带来的纷争和矛盾。他个人的生存哲学从一开始就在宜家身上打上了深深的烙印（或者正如他自己所说，"确保宜家的长盛不衰"）。正是因为有了这样长远的独到眼光，宜家王国才能够一直固若金汤、不可撼动。

伊卡诺——继承者的天下

既要守成，又要不断发掘新机会。

——英格瓦·坎普拉德

　　1997年12月，第一期《伊卡诺世界》正式出版问世。那是一份在阿姆斯特丹制作、简约而有态度的业务通讯时刊，面对的读者是在欧洲为这个当时并不知名的坎普拉德家族企业工作的3000名员工。正如有人所形容的，"伊卡诺是继承者的天下"，是英格瓦·坎普拉德传承给三个儿子的事业，是属于下一代的公司。该公司由他们自主管理，是继承者们大展拳脚和抱负的天地。伊卡诺不是给第二代练手的玩具，而是一家迅速发展、拥有亿万财富的大型企业，是未来保障宜家安全的准备金，与宜家血脉相连。

　　要了解伊卡诺背后的理念，就要从20世纪50年代开始谈起。当时，坎普拉德作为企业家希望在宜家之外建立一系列属于自己的公司——通常是为了适应市场需求，有时也是为了绕过行业协会的抵制和供应禁令。正是通过这些后来注册的公司，坎普拉德才得以在宜家之外积累财富，才有可能建立后来的挪威宜家、丹麦宜家以及其他宜家商场。

　　前面我们已经谈到，在宜家以外注册公司能够在很大程度上解决坎普拉德个人的财务问题，在他举家移民和偿清债款的时候也提供了很大帮助。坎普拉德移民后自然设立了很多新公司，在宜家最终实现他的精心构架和精妙布局之前，他已经开始竭力在世界不同地区为宜家寻找避风港和法律上的庇护所了。

成立伊始，伊卡诺作为一家进口公司，主要从事波兰的配送与供应等业务。现在，伊卡诺是坎普拉德家族拥有的一系列庞大机构的统称，旗下囊括坎普拉德拥有的、没被"捐赠"给斯地廷·英格卡基金会的所有公司，外加其他多项新兴且利润丰厚的业务。

创立新公司是坎普拉德最喜闻乐见的事，而且可以把销售家具赚取的巨额利润立即投入这些新公司，帮助它们成长和崛起。员工们把20世纪70年代中期到80年代中期那段时间称为"复兴期"，当时坎普拉德仍然在哈姆勒贝克管理宜家事务。这一时期的宜家发展迅速，仿佛雨后春笋般势不可当。新点子和潜在合作伙伴如潮水般纷至沓来，宜家还做了很多新的投资尝试。宜家和坎普拉德在瑞典以及国外投资了各类项目——之前坎普拉德私人入股了瑞士航空公司、一家道具制造公司，以及参股了一家电子公司。这是坎普拉德全权"当政"的时代，他喜欢这样的掌控力。在20世纪末的IT泡沫前，他曾买下瑞典著名的互联网咨询公司法姆法布（Framfab）的大量股份，并在恰当的时机脱手，这次交易使他赚得盆满钵满，但因为恰逢互联网行业泡沫，他对此次交易仍带有一些负罪感。然而，处理这些问题并非他的首要任务，这会过多占用坎普拉德的时间和精力。于是在63岁那年，他决定退居二线。而他的继任者——作为宜家集团的主席则只需要关注与宜家相关的业务即可。

在宜家的大旗下，至今已经涌现出无数不同类型的公司，其各自的发展轨迹不尽相同。管理好所有公司成了一项艰巨的任务。佩尔·卢德维格松作为英格瓦的亲密战友和智囊团的成员之一，负责管理这一庞杂的体系。他建议通过设立一个全新的机构来解决这个棘手的难题——那就是在丹麦、荷兰以及瑞典创立一个绿色伊卡诺集团。今天虽然伊卡诺独立于宜家之外，但在生意上仍有密切往来。伊卡诺的管理者同时在两个组织都担任资深顾问，这本身就是很好的证明。

英格玛·古斯塔夫松，出生于1939年，于2002年退休，是伊卡诺的首任掌舵人。他是坎普拉德在斯莫兰家乡的忠实信徒之一，一路见证了宜家披荆斩棘，从斯莫兰森林走向世界的壮举。他是坎普拉德在阿根纳瑞德的老乡，出生在勤恳的小佃农家庭。他是一路追随宜家、服务宜家，最终功成名就的典型，也是带领宜家走出困境、翻开新篇章的领路人。

英格玛·古斯塔夫松25岁时在宜家担任财务助理，那会儿他还是隆德大学刚毕业的研究生（坎普拉德第一次听说英格玛·古斯塔夫松的时候还问："我们聘个经济学家干什么？"）。他最终成长为一名优秀的管理者，并担任宜家董事会的汇报秘书。再后来，时间的锤炼把英格玛·古斯塔夫松打磨成了值得信赖的领袖，他执掌瑞典宜家达10年之久，亲眼见证了阿尔姆霍特宜家从700名员工扩张到今天1700人的大家庭。在世界各地不断扩张之时，宜家身上一直深深保留着斯莫兰的烙印。

明眼人会发现，伊卡诺从本质和政策上都在模仿或直接"拷贝"宜家。伊卡诺核心价值的"圣经"上规定的第一条原则就是"尊重常识并保持质朴"，第二条是我们熟悉的"注重合作"。所以，宜家第二代的公司也在守护着同样的美德——勤俭节约等，尽管它也同样强调平衡顾客、员工和公司所有者之间的利益。

"太上皇"现在依旧会发话。英格瓦·坎普拉德作为前任主席，依旧活跃在董事会，担任顾问（2011年由彼得·坎普拉德接任主席一职）。未来一切皆有可能。没有人会轻易放弃一个已经被成功验证过的策略。公司总部已经从荷兰阿姆斯特丹迁至卢森堡大公国，而伊卡诺最初在丹麦的成立与几位关键人物为之付出的诸多努力，为未来的成功奠定了基础。

伊卡诺的现任主席为之前的宜家中国创始人布尔吉·隆德（Birger Lund）。伊卡诺主营五大业务：金融、房地产、保险、资产管理以及零售。金融领域及资产管理是伊卡诺最赚钱的业务部门。普通民众了解最多的当然是大名鼎鼎的伊卡诺银行[①]。伊卡诺银行的广告风格向来大胆无畏，以自己的斯莫兰血统为傲。

财政危机之后，英格瓦·坎普拉德克勤克俭的个人形象在很大程度上帮助伊卡诺银行赢得了每一个储户的信赖，储蓄业务不断增长。2010年，整个瑞典储蓄市场只增长了9%，而坎普拉德家族银行的存款暴涨了21%。

宜家一直以来都是伊卡诺银行当仁不让的最大客户，同时伊卡诺也为其他大公司提供专业的信贷服务，掌管数百万信贷，并提供各种面额的支付卡和积分卡（比如为运动服装品牌Stadium和石油公司壳牌服务）。伊卡诺银行广受小型储户和小型公司的青睐，如今已经与其斯堪的纳维亚的分支机构合并，并完全实现了网络运营。它唯一的实体分行极其低调，在阿尔姆霍特的一幢木制建筑中办公，坐班人员特别少。2002年，它的关闭曾一度引起民众的惋惜和英格瓦·坎普拉德的牢骚。

伊卡诺现在依旧走的是低调热门路线，总部设在隆德，只在阿尔姆霍特设有一个办公点，但这个业内新秀已经在瑞典打响了知名度。

[①] 伊卡诺银行2010年的总资产约400亿克朗，折合42.39亿欧元。

其主要的增长点是消费者信贷，2010年利润达到5.6亿克朗，比2009年增长了3.8亿克朗。

伊卡诺在"金融"业务方面的总资产在2010年达到约400亿克朗，差不多相当于整个资产管理业务的体量。尽管近年来与宜家的业务合作在伊卡诺所有业务量中的占比有所下降，但多年来伊卡诺一直坚守在宜家身边。在宜家商场落成的地方，必然有伊卡诺的身影。比如在林雪平市，或者在其他宜家商场周边的配套零售商业区和购物中心，都能找到伊卡诺。在芬兰东部湖区最大的城市库奥皮奥（Kuopio），还有赫尔辛基的万塔也都能见到伊卡诺的标识。光是伊卡诺拥有的房地产一项（包括4800所住宅公寓），就价值百亿克朗。

在亚洲，新加坡、马来西亚和泰国的宜家商场和楼宇都属于伊卡诺零售部门的资产。现在伊卡诺已经不会再和法国时尚家居品牌爱必居（Habitat）竞争了，同为欧洲血统的爱必居被认为走更"高端精致"的设计路线。爱必居被宜家收购后，经历了17年的挣扎摇摆和伤感委屈，最终因业绩不佳于2009年被再次出售。伊卡诺今后也不会再涉足家具领域，这个领域有宜家已经足够了。

那么，宜家和伊卡诺之间的联结到底有多紧密呢？

首先，宜家和伊卡诺双方都强调自身的独立性。但坎普拉德——直到1998年他一直担任伊卡诺的董事会主席——诚实地表示，每当伊卡诺董事会做出重大决定时，他就必须"一人分饰两角"。从外人的角度来看，不管伊卡诺与宜家的具体关系如何，伊卡诺确实继承了宜家的"理想主义"风范，这一点任何一个局外人都明了。宜家和伊卡诺就像一对双胞胎，在专业领域上有着天然默契，这可能是最贴切的形容。或者可以说，伊卡诺是对宜家核心价值的回归，没有任何一个方式能比创立伊卡诺更好地为坎普拉德家族献上一记助攻。

伊卡诺的经营方针完美地呼应了《一个家具商的誓约》。尽管文字上略有差异（比如伊卡诺要求"言行方正"，坎普拉德不会这么文绉绉地说），却在态度、精神和语言行为方面呼应了宜家精神。伊卡诺最注重的同样是简约、可靠以及低廉的价格。

坎普拉德家族所有权的结构大抵如此。伊卡诺能否像高瞻远瞩的坎普拉德期待的那样，为家族提供额外的金融保障，这还得取决于三位继承者——彼得、约纳斯和马蒂亚斯。更现实地讲，伊卡诺的成败也取决于宜家能否长久繁荣。

千里之行始于足下，好的开始已经是成功的一半了。

帝国奠基人

> 那时我们都很年轻。每天跟着感觉走，每天都要多一点儿冒险。
>
> ——玛丽安娜·维尔，宜家雇员

1973年位于瑞士德语区的斯普赖滕巴赫宜家商场开业，宜家第一次走出斯堪的纳维亚半岛，它的国际化脚步越来越矫健。不到6年的时间，宜家就在欧洲多个国家，加拿大、澳大利亚和新加坡先后开设了20家商场，其中还不包括在瑞典新开的两家商场。单单在德国就有10家商场，在数量上遥遥领先。

一年新增12家商场的发展速度似乎略为保守，但此时宜家的销售额只不过10亿克朗，尚未达到今天（2010年）的规模。这一时代的宜家版图主要集中在斯堪的纳维亚半岛，这一时代充满了喜悦，这一时代的宜家日新月异，在资产、雇员数量和总营业额方面突飞猛进。

在这一时代，宜家在开拓新市场方面积累了很多重要技巧，而这些立命之道帮助宜家在20世纪80年代一举建设了43家新商场，90年代开发了70家新商场，从中国、捷克到德国，一路不断拓展自己的事业版图。进入21世纪，宜家共新增164家商场，其中美国27家、德国20家、俄罗斯11家、中国8家、瑞典4家。

20世纪70年代初，宜家原本只是计划在市中心开家商场作为试点，在市场上投石问路，了解一下当地消费者的生活方式和购物习惯。但现在的宜家已经胸有成竹，开始有条不紊地进军更多的国际市场，并在选址的时候更偏向于大型购物中心。因为热门商圈周边往往围绕着各种便利设施——银行、小型商店、林立的美食店以及琳琅满目的现代化商店，这些都能吸引顾客，带来滚滚财源。

宜家一直都在为设立新商场选址购地，它下一个野心勃勃的目标就是征服俄罗斯市场。和过去不同，各国的宜家总部都要自己负责开发新商场。新商场开业初期会得到宜家总部特训小组的帮助。他们就像随时会被空降到各地的特种兵，一声令下就会背上资金冲锋陷阵，成为新商场搭建桥头堡的先遣部队。

这支先遣部队中的排头兵就是扬·奥林。20世纪60年代末，他被提拔为英格瓦·坎普拉德的第一任助理，成了创始人的得力干将。年仅34岁时，他就被委以重任，负责在欧洲进行筹建商场的一线工作。扬·奥林自身能力卓绝且精力充沛，身边自然集聚了大批商界精英。此时他们还不知道，若干年后，他们会在世界各地相遇，彼此讲述征战欧洲市场时波澜壮阔的英雄故事。扬·奥林成了这支精锐部队的良师。

后来这支"特种兵"被称为"小集团"（Kleine Gruppe）。"小集团"里的人都是充满想象力的倔脾气，一心想为宜家"攻城略地"、扩大商业版图，建功立业的决心比创始人和管理层还要强烈，然而坎普拉德并不赞同这样激进的扩展速度。当时，很多雄心勃勃的青年都想加入"小集团"。这批人中的确有人获得了成功，进入了董事会，并且至今仍在宜家有影响力。最终"小集团"的领头人勒紧了缰绳，遏住了马不停蹄的疯狂步伐。那段狂野驰骋的日子至今回顾起来都闪烁着荣耀的光芒。

实际上，整个欧洲市场之前早已被宜家的魅力征服——拿下瑞士市场之后，德国、奥地利、荷兰和法国市场陆续落入宜家囊中。尽管与坎普拉德存在矛盾和冲突，颇有争议的扬·奥林"小集团"又一次被召回战场，重获大家长的拥戴，再一次执掌帅印，建立更大的功绩，而不仅仅在东欧驰骋。

在刚刚进军欧洲市场时，宜家"攻城略地"的速度如闪电一般。正如一位雇员所形容的那样："虽然我们犯了各种各样的错误，但钱还是源源不断地流进来。到各处开商场的生活很俭朴，我们偶尔会喝点儿酒。嗯，虽然我们有时候喝得比较多，但每当打开商场大门迎来第一批顾客的时候，我们依旧能做到满面春风、神采奕奕。出差的时候大家为了节省开销挤在一起住，想的都是宜家精神，解决问题用最便宜的方法。"

缺乏流动资金，迫使宜家放慢了步伐。"我们进驻的时候，商场还没有完全就位。"扬·奥林回忆说。把资金从瑞典转出来非常困难，所以只能在其他地方尽快赚钱盈利，从而使现金流运转起来。

宜家的推广手段属于出其不意、不走寻常路的即兴发挥。比如在德国，每次一有新的宜家商场开业，宜家就会使用麋鹿作为广告的宣传形象，以至于麋鹿现在成了广受德国儿童喜爱的宜家吉祥物，甚至有些小朋友给宜家写信的时候都会写给"麋鹿先生"。在给英特宜家系统的品牌命名时，专家们不得不粗暴地把"麋鹿"从备选名称中排除——因为麋鹿已经抢尽宜家的风头，成了宜家的代名词。

除了麋鹿形象，宜家还有很多奇思妙想。他们出售圣诞树的时候会承诺节后回购，于是圣诞树销量激增。只要有新商场开业，安德斯·莫贝里就会赠送给老商场的顾客们一对瑞典木屐中的一只作为答谢礼，同时告诉顾客们，造访新商场就能得到另一只木屐。这么一来，新商场开业的时候顾客排成了长龙，销售额一飞冲天。

宜家大获成功并带动瑞典风情风靡欧洲大陆的原因远不止于此，

社会因素也在其中起到了推波助澜的作用。1968年欧洲学生的抗议事件，不仅在"70后""80后"一代年轻人心中深植下叛逆的种子，而且加剧了他们对传统生活与家居方式的反叛。与时代精神"匹配"的轻盈简约风格开始流行。

宜家的发展犹如吸饱了水分的种子在拼命膨胀，没有人能够阻止它向上汲取阳光。20世纪80年代初，欧洲市场的业务已占宜家总营业额的2/3。当年的商场经理马茨·阿格曼（Mats Agmén）之前曾做过商船船员，现在负责宜家概念的发展。他用一双老鹰般犀利的眼睛严格监控着宜家概念的落地。马茨·阿格曼至今还记得那段美好时光——新商场开业的豪华飨宴和欢乐派对通宵达旦，极尽奢华之能事，每次都有喝不尽的美酒、永不停歇的热闹和喧嚣。每周六盘点周销售记录时都会再创新高，于是大家会打开香槟搞庆功派对。

这批年轻的先遣部队和扬·奥林一样，为自己的成功扬扬自得。但过了一段时间，他们中的一些人才意识到，草草赶工搭建起来的华丽外壳其实盛名难副，看似强健的肌肉实际已经患上了影响全身代谢的疾病，他们需要为轻率的商业行为付出代价。欧洲宜家因此逐渐重组和换血，扬·奥林与坎普拉德开始有了严重的分歧。

扬·奥林至少有4次都觉得自己已经被宜家开除了——他在宜家扮演的角色可能既是优秀企业家，又是让人头痛却又"不可缺失"的天才。所幸的是，英格瓦·坎普拉德从来不会排挤持不同意见的人，不管他们吵得有多凶，都从来没有真的反目成仇。

征服欧洲市场之后，坎普拉德的另一位得力助手——斯塔凡·耶普松（Staffan Jeppsson）领命开始"西征"——挺进美国和加拿大市场。他参与了在加拿大建立第一家宜家商场的"战役"。这家位于温哥华的新商场占地2.1万平方米。"西征"的突击行动集结了一大批工程师，还有一名管理员、一名室内设计师、一名总设计师和一名后勤人员。整个行动干净利落。不久，集团就任命了这家新商场的经理，这位经理开始迅速"招兵买马"，招募自己的团队。

经过4~6个月夜以继日的高强度准备，新商场一切就绪。但这个专为筹建新商场的"突击队"后来被人诟病为过于活跃、过于全能。一旦新商场完成开业，这帮"突击队"很快会消失，被派驻到其他筹备开业的"前线"。商场立刻会正式交到商场经理手中，而缺乏指导的新商场会陷入各种忙乱之中。

英格瓦·坎普拉德明白这一切问题，但他一直站在幕后没有发声。他一开始并没有干涉这些年轻人迸发的激情——这是他致命的弱点——但也有人认为这恰恰是他的精明之处，坎普拉德总是等到"绳子用到尽头"，问题充分暴露才会去干预，从而一劳永逸地纠正错误。正如扬·奥林所说，坎普拉德鼓励他们犯错误，因为犯错总比什么也不做强。

宜家人开始停下来反思，发现对外扩张不能以宜家精神的丧失为代价，两者的重要性应当是等同的。这些错误带来的血泪教训被总结为今天的"宜家之道"，并且成为全球宜家人必须学习的经典。而《一个家具商的誓约》就是学习"宜家之道"的第一本必读教科书。"宜家之道"致力于将管理者培养为在宜家王国传播宜家精神的大使——而首批成为"宜家之道"终生讲师的就是最具反叛精神的扬·奥林。

"小集团"在今天的宜家已经绝迹，也不再可能出现。无论在精神上还是物质上，宜家内部都比过去更加统一。这从"宜家之道"中就可以看出来，在下面的章节中我们将会详细讨论。尽管如此，但宜家依旧飞速发展，几乎没有任何停下来喘息的机会，只不过现在它更冷静，步伐更加稳健，也更注重守成。只要宜家愿意，像原来那样草草地在各地扩张和开商场绝非难事，但现在开商场的任务都由"突击队"配合地方团队共同完成。

宜家集团对地方的管理权力已经下放，这是为了充分发挥大区经理管理的优越性，与此同时，宜家概念的良好推行也越来越可控了。

当然，有时候宜家内部也会爆发激烈争端，甚至某种程度上希望回归原先国际"突击队"的旧时光。然而，建立新商场的成本总体在上涨，投入逐年增长。现在采购商业地皮的成本也逐年递增，这迫使宜家必须找到全新的解决方案。比如，1998年，宜家在德国斯图加特（Stuttgart）市郊一块仅1.3万平方米的地方建成了一座营业面积达2万平方米的商场。商场楼顶设有两个停车场，下面一层是家具区，再下面一层是周边设施区，底层是另一个停车场。这家商场的建设成本惊人，耗资8000万德国马克，但仅在斯图加特排第二。

如前文所述，现在新商场的理想选址是靠近大型购物中心，希望凭借各类多元的商铺为宜家吸引更多客源，所以现在新商场的成本都接近亿万克朗，有些甚至更高。而这些商场都由宜家直营，外部资本不敢问津。

商场选址是商场盈利的重要因素，但地理位置只是要素之一。商场存亡的关键之道在于能否良好地实施宜家这套独特而复杂的经营理念，这套理念就是宜家人推崇的"神圣理念"。我们将在下一节中详细阐述。

神圣理念

> 你们的话,是,就说是。
> 不是,就说不是。若再多说,就是出于那恶者。
> ——《圣经·马太福音》

在宜家事业中,没有什么能像"宜家理念"这样既引发永无休止的争论,又能达成如此和谐的一致;既网罗了众多才华横溢者,又能吸引很多特立独行者。没有什么比"宜家理念"受到创始人更多的关注,他像慈父般小心呵护着"宜家理念",殚精竭虑地确保所有商场能够贯彻执行这一理念。没有什么比偏离"宜家理念"更让人敏感,也没有什么比坚守"宜家理念"更为重要。然而,对这一理念的具体解读和应用却一直在变。

英格瓦·坎普拉德反复坚称,"宜家是一个理念",这听起来既是一个美好的祝福,又是一种宽容,也是一个呼吁,但归根结底是一个命令。"如果坚持这个理念,我们就能永垂不朽。"坎普拉德在一个深秋的夜晚对一群年轻的商场经理这么说。他们来自世界各地,齐聚在阿尔姆霍特,参加"宜家之道"的培训,眼中燃烧着渴望的火苗。

然而,神奇的"宜家理念"究竟是什么呢?

复杂点儿说,这个理念(不仅指宜家如何在全球销售商品,也指其整套思想体系）属于荷兰英特宜家系统的核心经营理念。它通过连锁经营的形式被授权给所有宜家商场（不论是直营店还是加盟店）使用。这个理念就像是开启潘多拉盒子的神秘钥匙。

简明扼要地说，这一理念的精髓都体现在《一个家具商的誓约》一文中，是英格瓦·坎普拉德举家移民离开瑞典之前，应员工们的迫切要求而写下来的，被奉为宜家的"圣经"。

坎普拉德在其中列出了9条"戒律"。这9条简洁的戒律中凝结了宜家精神的精髓：

1. 产品系列是宜家的特色

宜家应当提供各种各样设计精良的功能性家具家居用品，保证物美价廉，使大多数人都能够负担得起。

2. 宜家精神是强有力而充满活力的

热情、不断求新求变、勤俭节约、有责任感、对任务保持谦虚、简约是宜家精神的核心思想。"我们必须互相照应，互相激励。对那些不愿加入我们中的人，我感到很遗憾。"

3. 利润带来资源

宜家通过低廉的价格、优良的品质，积累资源，实现盈利。而要达成这个目标，就需要开发更多有经济效益的产品，改进采购业务以及节约成本。

4. 小钱带来大利润

"浪费资源就是罪过。"

5. 简单是一种美德

繁文缛节使企业瘫痪,"制订一步登天的计划往往会导致公司灭亡"。简单能赋予人力量。宜家人不开豪车,不住豪华酒店。

6. 解决问题另辟蹊径

"如果当初我们听取专家的意见,去咨询阿尔姆霍特这么个小地方是否适合建宜家,毫无疑问,专家肯定会反对。"宜家另辟蹊径,让门窗厂加工桌子框架,让衬衫厂生产靠垫,晴天提高雨伞的售价,雨天的时候打折。

7. 专注是成功的秘诀

任何人都不可能同时做所有的事,还能做到尽善尽美。

8. 勇于承担责任是一项特权

害怕出错是官僚主义产生的根源,也是发展的大敌。充分行使特权,发挥应尽的职责,做出决定。

9. 漫漫征途还在脚下，未来必有光明前途

10分钟能做很多事。让我们永远保持积极热情，把不可能变为可能。

以上九点仅仅是摘要，完整的《一个家具商的誓约》全文在1976年第一次印刷，迄今为止，经过数次再版，已向世界各地超过10万名宜家雇员发放。最新版的《一个家具商的誓约》于1996年在内部发行，全文共36页。

从此，宜家内部对《一个家具商的誓约》有了自己的"速记法"——一套内部常用术语表。这些术语都收录在《术语手册》之中，大多出自誓约原文。誓约中有些是生涩难懂的斯莫兰方言，不仅难以翻译，而且有些连阿尔姆霍特土生土长的本地人都不懂。为了避免误解，同时赋予这些术语新的现实意义，《术语手册》诞生了。它的作用就像信众们用以解读马丁·路德教义的《教理问答》。《术语手册》中包含了这样一些术语的定义：

谦虚和意志力；
简约和"人民大众"；
依赖经验与解决问题时另辟蹊径；
惧怕失败和地位；
宜家之道和官僚作风；
成本意识和责任感，力求面对现实；
伙伴关系与工作热情。

第四章
建立宜家帝国

很少有人会去想英特宜家代表了什么。英特宜家所起的作用就像宜家商业帝国在意识形态上的智库，它就像伊斯坦布尔苏丹后宫中的宦官目不转睛地守卫着苏丹最珍贵的绿宝石一样，誓死保卫着坎普拉德的商业理念。每一家商场——每一个宜家理念的被授权者和加盟商——根据经验法则，必须给英特宜家系统上缴其总营业额的3%。

截至2011年夏天，全球38个国家（和地区）中共有322家商场在遵照宜家"理念"运营。其中284家商场属于宜家集团直营，另外（17个国家和地区的）38家商场属于独立加盟店。譬如，希腊就有5家这种独立加盟店。只要商场购买（加盟）宜家的所有权的概念，它们同时就获得了英格瓦·坎普拉德和宜家在多年经营中总结的成功经验。此外，加盟商还要接受培训，参加研讨会，听取管理建议，并获得一本《加盟商运营手册》。手册中有些是强制规定，有些是强烈建议，对于商场外观的最佳解决方案，如何引导商场内客流，需要哪些室内装饰及装饰摆放的具体位置等都做出了详细的说明。

宜家理念就像大厨的烹饪秘方，虽然它属于商业机密，但每个人实地考察宜家商场的时候，都能从中琢磨出一些门道。这个理念让人不禁联想到可口可乐——在哪儿都能喝到可口可乐，但谁也不知道它的配方。

英格瓦·坎普拉德生动地描述了将这一理念付诸文字的过程。

> 1976年，我把宜家理念落实为文字的时候，阿尔姆霍特的那帮老部下都与我达成了共识——世界上任何东西都不能改变宜家理念，除非百分之百地肯定理念有错。确定这一点之后，大家便开始讨论细节问题。

但是，我们最终发现其实没什么需要讨论的。大家可以提出各自的解决方案，我们认真听取后尝试把这些想法融入既定的框架之中。宜家理念的框架神圣不可侵犯，但具体细则却很灵活，具有让人发挥创意的余地。

我不时听闻滥用这种自由导致的严重后果。比如，法兰克福的一家商场就完全违背了宜家理念，完全不按理念规定在入口处摆放客厅陈设，而改放卧室陈设。在我看来，他们的肆意行为破坏了家装推崇的合理设计思路——人们通常最先考虑客厅的设计，而整个客厅之中，沙发一般是大家最重视、最先决定的一件家具。

我从来没有遇到过任何例外。选完沙发后，人们通常才会继续挑选地毯、桌子，然后会选购椅子、书架或搁架，最后才考虑其他东西（厨房、卧室等）。为了满足人们不同的喜好，宜家商场通常会在第一个区域展示5种不同设计风格的客厅陈设——其中一款必定是超低价格的设计方案。当然，也有人抱着不同的目的逛宜家，可能只是要为婴儿房添置一件特定的东西而已。但一般消费者都会先从客厅开始选购。

任何商场想尝试不同的布局，都必须先向宜家理念的授权方提出申请。有些改变可能会被评估是否值得尝试。

这就是神圣理念的法则，它是一套动态发展的规则，是具有永恒生命力的商业理念。

比如，波兹南商场因为空间受限无法容纳宜家餐厅，他们必须提前申请获准特批。假如某个商场在入口处不想安置儿童游戏场，也必须提前申请获准特批。对于任何不能严格遵守宜家理念的加盟商，英特宜家系统的负责人都有权要求其停止使用宜家标识。

尽管现在说起宜家理念好像非常清楚明了，但在实际工作中难免引起冲突。事实上，很多人觉得理念的表述并不清晰，而且没有几个管理者能说清楚这套理念孰轻孰重。

不同人对同一句话的理解可能截然不同，这是产生分歧的根本原因——话传到最后一个人的耳中时，早已不复原来的面貌。

这可能和充满活力的商场经理们有一定关系。在过去，陆军军官必须会骑马。在宜家，每一个梦想在家居帝国闯出一片天地成为商场经理的人，都必须证明自己有足够的担当能力。现在也有不少女性有机会成长为商场经理。

在神圣理念的框架下，商场经理是一个商场的老大。但总有个别商场经理不听从总部授命，擅自篡改神圣理念，因为对他们来说，遵守理念会造成负担。在20世纪80年代，一伙商场经理居然结成统一战线，挑战神圣理念的重要规定，公然藐视宜家历史，践踏第一批开拓者用血泪换来的宝贵经验。

现在这个为整个企业提供管理支持，从而掌控世界宜家商场的宜家集团里，设有一个专门的全职职位，负责严密监控所有宜家商场执行神圣理念的能力和力度。这个职位成为联系宜家集团和英特宜家之间的纽带，需要和商场经理携手合作，共同对全球宜家商场进行管控。假如某个商场想要尝试新举措，他们会先在英特宜家系统位于荷兰代尔夫特的试点商场进行测试。

斯塔凡·耶普松发现，英格瓦在清晨突击检查中经常会问某些重复的问题（英格瓦经常喜欢在清晨5点30分不打招呼就突然造访商场，和一早送货的工人攀谈。商场安保如何？商场早上是否提供咖啡？这些都是他喜欢了解的问题）。

在每次可能长达13个小时的检查和巡店的过程中，英格瓦发现有150～200种类似的抱怨及投诉总是频繁出现，而且每次听到这些投诉，他都感到特别沮丧。他可能在想：我的老天哪，同样的问题反复出现，怎么就没能得到妥善解决呢？

斯塔凡·耶普松开始关注这些投诉，寻找相关责任人，责令他们在规定时间内对出现的问题进行有效整改。宜家迫切需要一套可以客观衡量销售效率的评价系统——商场怎样布局最好？宜家餐厅是否符合宜家之前那些尚未形成具体条例的模糊的基本规定（比如，"在淡季值得顾客专程造访，在旺季能最大限度地为饥肠辘辘的顾客提供餐饮服务"）？

耶普松随英格瓦考察之后，起草了一份系统性的"商业评估标准"。根据这份评估标准，检查小组由9名专家组成，专家从数量相同的团队中逐一挑选。他们会选出一些"倒霉"的商场，并对商场展开全面彻底的检查。专家们在检查过程中使用一张流程表，确保每个"巡查员"一天内就能完成对一个地区或一家商场的巡查。"巡查员"会在流程表上打钩，记录宜家理念在商场的具体执行情况，最后再决定商场是否通过本次检查。

最初设计时，一些重要原则就是神圣不可侵犯的，因此商场必须在这些项目的检查中获得高分，其中包括宜家餐厅（"顾客饿着肚子是不会有心情买东西的"）、儿童托管区（"孩子在脚边大哭大闹时谁能做出重要的购买决定"）、洗手间（"不能因为内急影响顾客买或不买"）以及设在收银台外面的小卖部（耶普松称之为"休闲放松部门"——顾客逛完商场结完账，已经累到精疲力竭，此刻每个人都需要"犒劳"一下自己，用超低的价格就能喝上一杯咖啡，吃上一块杏仁蛋糕或者一根热狗）。

第四章
建立宜家帝国

检查商场的各项标准是在各个国家和地区的宜家组织董事会进行商议之后共同投票决定的。简洁和清晰明了是标准的关键。评估标准的建立实践了英格瓦·坎普拉德多年来凭借自身经验和直觉推行的那些原则，并不断系统化，使宜家在他退居二线后也能长期保障质量，保持发展步调，保证长久盈利。

宜家在德国掀起销售狂潮后，开始建立小型城市中心店。在这样的小型目录商场，消费者可以亲眼参观《商品目录》上的产品，然后通过预订享受送货到家的服务。这种商场并非独创，实际上早在20世纪50年代在阿尔姆霍特就有了第一家宜家家具展厅。

英格瓦的左膀右臂——扬·奥林、曾在"柏林墙"倒塌后成功打造俄罗斯宜家的鲁内·莫滕松（Rune Mårtensson）和伦纳特·达尔格伦（Lennart Dahlgren），三个人一起在地图上沿着莱茵河流域翻来覆去找了个遍。他们想找的是一个相对较大的城镇，希望能作为兴建德国宜家商场的地址。最后他们一致选出了位于德国西部的城市科布伦茨（Coblenz）。莫滕松随即接下了这个任务，要在一个月内在科布伦茨建成一家目录商场。

一个月以后，扬·奥林想知道莫滕松的任务完成得如何，就亲自跑到科布伦茨去看个究竟。然而到了那里他连商场的影子都没找到。"什么？科布伦茨？"莫滕松惊声大叫起来，"难道不是康斯坦茨（Constanz）吗？我在康斯坦茨已经辛辛苦苦干了3周了，商场才刚落成。"

这个逸闻趣事就这么被收进不断丰富的宜家帝国野史中了。

（直到1999年，宜家在科布伦茨都没有买入任何的地皮和建筑物，科布伦茨宜家于2006年才开业。当然了，有总比没有强。）

从阿尔姆霍特走向世界

我在宜家工作的 7 年间去过无数次阿尔姆霍特，
从来也没见过一头麋鹿。但上周六我居然在路边看到了一头麋鹿。
而昨天，我居然见到了英格瓦·坎普拉德。这周我真是太幸运了！

——"宜家之道"培训项目中一位英国员工的评论

1997 年，通往阿尔姆霍特一家旅店会议室的楼梯间挤满了人。22 位年轻人齐聚一堂，他们大多数都穿着宜家的运动衫和牛仔裤制服，担任的都是行政管理岗位。他们此次前来阿尔姆霍特是为了参加公司举办的重要活动——"圣经学习"。"圣经学习"提供为期一周的培训，旨在在宜家王国内培养更多的年轻骨干，使他们成为传播宜家精神的大使。

活动的气氛高涨，就像高中集会。大家眼神中充满了期待，满怀敬畏之心，对经过千挑万选后能有幸参加培训充满了感恩。大家胸口上都贴着一枚绿色的心形名牌，写着各自的名字。商场老板、主力买手、家具专家、环境专家、高层管理者，宜家各个岗位的管理人员蜂拥而来，从世界各地——巴基斯坦、中国香港、加拿大、美国，以及欧洲的各个角落（包括瑞典），飞抵韦克舍机场。所有人中只有 5 位是女性。

在接下来的几天内，他们的培训涉及不同的主题，但都紧紧围绕着《一个家具商的誓约》。受训者将会学习宜家的历史和产品系列，接受采购、分销以及商场设计方面的培训。在宜家，一名讲究节省成本的优秀管理者是不分工作日和非工作日的，时间要靠"挤出来"，周日晚上也会争分夺秒地工作。简单的欢迎晚宴刚刚结束，他们马上就进入状态开始自我介绍了。在他们身后墙上的醒目位置写着像宗教语录似的脍炙人口的宜家理念：

> 宜家应当提供各种各样设计精良的功能性家具家居用品，保证物美价廉，让大多数人都能够负担得起。

过去"宜家之道"培训正式开始前都有一项重要活动——所有受训者都受到英格瓦·坎普拉德的接见。但现在，这已经成了一个让人怀念的过去。年迈的创始人无法再继续像一位无处不在的慈父般莅临培训现场，只好用现代科技弥补这一遗憾。大家聚在一起看了一场精心剪辑的纪录片，叫作《追寻英格瓦的脚步》，这部电影曾出现在很多场合。摄像机镜头近距离地追踪了他在瑞典宜家商场3次会议上的身影。这几次会议都如马拉松般漫长，每次会议的时长至少12个小时。

这部纪录片是对坎普拉德领导思想的全面总结——不仅详细记录了他的思想，还展现了他对未来的高瞻远瞩。影片的镜头淋漓尽致地展现了他慈父般的关怀之心，从他每天固定的清晨巡店，和卡车司机的攀谈，到简朴的热狗晚餐（只花费了4克朗）……过去，当英格瓦·坎普拉德的身体还很健康时，受训者还能幸运地和他进行互动。他会提前汇集受训者想问他的问题，再花一整天在附近的农场里阅读这些问题，逐一分类，仔细思考如何回答每一个问题。他向来这么认真。对他来说，这种会面不是套路，对这群人讲话非常重要。他经常抱怨自己的语言组织能力差，一篇演讲都得翻来覆去斟酌一周时间。英格瓦上台发言有些怯场，特别是用其他语言发言的时候。

每年英格瓦都会在固定时间回老家。他称之为"放假"，但实际上这个月通常都是他平衡账目，在下一个财年到来前参加宜家集团、斯地廷·宜家基金会、英格卡控股公司、伊卡诺，还有其他很多公司各类冗长的董事会议。在接受当地电台采访时，他曾承认，4周里他只出海钓了一次鱼，虽然钓鱼是他最喜欢的爱好之一，仅次于在森林里采蘑菇。

他和家人通常会在瑞典的波尔索过圣诞节——他和妹妹克尔斯汀分享了继承的遗产后，波尔索的农场就成了他在瑞典的定居地。波尔索现在是伊卡诺名下的产业，坎普拉德家族可以租用。莫科恩湖畔有一座三栋联排的别墅，坎普拉德家的三兄弟每年夏天都爱租住在那里。波尔索的农场里设有会议场所、游泳池和客房。顶层是英格瓦和妻子的私人专属空间，配套的家具全都是宜家自己的产品，除了一件特殊的家具——普利兰桌子，那是英格瓦70岁生日时波兰朋友送他的礼物。桌子正中央有一簇春日主题的花朵，从装饰物中小小的圆盒子里会有湿气通过管子喷出来，桌腿是非常坚固可爱的波兰伏特加酒瓶。

这个8月末的夜晚对英格瓦来说是应尽的义务，像其他春季"宜家之道"培训周一样神圣，像9月初的"英格瓦日"一样重要——那一天瑞典宜家的管理团队会向他展示新产品系列。

年复一年，他希望保证宜家长盛不衰的信念不断加强——"宜家之道"必须深入骨髓，否则无法保障未来。如果管理者不能将宜家的核心思想传递给他们的同事，宜家必将衰亡。

1997年的那晚，坎普拉德在地下室的临时博物馆里给出了答案，答案中也指出了这一点。从此这句话在成百上千个场合被报道和引用过：

> 只要保持宜家概念的神圣性，未来一切都会顺顺利利。

在阿尔姆霍特举行"宜家之道"培训是经历了"难产"的阵痛后才开始实行的。每逢新事物降生，总有一群爱管闲事的"接生婆"在旁边说三道四，而资深顾问坎普拉德总会带着"麻醉剂"在一旁守候。当"宜家之道"作为新事物降生时，很多人都在揣测它出现的原因。

有人说这是反思后的结果，因为沉浸在飞速发展的喜悦中的人早已忘了本；而另一些人则认为"宜家之道"是保障宜家未来发展的必要举措。

一直在英特宜家负责守护神圣理念的马茨·阿格曼被委任为这一培训的负责人。他最初的设想是，把所有受训者从日常生活中隔离出来，远离外界的尘嚣与喧闹，强迫"学徒们"团结起来。所以，他把大家聚集在阿尔姆霍特郊区的一家会议中心，因为这里是神圣理念诞生的"圣地"。

> 阿尔姆霍特之所以成为所有宜家人的麦加，不仅仅是因为我们念旧，还有很多理性的原因。其中一个重要的原因就是，阿尔姆霍特能够传递"瑞典设计"的特别信息——明快、简洁，并且功能性强。我说过很多次，我们不用教比利时人如何购买比利时产的五斗

橱，他们自己就能做得很好。宜家能做的是带来独特的斯堪的纳维亚风情，而这正是北欧生活理念的一部分。

假设我们当初不是在阿尔姆霍特，而是在德国慕尼黑创立宜家，随着时间的推移，必然会有更多德国设计师和越来越多的非瑞典产品开发人员参与设计团队，这就很容易偏离宜家的正宗瑞典路线。宜家在斯莫兰早已因勤俭勤奋的精神无人不知无人不晓。精神有时和后天的教养没有什么关系，而和受到历史与环境的熏陶有关，阿尔姆霍特就是这样一个典型的范例。每个公司都需要自己的根——植根过去方能奠基未来。

宜家精神是在斯莫兰这块热土上培养出来的，是自然焕发出来的。我身为斯莫兰人，同时也是一个理智的人，我打心眼儿里把阿尔姆霍特当成宜家的心脏，当成宜家的精神家园。

宜家成了民族主义的复兴之由，斯莫兰特色在宜家被发扬光大——宜家餐厅供应的肉丸子和熏肠的产地就是瑞典小镇。宜家家具的命名依然主要使用瑞典语，人们已经习惯了字母 a 上面有圈（å），字母 o 上面有两点（ö）。宜家特有的瑞典风情激发了人们的购买欲望，而每件商品的外观都在阿尔姆霍特最终确定。设在收银台外面的瑞典食品屋销售的瑞典三文鱼、奶酪、鱼子酱已经成了一桩更赚钱的买卖。前面曾提到过的，宜家在传统食品出口领域占据领先地位。有一个电视节目就讲述了一个法国人朝圣般远赴巴黎宜家商场专程去吃瑞典肉丸子的故事。当瑞典文化走向世界，一切皆有可能，甚至可能征服美食之都挑剔的味蕾。

这些仅仅是宜家精神的大致框架，最重要的还是在具体执行的层面学习和研究神圣理念的具体组成要素——采购政策、生产管理、家具产品系列、惊人的低价、民主的设计、简约、灵活,以及帮助每个家庭实现梦想。

宜家精神深深渗透在这个庞大的商业帝国的所有血脉中,这充分体现在安德斯·莫贝里和英格玛·古斯塔夫松的接任上。1986年,安德斯·莫贝里接替退休的英格瓦·坎普拉德成为宜家集团的当家人,他也是阿尔姆霍特附近农场的农民的儿子。英格玛·古斯塔夫松,为伊卡诺第一任首席执行官,也是从离阿尔姆霍特几千米的地方走出来的。

所以,阿尔姆霍特在各个层面上帮助宜家巩固了其实力,宜家越是坚持瑞典特色,它的全球化进程越快。宜家《商品目录》依然在这里编辑,翻译成30种语言,至少出版60个版本,为后续2亿份《商品目录》的印刷提供设计。瑞典宜家的负责人会列出所有的新商品系列,而其他世界各地商场的产品经理都需要赶赴瑞典宜家订货。

就这样,管理被提炼为一种精神和信念,冰碛平原上走出了一门哲学。阿尔姆霍特,阿尔姆霍特高于一切……

第五章

激变时代的领导艺术

我是唯一一从零开始见证宜家故事的亲历者。

"拥抱"管理的艺术

> 我拥抱过的人肯定不止几千个啊!
>
> ——英格瓦·坎普拉德

英格瓦与自己喜欢的人相处时习惯用肢体语言来表达情感,而他喜欢和欣赏的人特别多。这可能是因为刚开始时,对他来说,家即公司。我们第一次见面时,他就给了我一个结实的拥抱。后来我们告别时,他又送上了一个更有力的拥抱。有时候他会像一个真正的俄国人那样亲吻我的脸颊。早餐时,他关心我的健康问题,在我盘子里放一片人参作为补品。"在丹麦,人参的价格会便宜一半。"他会把这当作一条消费信息讲给我听。他自己会同时服用一片人参和一片阿司匹林——据说这样可以预防心脏病。

每次见助理时,英格瓦通常会抓着他们,说话时双眼注视着对方的双眸。我发现他与助理讨论问题时,常常越说越靠近,好像在和亲密的伙伴分享小秘密。每次谈完话,他必定会以一个拥抱结束。

类似的故事在创业初期特别多,这段日子在英格瓦的记忆中弥足珍贵。他过去和一些同事到东欧出差时,曾合住在简陋的酒店中。晚上,他们会彻夜漫谈搁架与生活,往往到凌晨才睡。如果房间里只有一张床,那么他肯定会睡在同事脚边,就像小时候在艾尔姆塔里德农场睡在好朋友卡勒家一样。正是因为英格瓦·坎普拉德这样的癖好,他们的酒店费用减了一半。而且最重要的是，大家共处一室，增进了亲密关系。

之前和宜家传奇人物朗纳·斯泰特一起去波兰时（请参见波兰一节），英格瓦总会起得更早。等斯泰特起床时，英格瓦总会帮他清清烟斗。这样一来，斯泰特一睡醒就能在早饭前抽上几口了。

多和别人共处一室，这样才能更深入地互相了解，这是坎普拉德家的规矩。他将这个规矩传给了三个儿子——他早上会躺在儿子的卧室里讨论英国产品系列等问题。

如此需要肢体接触，让很多人好奇英格瓦·坎普拉德究竟是怎样的人。在与一位经理热切长谈后，英格瓦热情地张开双臂拥抱了他，满怀感激与鼓励地在他两边脸颊上各亲了一下。

两位波兰总监表示很尊敬英格瓦，因为他作为欧洲人，表达感情的方式也很"欧洲"。其中一位记得，在布达佩斯首家宜家商场开业后，大家围坐在英格瓦所住的小旅馆的房间地板上，唱着民谣，发表演讲，一起拉着手庆祝，一切都是那么美好。英格瓦和玛格丽塔彻夜都陪着大家。

当英格瓦和儿子们在一起时，他慈父的一面显露无遗。

父子间的对话可能是关于椅子、搁架或者胶合板问题，对话中无不流露出英格瓦作为大家长的慈爱。这位父亲会滔滔不绝地向早已成年的儿子们讲道理，长篇大论地漫谈商场经，也会到家具帝国的各个角落访问考察。他对价格、名字等一切事情都记得一清二楚。偶尔，儿子们也会打断他的话，即便是一两个问题，也往往引发他冗长的回答。这就是一位慈父对孩子最温柔的宠爱，希望把自己熟知的一切都传授给他们。儿子们从父亲的经验中汲取营养，父亲也在试练儿子们在知识、投入以及注意力方面的极限。

三个孩子是否已经足够成熟？什么时候才能有一个成长为接班人？是其中的哪一个呢？还是三个都有可能呢？

睡前道晚安时，英格瓦喜欢抚摸儿子们的脸颊。第二天道别时，他会把手放在大儿子整齐的胡须上，带着漫不经心的慈爱抚摸他的下巴。真正道别时，他还会亲吻儿子们，不是一下，而是好几下。而且儿子们也很乐于接受这些父爱的表达。他们敬爱父亲，虽然此刻眼中已经露出倦容，但脸上依旧挂着谅解和崇拜的笑容——爸爸，您真了不起！

英格瓦谈到宜家时，经常会把宜家和家庭这个词相提并论，他认为这两个词是共生的。而伙伴这个词也时常出现。家人与伙伴永远不会消失。宜家从一开始就是并将永远是一个大家庭，宜家人在全世界的伙伴会越来越多。

这就是那个伙伴们同处一室而眠的宜家。

他们应该出售一款适合大家挤在一起睡觉的沙发，名字应该叫"英格瓦"。

20世纪60年代，这位企业巨头曾在欧洲旅居。在他身边的不是秘书，而是他年迈的父亲费奥多尔。费奥多尔当时担任董事会主席。

所以宜家故事的开头不只是荒凉的冰碛平原，还有家庭。家族模式在宜家的各个方面被不断重复，它是管理技巧、组织形式，也是商业手段。彼此欣赏的人一起合作，成绩会更出色。如果一个拥抱就能表达彼此的喜爱和欣赏，何乐而不为呢？再说了，拥抱不仅不用花钱，而且很奏效。

在"邮购公司"阶段，工作与闲暇可以有机结合，那时候的原则是"人人为我，我为人人"，那时候公司即家，家即公司（谁能搞清楚"是先有鸡，还是先有蛋"的问题呢）。英格瓦用了很长时间才渐渐接受一个事实：并不是所有人都会从大家庭的角度去思考和行事。他从来没有强制大家周末工作。大家这么做完全是自愿的。

但当工会参与以后情况急转直下。就像前面提到的那样，英格瓦几乎把这视为人生的一次惨痛教训。

过去的日子是如此纯真美好，那些和伙伴们亲密无间的记忆如今只能埋藏在记忆深处。英格瓦操劳一生，只为守护他挚爱的宜家，他爱与他共事的人，爱宜家这个大家庭。英格瓦终将证明，神圣理念能够支撑宜家在全球化的 21 世纪继续蓬勃发展。

英格瓦总是居安思危，盛必虑衰，他忧虑的是宜家的兴衰。因此加入宜家大家庭的人，特别是担任重要岗位的人，必须是志同道合的一路人，或者至少信念要一致。正是因为这一点，英格瓦经常找部下谈心，不论是老员工还是新员工。他通常花好几周、好几个月甚至好几年去接触、考察一个人，反复思虑后才决定人事任用——这个人能融入大家庭吗？是否节俭谦逊？能否深入理解服务大众的理念？就像他的一位部下所说：

> 有时候英格瓦会很焦虑。有一次我们聘用了一位新的产品经理，所有人都对他特别满意。于是英格瓦把他邀请到农场谈心，还给他做了鱼汤。但之后他一晚上无法入眠，第二天一大早就跑来告诉我，他对目前我们任用的这个人挺失望的。说是这位新的产品经理的核心价值观和我们的不合拍。他这么说我挺遗憾的，毕竟我们有专门的团队在负责任用最合适的人才。

英格瓦的另一个忧虑早在斯莫兰时就已经显现。那时候所有人都理所当然地认为，凡事英格瓦懂得最多，所以应该由他来做决定。这也难怪，宜家开创的头十年尽管有家人帮忙，但实质上还是他一个人的公司。这导致下属独立完成任务之前总喜欢问："英格瓦会怎么说啊？""你觉得英格瓦会怎么想呢？""英格瓦之前说……"

宜家成立初期，一切决策好像都来自英格瓦青年时期的思想。从17岁的少年到85岁带着心脏起搏器的耄耋老人，人们对英格瓦的期许从来都没有变——他永远都能找到最明智的解决方案，因为他就是智多星。大家都这么说：

> 现在和以前一样……不管是对还是不对，我们言必称英格瓦。"英格瓦曾经说过……"这个托词特别好用。他随便一句话都能立马变成真理。记得有一天傍晚，英格瓦从丹麦大老远开车去阿尔姆霍特商场。到的时候已经6点打烊了，所以就没能进商场。结果他失望地埋怨起来，说自己居然进不去自己的商场。从那以后很长一段时间，我们总是等到晚上8点才敢打烊，因为谁也不敢再次激怒英格瓦，让他进不了门。没料到，他后来居然改成清晨6点溜进来。天知道他是怎么溜进来的……

"拥抱管理的高尚艺术"就是拉近人与人之间的关系——是这样的经营之道帮助宜家重振雄风，既让员工感到温暖贴心，又充满活力，但同时也会造成危害。英格瓦的认可（虽然他并不认为是那样，至少不完全是……）能够扫清前进道路上的层层阻碍，但他的反对也会让人蒙上阴影，止步不前，即便那个人的初衷是好的。如今的宜家已经演变为超级跨国公司，每个雇员都会问的终极问题是：如果有一天英格瓦真的不在了，会怎么样呢？

对这个问题思忖最多的人其实是英格瓦自己。

青年时期的错误

莫要追念我青春的罪愆。

——《圣经·旧约·诗篇》

  人生的旅程就像一部宏伟的史诗：岁月长河中的每个阶段都是独立的诗篇，却又交相辉映。每翻开一页，在字里行间细细考据，新的历史沉淀和史实脉络就会随之显现。英格瓦·坎普拉德过去那段不光彩的亲纳粹和法西斯的历史就是一个活生生的例子。今日的辉煌诗篇更衬出年少轻狂的满纸荒唐，过去那段不为人知的历史浮出水面后，坎普拉德内心夹杂着复杂的感情。

  媒体对这段历史有自己的解读，丑闻以病毒扩散般的速度传播，很快就铺天盖地。一段已经褪色的不光彩历史如今又被挖出来放大渲染，好像昨天才发生。随着一轮又一轮的媒体轰炸，人的自尊心会被动摇，良好的信誉将一扫而空，亲朋好友都会开始疏远，同情者和支持者必将落荒而逃，就算是传奇人物，也不可能刀枪不入。

  宜家的员工通过这些所谓的"曝光"才了解了坎普拉德的历史。这个消息很快在宜家内部引发了一场大地震。这次事件既是对宜家整个组织架构的检验，也是对相关责任人个人的试练。这次丑闻事件关乎宜家的存亡，考验的是宜家人根植内心深处且培育多年的企业文化。这次事件不仅让公众重新认识了坎普拉德，也重新塑造了宜家的品牌形象。

第五章
激变时代的领导艺术

　　这次新闻事件在20世纪90年代先后两次掀起过舆论高潮，2011年8月卷土重来。丑闻事件让英格瓦·坎普拉德刻骨铭心地体会到，如今这个时代可能没有谁，至少没有哪个公众人物能侥幸回避自己的过去。

　　1994年，从10月21日到12月9日，整整46天，曝光英格瓦·坎普拉德涉嫌与极端民族主义组织——瑞典新纳粹（Nazi Neo-Swedish）有染的报道被传得沸沸扬扬，全球宜家都把应对此次新闻事件当作头等要务。当时最大的瑞典报纸——《快报》（*Expressen*）刊登了一系列文章并大规模发行后，3.7万名宜家雇员、上百万宜家消费者以及其他利益相关方纷纷站出来要求坎普拉德说明真相。

　　1998年春天，此次丑闻事件的余震再次引发热议，前一次没有曝光的信息被暴露到公众的眼皮底下。但包括2011年的数次余震都没有从根本上影响宜家的发展大局。

　　1994年在第一次于全球范围内引发媒体的口诛笔伐以及舆论的高潮下，不少宜家人都不幸受到滋扰，包括主角坎普拉德、他的媒体发言人，甚至是基层的一线员工。

　　一切故事都要从1994年10月21日说起。那天上午，斯塔凡·耶普松在哈姆勒贝克总部的办公室与《快报》的记者佩勒·塔格松（Pelle Tagesson）进行了一次并不愉快的访谈。耶普松同时兼任宜家集团董事总经理安德斯·莫贝里以及英格瓦·坎普拉德两个人的助理达4年之久。坎普拉德和莫贝里达成协议，希望以此保持彼此信息透明化且避免冲突。耶普松长年陪同坎普拉德出行，他因工作时冷静且有职业素养，加之积极参与环保事业，赢得了坎普拉德的信任。

　　塔格松强烈要求耶普松直接安排他采访坎普拉德，强调有非常重要的事要采访，却死活不肯透露是什么事。"如果不知道是什么事的话,我没法给你安排任何事。"耶普松说完就挂断了电话。话音刚断,塔格松就立马打回来吐露了实情。

"这事和恩达尔有关,我只能说这么多了。"他说。耶普松听完马上就明白了。

1994年,瑞典国家档案馆解禁了一批尘封的绝密档案。其中一些材料显示,坎普拉德曾加入纳粹组织——新瑞典运动领袖佩尔·恩达尔的小团体,在思想意识形态上亲法西斯主义。之后出版的一本描写纳粹主义在斯科恩活动的书——《卖国贼中心》(The Quisling Centre),就是根据这些历史档案撰写的。这本书中也出现了坎普拉德的名字。

由此,宜家开始了有史以来最困难的媒体攻防战。作为坎普拉德的私人助理,斯塔凡·耶普松只好放下日常工作,之后的6周都在忙着应对此事。

就像之前所说的,他并非毫无防备。

后来他回想,1990年秋的一个晚上,他和坎普拉德,还有同事伦纳特·埃克马克到德国出差,飞抵德国索林根(Solingen)后,大家决定出去喝一杯。经历了一整天的疲惫,大家喝着啤酒聊起了瑞典著名作家威赫姆·莫贝里的反法西斯主义作品《今夜行车》(Ride Tonight)。

当时坎普拉德不由自主地拿埃克马克跟自己做比较。埃克马克在20世纪60年代敢于打破传统,而他自己在20世纪40年代则陷入了迷惘,对亲纳粹的新瑞典运动产生了兴趣,并被运动灵魂人物佩尔·恩达尔的"魅力"蛊惑。

刚以85岁年龄去世的佩尔·恩达尔究竟是谁?世人对此人评价不一,有目共睹的是,恩达尔虽然在意识形态上有严重的缺陷,但极具天赋、聪明能干且擅长做学问。他曾编著过大量文字:数不清的宣言、诗歌，20多本书，编辑过希特勒的演讲集。

恩达尔当年曾经在地方创建瑞典法西斯组织的分支机构，并一度属于位于瑞典南部的自称"瑞典反对派"的亲德运动党派。恩达尔自创的"党派"——新瑞典运动的基本思想是共同合作，以及建立德意志民族领导的"人种纯粹"的统一欧洲的思想结合体。瑞典反对派甚至在培训课程中公开讨论所谓的"共同欧洲方案"，提出将所有犹太人集中到一个特别的组织当中。恩达尔一直到第二次世界大战后都是顽固的法西斯主义者。

1942年，他把魔爪伸向了年轻的坎普拉德。

当斯塔凡·耶普松接到记者佩勒·塔格松的电话时并非完全措手不及，实际上他早就听坎普拉德亲口说过，而且他知道这个新闻的爆炸性犹如原子弹。最让坎普拉德恐惧的可能是随着解禁的绝密档案越来越多，所有关于第二次世界大战的动荡记忆将被掘出，而他作为知名企业的领导人，与恩达尔之间的历史必然会被暴露在公众面前，被用放大镜检验。身边的密友们都劝坎普拉德不要评论，以免招惹是非——这些事必定会掀起轩然大波。也许在索林根的那个晚上，坎普拉德已经流露出深深的忧虑，对两个满怀同情的下属坦白自己年轻时那些让人难以启齿的"病态行为"，让他减轻了一些自责。后来他一直把那段年轻时的错误称为"病态行为"。

现在再回顾英格瓦的一生，我们其实可以发现，他亲德的历史远比《快报》揭露的恩达尔事件早得多，甚至早得连英格瓦自己都记不清了。这一切都要追溯到他在艾尔姆塔里德农场的童年，追溯到他挚爱的德国祖母，追溯到他父亲费奥多尔的影响——这位穿马裤和长靴的"乡绅"本身就反犹太人。英格瓦还记得父亲从小就对他说，第一次世界大战后是犹太人把持德国外汇局，是他们破坏了普通老百姓赖以生存的经济。因为费奥多尔深信，是一个犹太律师把他家祖传的地产贱卖，并从中侵吞了不少好处。

费奥多尔和贝尔塔·坎普拉德、英格瓦在学校的老师鲁多夫·马尔姆奎斯特（Rudolf Malmqvist）及其妻子艾伦（Ellen）四个人以前经常聚在农场家里打桥牌。男人们在牌桌上总谈到德国（费奥多尔支持德国，鲁多夫反对德国），童年的英格瓦·坎普拉德就坐在一旁看大人打牌，"只要不说话"就能听到大人的很多言论。

当年英格瓦的祖母给他展示那些印刷精美的彩色《信号》杂志时，他也是这样不知不觉地受到了影响。《信号》是纳粹德国教育与宣传部部长戈培尔（Goebbels）用于宣传的舆论工具，其中关于德国青年的报道给少年英格瓦留下了深刻的印象。他认为"希特勒叔叔"为祖母家的亲戚们做了很多好事。

农场的信箱里也塞满了类似的亲德宣传材料，英格瓦热衷于各种宣传品。他说：

> 小时候我还会特意写信给各大报社索要更多的宣传品。总的来说，只要是免费的我肯定不会放过。那时候瑞典农民协会发行的周刊在瑞典农村地区特别流行。那些周刊上都印着带优惠券的广告，寄回优惠券就可以免费索取商品目录和各种各样的小礼品。就这样，我收到了一堆邮件和包裹，因此接触到了所谓的林霍尔姆党——瑞典最极端的纳粹组织，以及他们的新闻喉舌——《瑞典国家社会主义》（Swedish National Socialist）。我记不清了，不过也有可能，过了一段时间后我被招募加入了斯文·奥洛夫·林霍尔姆（Sven Olof Lindholm）组织的瑞典希特勒青年团——"北欧青年党"。当时我特别崇拜林霍尔姆和希特勒。

第五章
激变时代的领导艺术

但在记忆中,这段短暂的日子犹如蜻蜓点水般无足轻重,因为后来我加入了一个自认为更优秀的组织——恩达尔运动。林霍尔姆是个彻头彻尾的纳粹分子,是个残暴的瑞典希特勒党魁,行"希特勒万岁"举手礼,佩戴青年团臂章等。如果你崇拜他,那你就是一个纳粹分子。后来我一直羞于承认自己也曾是纳粹分子。

当1994年的新闻事件把我的一切私人经历公之于众时,恩达尔这个名字在我的记忆中也成了迷惘青少年时期的代名词,但林霍尔姆依旧在我那可怜的意识形态之旅中扮演了第一个偶像的角色。无论是我的兄弟姐妹,还是我在学校里的同学朋友,包括我自己,都不记得我曾在穿着上或者言谈举止上有任何表现让人觉得像纳粹分子。跟当时很多普通年轻人一样,我加入了射击俱乐部,服完兵役后还参加了志愿军官的训练,穿过军官制服,但这些和林霍尔姆党压根儿没有任何关联。有时为了钓鱼方便,我会借父亲的马裤穿,再登上一双橡胶靴子。我父亲的高筒皮靴就挂在艾尔姆塔里德农场的阁楼上,但皮靴是他的,不是我的。

有一天我家信箱收到了一卷宣传海报,上面印的是斯文·奥洛夫·林霍尔姆的大幅照片。于是我就骑车跑到村里张贴了几张他的海报。我可能确实尝试过发展一两个人成为组织成员,但假如我真的有过那样的想法,我也肯定压抑过这种念头。我读过很多和瑞典国家社会主义工党领袖——林霍尔姆相关的东西,就像我阅读的其他纳粹德国宣传材料一样多。那些宣传册上的言论和祖母的思想也很相似。

后来我终于跑去参加了一次林霍尔姆的集会,尽管没和他本人说上话。那时候我还只是个毛头小孩。我即便苦思冥想,现在也只剩下一丝模糊的记忆。只记得十一二岁时有一次骑车去小镇穆海达(Moheda),一路骑了好几个小时。那是在第二次世界大战爆发之前，因为我还记得那时有部叫《柏林奥林匹克运动会》(the Berlin Olympic Games)的电影（我对体育一向不感兴趣，所以记忆很模糊）。在穆海达，我见到了穿着青年团制服的年轻人，到处响着鼓乐，飘着彩旗，还有人劝我们也加入。

1941年前后，我还去参加了一次林霍尔姆的北欧青年党训练营，尽管父母并不赞同。在那儿有更多人会穿制服。晚上大家会点起篝火，聚在一起欢唱。对于我这样的一匹孤狼来说，平时根本没有什么至交好友，这种全新的伙伴关系满足了我内心的渴望，使我沉迷其中。

我猜后来我可能在某些场合加入了他们的党派，但现在已经找不到任何文字材料证明。另外，年纪更大一点儿成为青少年以后，我还参加了卡尔马地区的另一个政治周末聚会。这个聚会类似于研讨会性质，是我在奥斯比认识的恩达尔组织的。

1941年，我15岁。那时我已经在奥斯比的一所寄宿学校——联合中学就读，这也是我母亲的母校。我的外祖父母一直在为子女的教育存钱，所以我和小我4岁的妹妹克尔斯汀才能有幸在这儿就读。当时跟上普通学校的课程对我来说挺艰难的，因为我有点儿诵读困难症，至今我都记得整宿整宿躺在床上拼命背外语单词却一点儿都背不下来的情形。

我把林霍尔姆党的宣传品带到了奥斯比，并在书报亭买了一份《瑞典国家社会主义》。有一次我和两个男孩偷偷闯进学校阁楼，在那儿成立了一个秘密政治党派。我们三个人每人都有一本黄色小笔记本，里面画着纳粹的万字标记。我们甚至还割破了彼此的胳膊，把三个人的血滴在一起滴血结义。

此外，我没有做过其他出格的事。但我们的校长伯恩－哈德·伊松·埃内斯坦（Bern-hard Jisson Ernestam），还有另一位强烈反对纳粹的老师很快就发现了我的不对劲。因为我之前参加过一些纳粹相关集会，还在教科书和桌子上画过纳粹"卐"字标志。于是校长把我叫到了办公室，警告我"立刻停止愚蠢的行为"，因为我的行为已经触犯了校规。

尽管如此，我依旧不为所动地培养自己在政治上的兴趣，只不过开始学会了小心掩饰。有一天我发现了一份叫作《前路》(*Vägen Framåt*)的报纸。带回家读完以后，我给编辑写了封信，说我"对真正的瑞典文学和你们的报纸非常感兴趣……因此请您给我寄几份类似的免费样报"。

《前路》明显持亲德论调，而这样的观点并不稀奇，因为当时第二次世界大战还在进行中，希特勒赢得了不少战事。这一时期，我第一次直接接触到佩尔·恩达尔。恩达尔属于瑞典反对派，后来成了瑞典反对派的领导人。

我觉得恩达尔把他的党报办得特别好。有一期上说，恩达尔将会在奥斯比的一家酒店举办演讲活动，同时还刊登了相关的来信和通知。那次活动在1942年11月举办，主办方是奥斯比当地的一家出版社。我带着极大的热情参加了这场活动。我今天才意识到，恩达尔绝对是一个一流的蛊惑专家，而在当年，我可能会评价他是个特别聪明的演说家。至今我依旧认为他是个天才，当然了，他的政治观点除外。

那场活动来了50多人，而我"幸运"地在喝咖啡时被安排在他身边。恩达尔很友好地向我问好，问我叫什么名字。16岁的我觉得受到了他的关注，很骄傲。

自从那个晚上，我开始更专注地阅读恩达尔的文章，还有《前路》报纸——顺便说一下，这份报纸在任何书报亭都能买到。但矛盾的是，我同时还会购买另一份叫作《冲锋陷阵》(Trots allt)的报纸。这份报纸的政见完全相反，主编叫蒂勒·内尔曼（Ture Nerman），是个社会主义者，痛恨激进主义，反纳粹。蒂勒·内尔曼的报纸也很吸引我，但更让我心动的还是恩达尔。

内尔曼是个才智过人的作家，但恩达尔是个才华横溢的演说家。我从没遇到过比他更有才的人，这让我无法自拔。后来我还专门跑去听了几次他的演讲。我特别崇拜他，只要他组织集会，那几年间我肯定会去参加。通过这些活动，我偶然结识了新瑞典运动的组织者之一——帕姆奎斯特（Palmqvist），以及年轻的新瑞典运动领导人本特·奥洛夫·永贝里（Bengt Olof Ljungberg）。

这帮人实际上脱离于林霍尔姆党以及其他臭名昭著的瑞典纳粹组织之外，在政治和生活中都异常活跃。在恩达尔的组织里几乎没有人会穿过膝长筒靴——但我隐约记得永贝里是个例外——也没有人唱战歌，没有人穿希特勒青年团那种黑色裤子和褐色制服。大家都是普通人，而且其中很多人都很有同情心。我赞同新瑞典运动中关于合作的思想，也为他们建立"伟大欧洲"的主张无比陶醉。很久以后我才开始意识到，其实恩达尔的政治主张并不能救国救民，也绝非是实现民主自由、维护人类尊严的正确途径。

离开奥斯比以后，英格瓦在哥德堡读了两年商学院。这一时期他已经远离林霍尔姆党，开始频繁地参加新瑞典运动的各种集会，认识的"基本都是年纪大的人，年轻人很少"。其中有个集会的地点，后面墙上悬挂着瑞典国旗和新瑞典运动党旗，中间还有代表瑞典皇家的麦穗和宝剑的旗帜。会场上有几位慈祥的老太太在准备咖啡，新烤好的小面包散发着香味。哥德堡当地的组织领导人贝里奎斯特（Bergkvist）是一位生物老师，"极其友善，对人体贴入微"。有几次，英格瓦还被派到火车站接佩尔·恩达尔过来做演讲。

我得一路搀扶着恩达尔把他领到集会的地方。他的眼镜片比酒瓶底还厚，视力差到几乎看不见，根本没办法自己过马路。路过布朗提根（Bräutigam）最有名的咖啡馆时，我们会进去坐坐，喝杯咖啡。这位视力不好的新瑞典运动主席会让我朗读反纳粹报纸上的文章给他听。他会先让我读托里尼·塞格斯泰特（Torgny Segerstedt）的每日专栏。恩达尔坚持说他对这位希特勒的反对者非常尊重，称他为"一个简单的大好人"。

我发现自己特别容易崇拜并且信任那些天才，这些人具备的素质正是我所欠缺的。恩达尔在视力上的残缺让我同情，但他的能力和智慧让我崇拜。我刚读完的专栏文章，恩达尔能立刻默背下来，是的，一字不差地默背下来。这太让我震惊了。

他给我留下一种假象，认为他是那种有什么话都拿到台面上说的人——他能把自己伪装得很像，这一点其他任何人都做不到。面对我直截了当的提问，他向我保证说自己既不是纳粹、法西斯主义者，也不是种族主义者，只是在他的党派中确实云集了很多极端主义者。

现在回想起来，再加上后来才知道的一些事情，我才明白，他就是个彻头彻尾的种族主义者，不过即便是现在，我也看不出他特别反犹太人。他总爱说种族融合会造成恶果，在他看来美洲印第安人也是这样的。而我竟然如此愚蠢地被他洗脑了，居然相信了他反对种族融合的理论。

另外，我没从他嘴里听到过任何仇视吉卜赛人、犹太人或者任何人种的言论。但不可否认，他就是种族主义者。我当然能够理解新瑞典运动的章程，但我从来没读过。我天真地以为，只要恩达尔认为这个章程好就够了。尽管据说他后来的思想发生了转变，但对当时的我来说没什么区别。

1945年第二次世界大战结束后，我离开哥德堡，到韦克舍的林场主协会供职。那是父亲给我安排的工作。我在镇上参加了几次第二次世界大战后幸存的大批新瑞典党成员组织的集会。直至那时我都没意识到自己意识形态上的严重问题已经让我误入歧途。后来多亏我的好朋友伊瓦尔·彼得松（Ivar Peterson）指出我的错误，才让我迷途知返。他后来加入了《快报》，但很年轻就死于癌症。我非常欣赏他。

我很早就向这位好友倾诉过自己的"病态行为"，吐露过我与恩达尔的关系。伊瓦尔·彼得松马上指出了我思想上的迷失，并耐心地给我讲道理。我们成为亲密朋友后，他常像好兄弟一样耐心地听我倾诉，尽管我很久以后才开始转变。我像与其他人做生意那样跟他做买卖，先卖给他一只钟，然后又打算向他推销手表。记得他是这样回答的：

"亲爱的英格瓦，我每天回家时都路过教堂的钟塔，回家以后又能看你卖给我的那只钟，我还买手表干什么呢？"

当年40多岁的伊瓦尔·彼得松给了我这个20多岁的毛头小伙子很多很好的想法和建议，帮助了那个孤独又不成熟的我逐渐认清了"那群人"（他一直这么称呼恩达尔和他的党徒）的真面目。他是个大好人，竭尽所能地帮助我迷途知返走回了正路，就像后来宜家的忠诚律师奥拉·埃尔温所做的一样。

第五章
激变时代的领导艺术

当时这个世界变得很扭曲，有些事情越变越复杂。我和恩达尔有一阵子走得非常近，而且我很尊敬他。1948年我曾答应替他出一本书，书名叫《政治教育》，副标题大概类似于："政治上谁当家……发生过什么……怎样发生？"

这本书实际上是个人政论集，对从1809年到现代的瑞典及世界进行了历史性描述，并无意识形态上的隐喻。这本书也没有署恩达尔的名字，他用的是笔名"斯滕·荣松"（Sten Jonsson），也许是因为书中包含了12行关于"不属于任何党派的新瑞典运动"的内容。我们协定收到书稿之日即向恩达尔支付报酬。

这本书在许多省级报纸上收获了如潮的好评，但销量却不怎么样。我花了很长时间才付清了恩达尔的版税——每次都只支付他100克朗。我认为，也希望，最终付清了他的全部版税。

我很难和过去的偶像断绝往来，想到他的疾患更无法去伤他的心。渐渐地，我不再盲目相信他的教导，回归正确的轨道。而且最重要的是，生意逐渐占据了我大部分精力，使我无心过问政治。我应当与他绝交，但最终还是没有勇气说出不想与他有任何瓜葛这样的话，所以过了很长时间我还是没有与他断交。后来恩达尔给我寄来他的大部头著作——《西方的复兴》，扉页写着有些心酸的题献："献给沉默的，啊！如此沉默的斯莫兰丛林。"字里行间的意思是我的失联让他很受伤。这本八九百页的大部头书，我其实只草草地翻阅了几页（而我真的从头到尾读完的书，数量用一只手就能数完）。

恩达尔对我感兴趣并非因为金钱。那时候宜家规模还很小，营收勉强只够苟活。不是说恩达尔的政治活动不需要资金支持。假如他真的待见我，肯定有其他原因，但肯定不是金钱。此后很久，他曾对我经营宜家的方式方法表示赞许，称赞我作为商人在无阶级的基础上实现了新瑞典运动的理想。

第一次结婚时,我曾和当时即将当新娘的前妻克尔斯汀·瓦德林讨论过婚礼是否邀请恩达尔。我们还没做出决定,他就给我们寄来了结婚礼物——一块基纳山诗(Kinnasands)纺织厂(他的兄弟在那里当经理)生产的精美装饰面料。

他还特意为我们这对新人创作了一首诗,这下我们就更没有退路,不得不邀请他了。(恩达尔出版了好几本诗集,假如他的政治观点不是这样,假如他选择做一个诗人的话,也许会很成功。)我们之前已经邀请了为数不多的一些好朋友到索尔纳(Solna)的教堂参加我们的婚礼。

我们也给恩达尔发了婚礼请帖,我还写了封信请他在婚礼上致辞,因为我的前妻比较悲观,我希望他的讲话能让我的前妻振作起来。我在信里说:"我未来的妻子觉得人世艰辛,因为生活对她来说缺乏意义,任何事情都毫无价值。"

恩达尔出席了我们在斯德哥尔摩哈萨贝肯饭店(Hasselbacken)举办的婚宴,并发表了婚礼致辞。1994年秋,那封婚礼请帖和我写给恩达尔的信,都被作为我与纳粹有联系的铁证,刊登在了《快报》上。同年11月,恩达尔事件愈演愈烈,逐渐发酵成公众事件,深深地影响了我和宜家。

1998年春,相似的噩梦重演。这回还是《快报》,他们依旧通过专栏把矛头指向了我。现在他们发现我青年时期与林霍尔姆党人的一些接触,谴责我在1994年没有和盘托出所有的实情,认为这是一个重大丑闻。那么,我现在就做出解释。

我认为自己的思想观点早已从粗略的纳粹主义,转变为恩达尔更为"高大上"的法西斯主义。也许这样的转变在我内心已经算是改邪归正了：对结交林霍尔姆党人的错误过去，我感到深深的耻辱，甚至从未向妻子玛格丽塔启齿，这实在是太丢人了。我想，有恩达尔已经够了。

　　我还想强调一点，现在人们谴责的那些事发生时，我还只是个孩子。即便我能完全追忆起来，这些往事也都发生在至少60年前。当我彻夜失眠，反复琢磨这些往事时，我不禁问自己：一个老人在年轻时犯下的错误何时才能得到原谅呢？难道大家真的看不到我已经为自己的错误追悔莫及、伤心痛苦吗？我的祖母是德国人，父亲是德国人，这也是我的过错吗？就像我说过的：一个人年轻时的荒唐行为何时才能得到原谅呢？

公关危机反成公关案例

……我保证如实陈述，毫无隐瞒，尊重事实，没有增减，不做粉饰……

——瑞典法庭上证人的宣誓誓词

患难见真情。

英格瓦·坎普拉德年轻时与纳粹和法西斯主义有瓜葛的新闻事件，不仅告诉我们，一个人寻找信念的路程可能会很曲折，还告诉我们，当一个突发事件破坏公司的日常运行时，也有可能降低企业信誉并影响销售业绩。

没想到恩达尔事件后来居然成为商界精英们全面学习的经典案例，不是通过这一事件了解坎普拉德年轻时的离经叛道的八卦，而是从公司管理层面把它当成一个经典案例来研究。本书也将从这个角度来剖析恩达尔事件。

1994年10月21日，当《快报》记者佩勒·塔格松要求会见坎普拉德时，毫不夸张地说，他确实给宜家和坎普拉德的私人生活投下一枚重磅炸弹。坎普拉德被告知可以有一段时间的宽限期反思反思。

本来按照计划，英格瓦·坎普拉德和他的助理斯塔凡·耶普松应该在第二天飞往西雅图。塔格松得知坎普拉德已经启程，便赶往日内瓦，因为他相信坎普拉德也会从日内瓦乘飞机出发。但实际上坎普拉德和耶普松是从哥本哈根起飞的，于是塔格松扑了个空。但4天以后，坎普拉德还是在首都洛桑附近的欧伯纳宜家商场接受了塔格松和一位摄影师的采访，耶普松当时也在场。

本来在塔格松还没有出示他掌握的所有对坎普拉德不利的资料前，坎普拉德就已经决定知无不言言无不尽，想谈的甚至比他们想问的更多。原本采访进行得非常顺利，直到《快报》派来的这位使者给他看了几页文件。这些文件试图证明坎普拉德曾在1958年参加在马尔默举办的欧洲法西斯集会。

一瞬间，这一事件的性质改变了。恩达尔事件不再只是一个年轻人的荒唐出格举动，而演变为一个成年的商界领袖缺乏政治判断能力的问题。1958年宜家刚刚在阿尔姆霍特建立了第一家商场。那一时期的宜家正处于突飞猛进的发展期，英格瓦也早已无心过问政治。他根本不可能参加这样的集会，最关键的是他根本没时间——每天公司的大小事情都已经堆积如山了。

坎普拉德看到这份材料恼火极了，耶普松从没见过他像当时那样——满脸通红的坎普拉德一拳砸向桌面，他说这简直是满篇谎言，而他将会证明一切。

塔格松和坎普拉德可以说是非常不愉快地结束了这次会面。在宜家面谈时，他们彼此心里就已经清楚，这样的新闻一旦公之于众瞬间就会引爆。至于坎普拉德和整个宜家接下来将如何应对，那时候他们已经有了一些基本的指导方针。

坎普拉德希望把一切都摆到桌面上来。他说，假如碰巧，他在哪一点上记错了，或者他想不起或遗忘了某些不愉快的往事，那就这样吧，事实总会被暴露在日光下。他绝对不会尝试以任何方式掩盖事实的真相。这就是当天他定下的一条命令，但这条命令还存在一个问题。那就是，坎普拉德显然低估了自己过去对纳粹狂热迷恋的程度，正是因为这样他才结识了恩达尔。

1994年11月，整个宜家管理层都为这条命令行动了起来。一个类似危机小组的机构宣告成立，成员包括杰普森和伊丽莎白·扬松（Elisabet Jonsson，哈姆勒贝克总部信息部负责人），安德斯·莫贝里也在后方为他们出谋划策、保障安全。这个小组就在坎普拉德平时在宜家集团的私人办公室办公。在11月6日周日这天，坎普拉德亲自前往阿尔姆霍特，并任命莱夫·舍为他的新闻发言人。莱夫·舍后来也成了宜家元老，一直都是坎普拉德的至交好友。

那一天，正好有不少商场经理到阿尔姆霍特参加"宜家之道"培训。当天晚上原本安排了创始人与大家见面，并讲授《一个家具商的誓约》的第一课。在这被视为传承宜家精神的重要一课上，坎普拉德会给大家讲宜家大家庭的文化、斯莫兰精神，以及神奇的20世纪50年代的历史。

当天在阿尔姆霍特也成立了一个特别"作战"指挥部，因为当时大家都错误地认为《快报》会在周日当天刊登相关报道。莱夫·舍从此担当起了重要"作战"任务——获悉《快报》的新闻报道后，他就准备直接到国家档案局整理一下佩尔·恩达尔捐赠的所有文献材料。

所有这些准备都在同时进行。而坎普拉德也进入了每年的戒酒期。在戒酒期他不会碰任何酒精饮料。两天以来，他只喝了一杯周五开会时不知谁忘了拿走的咖啡，只吃了两个已经馊了的小面包。

经过两天马不停蹄地忙碌，现在大家已经准备好了所有文件和材料，准备好了迎接媒体"长枪短炮"的策略。周日下午当大家整理完最后一遍思绪时，终于感到了一丝如释重负，有人大喊道：

"现在去喝一杯！我们很值得庆祝。"

第五章
激变时代的领导艺术

"这辈子都别想！"坎普拉德一如既往地恪守着原则说，"这个月我要戒酒。"

当天晚上接见来自世界各地兴高采烈的商场经理们时——对他们中的有些人来说，这是事业上最辉煌的成就——坎普拉德看似平静镇定的外表下，掩藏着来自内心的沉重压力。坎普拉德正给大家上课时，莱夫·舍抱着一箱文件溜了进来。那些都是即将向新闻媒体和宜家员工们公开的材料，不仅驳斥了《快报》的不实言论和有可能将发表的无稽指控，而且能帮助所有人全面看待问题，对这一事件形成客观评价。

当晚坎普拉德连夜赶到了哈姆勒贝克，第二天他将要在这里接受新闻媒体的采访。

1994年11月7日周一的《快报》刊登的第一篇文章，上面有海报、大标题和占了4个版面连篇累牍的报道，大意都是在指控英格瓦·坎普拉德是一个活跃的纳粹分子。同一天，宜家内部也以内刊和会议的形式向全体员工通报了这一事件。一时间，电视、广播和报纸的记者们不出所料地涌向了哈姆勒贝克，围攻了路易斯安娜（Louisiana）北面的宜家办公室。各大新闻报道的镜头中全都是被人穷追不舍的坎普拉德，他面带怒气，满是绝望，疲惫不堪，心力交瘁。"未来还有很多事情等着我去做，难道非得让我浪费时间一遍又一遍地讲我毛头小伙子时代的想法吗？"

他的话语中透露出了抗争和克服困难的决心。事实上，这正是坎普拉德的强项。他一直像祷告一样念叨："只有睡着的人才不会出错。"末了还会在祷告后加上一句："问题带来机遇。""我保证如实陈述，毫无隐瞒，尊重事实，没有增减，不做粉饰……"他也可能引用法庭上证人的宣誓誓词。

世界各地的媒体对这一事件迅速地做出了反应。

两天以后，全球各大媒体——意大利、荷兰、法国、美国、德国等都开始相继报道这一事件，新闻标题中充斥着对宜家不同程度的夹枪带棒的隐喻，比如《隐藏在宜家橱柜里的纳粹骷髅头》(Nazi Skeleton in IKEA Cupboard)。

在媒体铺天盖地的报道之前，英格瓦·坎普拉德手写了一封致宜家全体员工的长信（他仍然保持手写书信的习惯），特别是写给他故乡阿尔姆霍特的那些人——他的核心部队，那些他称之为"家人"的亲密老部下。这封信发表在《阿尔姆霍特论坛报》(Älmhult Tribune)上，而这份报纸对宜家来说，就像政府机构之于某个政党一样。这封信一经发表就立刻被翻译成了各种语言。

这封信他修改了好几稿，其中一稿的题目曾定为《10天——迄今——我永远难忘的10天》。在信中，这位充满懊悔的慈父对家人们敞开了心扉，定稿的开头为"亲爱的宜家大家庭成员们"，标题是大写的"我最惨痛的失败"。

英格瓦通过这封信奠定了宜家内部对待这一事件的统一基调。他心怀悔恨地向员工们坦白了一切。许多人认为他请求原谅的次数有些多，但那就是他的风格。他把年轻时在意识形态上的错误与其他生意上证据充分的惨败进行类比，比如20世纪50年代在赫尔辛堡电视机厂损失上百万克朗那一次。他回忆了那位敬仰希特勒的德国祖母，简要地交代了她可怜的辛酸往事，交代了导致他亲德以及接触新瑞典运动的背景和原因。"这是这辈子最让我追悔莫及的阶段。"他写道。随后他还交代了为佩尔·恩达尔出书的苦闷事——而这本书后来又造成了另一场更大的惨败（他好像在说"我真是活该"）。

坎普拉德的这封信尽管是公开写给所有员工的，但仍不失为一封精彩的私人书信。这些文字就像是在跟自己的朋友吐露心声，披露了检验宜家精神的一次内心之旅：

> 每个人都曾年轻过，或许你也会在多年以后慨叹自己年轻时多么荒唐、愚蠢。这样的话，你一定更能理解我。而且，这全都是四五十年前的往事了。现在回过头想想，我早该把年轻时犯的错误算作一次惨败，但即使我再悔恨也是覆水难收，没办法洗掉过去的污点。

在信的结尾，他还提醒大家不要忘了宜家现在的要务——进军中国市场。最后他以那句经典的口头禅收篇："漫漫征途还在脚下，前途一片光明！"

两天后见报的一则新闻对坎普拉德来说是最具有杀伤力的。一家瑞典小报居然登出文章，"曝光"说"宜家初创期曾接受纳粹资助"。这则不实的新闻在1998年春天被反复炒作，而且得到了佩尔·恩达尔的儿子的证实。

如果说之前坎普拉德对这一事件的反应只是悲伤难过，现在则是怒火中烧。他一辈子从来不曾欠人一分钱，并以保持绝对的自由为荣。此刻居然有人指责他借过钱，这真是让他痛心疾首；不管所谓的资助是否来自法西斯组织，这一点都让坎普拉德无法接受。

"他们可以指控我谋杀，但不能诬陷我借钱。"他在荒唐的指责中保持着一丝幽默。

"看到这篇报道时，我的勇气真的开始动摇了。"几分钟后，坎普拉德居然流下了眼泪，却是因为另一件事——他看到了一份来自阿尔姆霍特的传真，上面集齐了公司几百名员工的签名，但正文异常简单：

> 英格瓦，你需要我们的时候，
> 我们随时支持你。
> ——瑞典宜家大家庭

收到这份传真的那一刻，这位大家长的情绪一下子崩溃了，他像个孩子似的哭了出来。稍后，他稳定了一下自己的情绪，给《阿尔姆霍特论坛报》发去一份手写的两页纸传真信件，标题是"流泪不止"。

在信中他热烈地拥抱了每一位员工，感谢他们的善举。他又一次表达了年轻时因结识恩达尔造成的耻辱，否认了曾为创建宜家而向任何人借过一分钱。新闻报道中声称的他向纳粹借钱的时候，宜家的总资产已经约有100万克朗，毫无必要向任何人借钱。

在这些事情发生的同时，来自世界各地媒体的不实报道通过传真像雪片一样涌进宜家。此刻，莱夫·舍已经在国家档案局把佩尔·恩达尔的大量通信与演讲资料研究了个透。坎普拉德交给莱夫·舍的任务就是找出一切可能把他与新纳粹党派扯上关系的文件，不论内容是什么，都要立刻出示给媒体，只要同时给他发一份副本即可。事实，唯有事实本身，会为自己说话。

莱夫·舍1958年就开始在阿尔姆霍特工作，历经千辛万苦，他终于找到了不少坎普拉德和新纳粹党派有联系的文件。在一封早期书信中（参见前文），一向勤俭节约的坎普拉德恳请《前路》杂志给他寄几份免费的杂志，并在信的末尾落款"来自北欧青年党的敬意"。

另一封未标明日期的书信则提到了新瑞典党希望从坎普拉德身上获得捐款，以便为哥德堡的组织提供资金援助。还有一份书信里，佩尔·恩达尔提到有一张 100 克朗的支票不见了,希望寻觅这笔钱的下落。但这些书信更让人感兴趣的是,其中的内容都说明全国家具经销商联合会当时正试图封杀年轻的坎普拉德,而整个行业的抵制造成圣埃瑞克斯展销会封杀宜家不让其参展(坎普拉德在写给恩达尔的信中说,他希望斯德哥尔摩的主流社会民主党派报纸能够在舆论上支持他)。

在第三封书信中,英格瓦·坎普拉德以 100 克朗(相当于 12 美元)订购了两卷恩达尔的著作《西方的复兴》(*The Renewal of the West*),并说了些对《前路》杂志的好评,还说希望恩达尔路过阿尔姆霍特的时候能和他见一面。

最后,莱夫·舍还找到了新闻媒体用来证明坎普拉德曾经参与 1958 年在马尔默举行的法西斯欧洲大会的证据。其实这所谓的证据只是一份向主席恩达尔捐款的捐赠者名单。根据这份名单的记载,坎普拉德没有捐赠任何财物。最重要的是,这份材料也证明了他并不像《快报》宣称的那样一直积极参与纳粹政治活动。

坎普拉德给员工们写了很多亲笔信,对自己年轻时的荒唐行径表达了明确的悔恨后(比如他在信中说"我非常羞愧""我很后悔""我那时真是愚蠢至极",还有"我不敢拒绝"等),这个丑闻随着时间逐渐淡去了。

尽管记者们已经没有什么料可爆了,但这一事件在国外造成的风波还没有完全平息。

洛杉矶西蒙·维森塔尔中心(Simon Wiesenthal Center)的犹太教拉比亚伯拉罕·库珀(Abraham Cooper)写信给宜家要求详细答复。因为这个宗教团体正考虑是否抵制美国境内的宜家商场,他们希望先搞清楚,为什么宜家在其他阿拉伯国家都有商场,却偏偏绕开了以色列。

宜家第一时间就对此进行了干预。一方面，安德斯·莫贝里亲自给库珀拉比回了信；另一方面，美国宜家总裁约兰·卡施泰特（Göran Carstedt）亲赴洛杉矶。卡施泰特的造访和莫贝里的亲笔回信最终说服了拉比，向他证明了宜家对以色列没有任何歧视。相反，宜家长期以来都和以色列有生意往来，并在积极进行市场调研，寻找在以色列开设宜家商场的可能性。

西蒙·维森塔尔中心对宜家的解释和处理方式非常满意。坎普拉德对其年轻时与纳粹有染的"痛苦反省"，以及他从未接受过任何纳粹个人或机构资金援助的保证得到了他们的认可。一场潜在的抵制运动就这样平息了。

这一事件标志着"纳粹事件"的结束——起码当下看似如此，危机小组可以解散了。宜家平安渡过了有史以来最严重的公关危机。在许多人看来，经过历练的宜家比危机刚出现时更强大了。回顾整个事件，宜家公关的关键在于事件主角坎普拉德在第一时间迅速做出反应，并展示了他解决问题的坚定决心。他以个人名义写给全体员工的亲笔信也起了很大作用。事件发生后坎普拉德在媒体面前的应对和表现，以及他明确表示绝对尊重事实和毫无隐瞒的态度——尽管后来发现，实际上他还是有所保留的——都有助于平息这场危机。

在这一阶段，一切的努力都卓有成效，这一事件逐渐平息下来。1994年12月7日，斯塔凡·耶普松在工作日志中提到，这一天没有任何媒体发难，既没有人找他，也没有人找伊丽莎白·扬松。这是自10月21日以来，他们首次风平浪静地度过了一整天。第二天，他们终于可以回归原来的岗位处理"手头的事"了，但耶普松仍要继续处理一切与坎普拉德年轻时的荒唐行径有关的"有害"书籍和文件，包括那本坎普拉德自己都没看过几页的《西方的复兴》。

第五章
激变时代的领导艺术

至此，整个恩达尔事件已演变为一个近乎完美的公关案例，值得任何管理层研究学习——我们应该对大众公开坦诚，将一切摆在台面上；不要给刨根问底的记者任何假甜头，只给他们真实的一手新闻素材——事实；一定要让当事人自己站出来发声，从他的嘴里讲出事实。

世界上没有比这更经典的公关教科书了。

本书首版尚未出版前，也就是1998年春天之前，所有关于坎普拉德个人生活的问题，以及他之前只暗示过或故意回避讨论的那些有关参与纳粹活动的事件，后来都被逐渐曝光出来。坎普拉德还是个农村少年时，曾去穆海达和阿尔沃斯塔镇听过斯文·奥洛夫·林霍尔姆关于瑞典纳粹组织的演讲，现在这些陈芝麻烂谷子都被挖了出来，成了报纸杂志上的巨幅大标题。1994年的丑闻事件被老调重弹，但这不是没有原因的。这一次舆论针对的主要是坎普拉德本人，因为之前他曾试图掩盖过部分事实的真相。

在上一节中，坎普拉德就已经剖析过自己青年时期误入歧途的心理动因——他从小受到家庭的保护，青少年时期又相对孤独，把他养大的严厉祖母来自苏台德，而亲生父亲又公开反犹太、亲纳粹。

这次英格瓦·坎普拉德又不可避免地成为众矢之的，甚至许多朋友都开始对他心存芥蒂。为了联系上当年的知情人，搞清楚过去事实的具体真相，他打了无数通电话。笔者为了唤起他对过去的模糊记忆，也向他提出了各种各样的问题。面对尖锐的提问，每当他记不清确切的年代或发生的具体事情时，总会特别崩溃。

一些大公司的老板平时都有记日记或者写工作日志的习惯，这样方便日后参考回顾。在这一点上英格瓦·坎普拉德与众不同，他特别讨厌收集照片、信件，只对计划未来有痴狂的执念，他满脑子想的都是明天要做什么。他本人的记忆力极好，但他是有选择性的记忆——跟他做过一笔大的家具生意的那个波兰人的名字他至今都记得一清二楚，但那些跟生意没什么直接关系的时间和名字他总是弄错。

父母去世后，坎普拉德也经历了一次移民。他曾对妹妹提出一个骇人的建议："把所有旧东西都扔了岂不更好？"但妹妹克尔斯汀与他的想法完全不一样——所有旧东西她都存着。幸亏有她，本书的很多重要信息才得以追根溯源，做到有据可考。当我问到希特勒那本《我的奋斗》是不是还留在他们农场的时候，坎普拉德根本就不记得了，但他的妹妹马上回答我："那本书现在还放在爸爸的旧书架上，是德国版、哥特字体的。书几乎没翻过，特别新。"坎普拉德听了以后才记起，自己小时候曾好奇地翻过几页，但没认真读过。那本书是他们父亲的——可能是他住在德国莱比锡（Leipzig）附近的家人送给他的礼物，书的封底上还用铅笔写着价格：7.20德国马克。

长期以来，坎普拉德都在遭受各种"审讯"的折磨，除了我，连他的亲朋好友也会质问他这些问题。他确实很想认真回答每个人的问题，但很多时候确实想不起来了。最后，这类调查都被转交给历史学专家了，如果值得调查的话。其实坎普拉德一直在认真反思，关于年轻时的"病态行为"，该解释的他是否都已经解释清楚了——他自己是这样认为的，但他并不确定。

因为他无从确定。

"10根热狗"战略

> 于是我问经济学家们:"百分比到底是什么啊?"
>
> ——英格瓦·坎普拉德

从1995年起,宜家商场开始以5克朗一根的价格出售热狗,而市面上热狗的正常价格是10～15克朗。这个创意很快就带来了成功,为宜家餐厅和食品部门的繁荣发展奠定了基础。1997年,这两个部门的年销售额高达16亿克朗,单单食品一项从瑞典出口的总额就高达7亿克朗。所以从那时候开始,宜家就已经成为瑞典食品出口行业的引领者,并且食品销售额还在逐年增长。

成功的背后还有一个不为人知的特别故事。这个"10根热狗"的故事不仅体现了宜家对价格和竞争的态度,还体现了对客户需求的重视。

对宜家来说,一条非常重要的经营原则是做到与其他商家拉开"实质价格差异"。这条重要的原则被写入《一个家具商的誓约》中。《誓约》的第一条清楚写明——"产品系列是宜家的特色"。

这么定价出于一个十分简单的想法。因为宜家面向的绝大多数是普通消费者,而普通大众通常能接触到的资源较少,所以宜家的价格不是要比别家的低一点儿,而是要拉开绝对的价格差距。简单地说,宜家商场的商品在普通大众眼中,其价格一定要低到让人瞠目结舌不得不得买的程度。

商品的价格必须让普通人一眼就能发现差异,立马感受到宜家的低价位。这就是英格瓦·坎普拉德要以5克朗的超级低价销售热狗的原因。

他认为宜家需要一个他称为"心动价格"的新产品。在小卖部就能买到这款热狗,而小卖部正好就在宜家商场的结账柜台外面,顾客结完账就能看到。

每个爱吃热狗的人肯定都知道外面小摊上热狗的售价,包括我自己。一根热狗在市面上通常要卖10～15克朗。当我向董事们建议以5克朗的低价出售热狗时,所有人都一脸惊愕地看着我。也许他们觉得我的想法很愚蠢,也可能是我当时没讲清楚。毕竟对一家规模上亿克朗的大型家具商场来说,卖热狗怎么也算不上是正经大事。

提出热狗的想法后,坎普拉德积极投身其中。他设定的目标是柜台两个人每小时销售300根热狗。为此,他们不仅进行了大量的试验,还测试出了柜台摆放的最佳位置及最全面的操作设置。

销售热狗很快就从想法变成了现实,并获得了成功——现在全球宜家商场都以5克朗的低价原则销售热狗。由于各个国家的物价水平不同(基本一枚硬币就足够),同样的热狗在瑞士卖1瑞士法郎,在德国卖1.5德国马克,在美国卖50美分,在奥地利则是10先令……

一些关注所谓毛利率的同事们一开始反对这个想法。在他们看来,宜家热狗的售价几乎和成本相等。难道不该提高售价到六七克朗保证不赔本吗?如果要这么卖热狗的话,那么还不如不做。

我是这样回答他们的。如果要拉开实质价格差异,要一下子用低价打动大众消费者的话,那么不管原料成本多贵,宜家的热狗都只卖5克朗。我们并不亏,虽然我们没挣什么大钱,但至少我们从每根热狗身上还是能挣一点点的。

而且,最终要看它能带来什么。

所有人都知道,宜家的一贯策略就是在产品系列中设计一款"心动价格"产品——就像5克朗的热狗。"热狗"这个词现在在宜家内部已经被赋予了更多的含义,而英格瓦·坎普拉德还在不断地扩大这个词的外延。

有一次我们要宣传一款售价10克朗的马克杯。广告上写着让顾客快来宜家抢购,但我觉得特别尴尬——价格实在太高了。尽管马克杯的造型漂亮,质量也好,但定价最多不能超过5克朗。有问题的是定价。

于是我写下了"10根热狗"(现在有20根了)的经营哲学。我们必须找出10件符合"热狗"定价标准的商品。根据"3+1+1"的经验法则,5克朗应该这样分配——3克朗归生产者,1克朗归财政部(或其他税收部门),1克朗归我们。一旦定价不符合"3+1+1"的法则,我们就得重新调整。

比如上面提到的这款叫作"邦"的马克杯。

在瑞士宜家,"邦"的售价只要1瑞士法郎,而在普通市场上同款马克杯的售价从来不可能低于3瑞士法郎。即便在这样的情况下,宜家这款马克杯的设计和质量依旧更胜一筹。过去宜家每年最多售出70万个杯子,自从有了"热狗杯子",年销量一下子激增为上千万。

英格瓦·坎普拉德现在仍不满足，还在持续发掘新的"热狗"：

有一天，我在瑞典宜家的竞争对手那儿看到一款很不错的英式啤酒杯，售价为18克朗。这种英式玻璃杯有40厘米高，杯体上标有刻度，分量沉，而且握起来手感好。我觉得它完全符合"热狗"的标准。

我马上找来宜家资深的采购员，对他说："比约恩，你能以1克朗的进价拿到这款啤酒杯吗？你可以一次性订购200万个。"他回答我："不行，我做不到。但如果一次性订购500万个的话，也许有这个可能。"整件事得到了产品部经理的支持，尽管我像往常一样在越级沟通之前没有知会他。后来我再跟比约恩见面时，他已经找到了一个愿意以1.08克朗单价提供啤酒杯的供应商。

事实证明这个想法完全可行，不久我们就列出了20多种"热狗"商品做特卖——整个宜家都在不断向上、向前发展。

读者们可能禁不住会问，为什么我已经退休不当董事长了还在继续操心这些事？有如下三个原因：首先，我很难不操心；其次，聘用合约上明确规定我在产品系列上有一票否决权；最后，公司里总是有人跟我说："如果你有什么想法，一定要跟我说。"

于是我就跟他们说了。

我一直在寻找下一个新的"热狗"。很多宜家员工也参与进来。最近我发现宜家商场卖的一种多向插头还不到20克朗，而竞品的价格高达50克朗。[1]

---

[1] 2011年，宜家提供了许多各式各样的"热狗"商品。比如，你逛宜家时会很快发现"艾尔玛"枕头仅售7克朗，"纳肯"浴巾2克朗，"博里斯"门垫4克朗，"瑞克"玻璃杯6只才9克朗。别忘了，"阿尔姆霍特"马克杯才3克朗，"博尔门"马桶刷4克朗……

我相信这根"热狗"一定可以畅销数百万个。

对宜家来说，定价策略至关重要。

宜家还要克服的一个问题是，什么时候定价应当远低于市场价。宜家的经济顾问们总是强调"总毛利率"必须保持一定的百分比。于是我就问经济学家们："百分比到底是什么啊？"

百分比听起来很神秘，但对宜家来说，最需要考虑的迫切问题只有一个——每一个销售季结束时，我们兜里还剩下多少？

专家们讲的是"现金流"，我不懂什么是现金流，我只知道自己兜里还剩下多少。

假如之前说到的马克杯"邦"的定价是10克朗，而不是5克朗的话，宜家显然能从每个马克杯身上多挣一点儿，"毛利率"看上去可能更好，但定价这么高，最多只能卖出去50万个。相比之下，现在定价5克朗虽然低，每个才挣1克朗，却已卖出了近1200万个。

这些经验很容易被忽略或扼杀。经过数十年来无休止的争论之后，我们在这个问题上已经彻底清醒了。

这一点让我充满了成就感。

一个良心资本家的愿望

始终推动着我向前发展的是这样一种感觉,即从广义上讲,

我正在参与一个民主化的庞大项目,尽管与平常所讲的根本不是一回事。

所以,每当我们制造出不完美的、销路不畅的产品时,

我都非常沮丧……那是我的错。

——英格瓦·坎普拉德

英格瓦·坎普拉德亲述:

是不是也有良心资本家呢?

作为企业家的我,怎样才能发挥最大的作用呢?

作为一个感性的商人,在实行计划经济与社会支持的中央集权体制下,在一个为求迅速发展而不惜牺牲个体利益的市场经济体制下,我该如何定位自己呢?

我承认自己曾经仔细考虑过这些问题。

我素来厌恶美国那套强硬派的丛林资本主义,而且我承认自己的确对社会主义充满同情。最近我在电视节目的讨论中听到一位女士谴责市场经济,她说希望取缔市场经济,因为要把人民群众的利益放在第一位。

我不禁问自己,如何才能将人民群众的利益放在第一位呢?什么才是"人民群众的利益"呢?

我知道中国政府的允许一部分人先富起来的政策。这个政策背后的思想坚信，先富起来的人能够带动和帮助其他地区、其他人，逐步达到共同富裕的目的，最终使全体人民群众受益。今天，社会主义也可以是有特色的。像我这样的企业家可以将追逐利润和财富，与建立永恒人类社会的美好愿望有机地结合在一起吗？

我从内心深处相信这是有可能的。

我并不是说实行资本主义就能免于失败，我自己就曾经遭遇过各种各样的惨败。失败是社会进步的必要步骤。宜家每天都在朝着一个目标奋力前行，那就是为普通人民大众，也就是我们的顾客，创造更加美好的未来。

一个公司必须目标正确才能积极影响所有为它工作的人。

调查表明，宜家的员工普遍认同自己是在为创造美好社会而努力，因此他们更愿意为宜家工作。因为他们相信，自己的日常工作是在为建设美好世界添砖加瓦。

甚至有些夸张地说，我们的经营哲学是在为社会民主化进程做贡献。我们致力于为绝大多数的人民大众创造可以负担得起的优质、美观且廉价的日常生活用品，这在我看来就是对民主脚踏实地的践行。

我和一些关系比较亲密的同事很早以前就开始使用"人民大众"或者"人民群众"这样的字眼了。之前提到过，那是20世纪50年代中期去意大利参加展销会的时候。这种词以前只是概念，是我第一个把它们说了出来，而且是无意识的。白天，我们在展销会上看到的都是摩登奢华的家具，每件都价值连城；到了晚上，我有幸深入真正的意大利人家，亲眼看到了普通人家中的家居装饰。人民群众能买得起的家具和白天在展销会所见的华丽的家具有天壤之别。

我不禁扪心自问：为什么贫穷就得忍受如此丑陋的东西呢？美好

的东西就必须贵到只有精英阶层才能买得起吗？

回家以后，这些问题仍然在我脑海中挥之不去。即使耗尽我一生的时间，我也必须为这些问题找到答案。

民主作为进步的工具，也会带来明显的惰性。假如公司里每件事都要遭遇质疑或经过讨论，那么最终就无法做决定了。即使你已经拥有了一半的决策权，另外一半还是会毁在那些无休止的建议与提案中。在科学技术不断进步的时代，民主可能无法控制脱缰的野马。比如，我们是不是有足够的知识储备对是否支持核能这一议题进行投票呢？仅凭我自己的判断，恕我无知，有可能在这种层面的问题上投出正确民主的一票吗？

然而，民主有一个不容易被人察觉的隐秘优点：其他的选择更糟糕。

即便是最变通的独裁主义者，最终也会垮台。贪婪的丛林资本主义是不受控制的，它最终会导致人性的泯灭。在混沌的年少岁月，我曾受到集权主义社团的蛊惑，后来我一直在反思这次惨痛的教训。

如今让我感到痛心疾首的是，我们难以甚至无法建立一套不会伤及基本制度的规则，无法用一套规则防止自由企业制度带来的弊端。

从宜家的角度来说，能为人民群众创造更美好的生活让我感到自豪。这个目标决定了宜家的产品系列，并要求我们用最低廉的价格达成目标。这个目标已经铭刻在宜家的追求实用和美观的设计中，并激励我们更加注重保护环境。如果企业家都能以满足市场需求为己任并付诸努力，大多数人民群众就能享受到更高物质水平的生活。

很多人都反感那些滥用金钱、生活穷奢极侈的成功人士。但别忘了，大多数商人也是普通人。他们也要过普通人的日常生活，有的甚至非常简朴。他们的财富大多用于扩大公司业务，而且非常希望下一代能够延续这样的作风。我就是其中之一。

对于那些不断抨击当下经济制度和商业政策的人，我想问：我们有什么更好的选择吗？

宜家第一次和波兰做生意时，我们曾为此受到舆论的猛烈攻击，其中大多数来自中产阶级。

这些人的想法可以理解。然而，身无负罪，才可责难他人。宜家之所以被迫到波兰开拓市场，是因为在奉行自由企业制度的瑞典，宜家的低价路线遭到了整个家居行业的联合抵制。资本主义口头上说崇尚公平竞争，实际上根本无法容忍在生产上有新想法的新兴力量，把价廉物美的家具带给更多的人民大众。

好几次我都感觉公司走到了生死存亡的边缘，好几次我都彻夜垂泪无眠。但正因为这样，我们才有了更大的决心斗争到底，想要突破重重围剿。因此出现了一个悖论：因为滥用市场经济，我们不得不向东欧国家求助，从而保证商品供应，这样才能回到自由企业制度的国家销售。

1961年，我们经历了各种波折才与波兰木材和木制品进出口公司签订了采购合约，当时支配和指导我们的只有这个悖论。那时候，能否签订合同对宜家来说是生死存亡的头等大事。我们根本没有椅子、搁架、桌子卖给消费者。

不久，除了追求利润，我们对这些新的商业合作伙伴产生了更成熟的想法：我们也许可以做些什么，帮助生活在"与世隔绝"的国家中的人们。

我们在波兰认识了很多渴望与外面世界接触的人。他们来到阿尔姆霍特后就再也不愿意离开了，他们爱上了斯莫兰。当时在波兰只有运动员、商人，也许还有艺术家，才能打开一个小缝窥探外面的世界，这让我无比震惊。亲眼见过瑞典模式，亲自体会过我们的生活，在我们的商场里购物并参观我们家以后，这些人开始对自己原先所在的体制产生了各种各样的疑问。我觉得，这样的经历也许能够帮助人们挣脱束缚的枷锁。

我们头一次去波兰时参观了一些工厂。那里的工作环境很差，简直就像查尔斯·狄更斯小说里描写的悲惨场景。

还有一些已经半现代化的工厂，在传送带旁边还需要一些老年妇女推着小车来回运送半成品。

无论走到哪里，我们都觉得需要介入其中，是的，介入其中帮助他们。渐渐地，我们对波兰家具行业的现代化进程产生了影响。付出与收获往往是平衡的——我们确实在波兰以极低的价格采购到了商品，就像35年后宜家在罗马尼亚被指责低价收购一样；但波兰人也从我们这里获得了新技术，并且获得了可以信任的长期采购订单。相比之下，其他外国人只是谈一笔划算的买卖，然后很快就消失得无影无踪了。

现在再看我们的结果就知道了：波兰仅对宜家的出口就高达上亿克朗。如果我没记错的话，当年宜家的第一笔订单还不到7万克朗，而今天的波兰也成了整个欧洲家具业的领头羊。

这就是资本家介入后的结果。

这就是在我眼中一个"良心资本家"应该扮演的主要角色。

波兰就是贸易胜于援助的最好例子。我们不仅订货，还在各个层面上都有所参与，并且逐渐地成了零售商，还引领了整个市场的趋势。现在几乎所有波兰家庭和办公室都在使用宜家商品，或者借鉴宜家的商品。宜家重新定义了家居装饰的概念，并且推动了商品分销的现代化。

我承认这会导致一系列并发症。

以泰国为例,就在本书写作的过程中,泰国正遭遇暴雨灾害和政局动荡,人民也对现状颇为不满。宜家在泰国的采购非常多,并在丛林中一栋破破烂烂的厂房中幸运地找到了愿意代工生产"贾斯特斯"(JUSTUS)帽架的一家小厂商。

这种工厂在瑞典肯定不会得到政府部门或者环保机构的审批。记者肯定会拿这种工厂作为丑闻大书特书,电视台肯定也会搞一些专题曝光节目给它致命打击。况且,在森林里建一个小破工厂对自然环境确实是威胁。那么问题来了,宜家是否应该尽快抽身事外,从而回避这样的问题呢?其实我们可以马上找一家更现代化的工厂代替,成本提高5%,但不会破坏环境。这是个很好的选择。

或者我们也可以坐下来和工厂老板或者经理好好谈谈,看是否有可能摒弃外界一切批评继续合作,而宜家在这个过程中将帮助工厂实现现代化或使其条件有所改进。这是不是更好的选择?

我一贯反对在这类情况下匆匆逃离或者放弃。宜家的供应商不可能都是这种层次和水准的,我们愿意和一些供应商长期合作,共谋发展,一起进步。那些破败不堪的厂房有时连路都不通,用的工具只有挂在火堆上手工打制的铝壶,即便这样的条件也能够创造出小小的奇迹。

我还记得一家制造自行车筐的工厂。他们使用的设备是用旧机器加上老古董,然后用钢丝拴在一起组装的。在狭小破旧且没有任何通风设施的环境下,用极其危险的焊接工具进行焊接。

尽管如此,宜家还是选择继续和他们合作,并与其结下了终生的友谊。现在该厂已经更新了现代化的设备,还扩建了厂房(并非只靠宜家的帮助)。我们只是提供了一些技术建议,并支持采购了一些现代化设备。情况开始越变越好了。

坐在家里凭空批评这些供应商不能达到西方社会的技术标准当然很容易。但请各位扪心自问：我们怎样才能更好地推动进步，把事情往更积极的方向推动？我们是直接跑到丛林里跟那些泰国人说"听着，你们得先处理一下室内空气问题，换好点儿的机器，墙角那些装着有毒物质的桶能不能别漏了，都搞定了我们再回来跟你们订货"，还是试着帮点儿忙，一步一步慢慢来？

当电视新闻节目谴责宜家在印度的工厂使用童工时，我再次扪心自问，反复地向自己和雇员们回答同样的问题。

在合同中我们会强调不可以使用童工，并要求供应商严格遵守联合国在这些问题上的相关规定。

宜家会对供应商严加管控，以保证其遵守当初的承诺，但我们可能被供应商蒙蔽。根据白纸黑字的条约，一旦出现此类情况我们必须立刻终止合作，但我觉得良心有愧。难道立即停止合作才是最明智的选择吗？

是的，有时候我们的确会立刻终止合作。但在这件事上我对当地的情况还是有些了解的。我们在斯莫兰农场时，小孩子也会尽量帮家里干活儿。在世界各地的文化中，自古就有儿童参与团队劳动的历史，其中的原因各不相同，但有一点非常重要——家里的的确确需要孩子搭把手。除了这个原因，我们反对以任何形式使用童工，就像我们反对任何形式的奴隶制度一样。

很多时候理想和现实是不一致的，我们的生活总会和理想中的模样有出入。无法让自己的经济生活变得比现在更好，但是"良心资本家"可以在其中发挥重要作用。诚然资本家总是希望达成好的交易，但他的贡献能够帮助员工和顾客都更上一层楼。

第五章
激变时代的领导艺术

我对那种到欠发达地区的工厂采购时一下子就买光工厂所有产品（比如1万个自行车筐），然后马上扭头就走的资本家深恶痛绝。我们的做法是会再次光顾，建立良好的关系，贡献出我们的知识，签订长期合同，强调按时交货、质量和环保的重要意义。我们在波兰就是这样做的，在南斯拉夫、匈牙利、捷克、泰国、越南也是这么做的。

如果当初我们没有走出瑞典的国门，学着去和波兰或者其他发展中国家打交道，那么宜家现在何去何从？

如果没有当初的决策，瑞典的生产力从长期来看无法满足宜家的需求，我们也无法保持产品价格的低廉，并以此带动瑞典制造商们提高效率，使他们越变越强。如果没有当初的决策，宜家不可能走向世界，像现在这样每年给瑞典带来上亿克朗的收入，并持续提供低价产品，惠及普通瑞典民众。

多年以前，我收到过来自家乡阿尔姆霍特一家咨询公司主席的来信。他在信中恳请宜家在当地设立更多的商业机构。实际上宜家在阿尔姆霍特周边已经做得很强了，阿尔姆霍特见证了宜家的诞生，而且对公司的成长和发展功不可没。我们当然可以在这块我们挚爱的热土上进一步增强影响力，但从长期来看，这么做可能会带来损害，并导致不平衡。我们需要在全世界各地挑选供应商，这样才能确保在瑞典发源地的运营。我们需要在瑞典打响宜家的名号，这样才能在世界范围提升品牌形象。

俗话说得好，外地人打不开本地市场。如果没有在阿尔姆霍特的根基，宜家不会像今天这么强大。感情和生意一直是相辅相成的，我们从经历中学会去爱波兰，就像爱自己的祖国一样。一开始我们爱它，是因为它救了我们的命，为瑞典顾客提供了足够多的椅子和桌子；

后来我们爱它，是因为那里的人民，他们心地善良、技术高超。交往越深，他们对我们来说就越重要，反过来也一样。

就像我经常说的："好的买卖不会让买卖双方中的任何一方有所损失，好的买卖必须共赢。"

仓库里的圣诞晚宴

> 亲爱的宜家大家庭成员们，我向你们所有人献上我最热情的拥抱。
>
> ——英格瓦·坎普拉德

1997年圣诞节平安夜的前一天，在阿尔姆霍特，一场雪不期而至，但很快就消失在泥土之中。四处洋溢着圣诞的祥和气氛，宜家的DC诺德（DC Nord）仓库门前车水马龙，川流不息的人群正从四面八方赶到这个"大水泥仓库"，欢聚一堂，共度圣诞节。从1953年开始，英格瓦·坎普拉德就喜欢在圣诞节平安夜的前一天邀请阿尔姆霍特的宜家员工们参加圣诞派对，第一次参加的员工总共有30人。那些有幸聆听他"福音"的员工都会收到一份圣诞大红包，幸好那时候政府还没对个人征收间接收入税。44年后的圣诞节，宜家雇员总数已经超过3.75万，公司总资产也比当初刚起步时增加了500亿克朗。在阿尔姆霍特宜家工作的1600位雇员中有大约1000人参加了这次的圣诞晚宴。

为了这次圣诞晚宴，大家花了一整天的时间装扮"大水泥仓库"——先把所有库存搬走，再摆上50张长桌，周围环绕摆放30多棵绚烂的圣诞树。一袋又一袋圣诞礼物装了一箱又一箱，就堆在仓库外的柜台后面——今年宜家给员工发的圣诞礼物都符合政府财税法的规定。

最靠近讲台的桌子都留给了那些宜家的元老们。晚会前一小时，几位满头银发的宜家老员工就已经入座，开始翘首以待。他们知道大老板今天又会像过去44年来那样发表圣诞致辞，而且会特别向他们致意，向这些常被称颂的一代人，向这群为宜家帝国的建立立下汗马功劳的一代人致意。晚会快开始了，宜家员工从巨大的仓库门鱼贯而入，挤满了整个仓库。他们有的戴着围巾、帽子，穿着防寒棉衣，有的则带了加热坐垫取暖。广播里播放的欢快的圣诞歌曲回荡在仓库中。下午2点整，盛大的圣诞庆祝活动正式开始！满载圣诞餐的卡车上堆满了五颜六色的碗，在成排的桌子之间缓缓驶过，并向人们分发食品。成百上千穿着红色衣服的宜家人风卷残云般的用餐景象蔚为壮观。一眨眼大家就互相祝完了酒，吃完了圣诞餐，喝完了牛奶，打开了火腿三明治，还有咖啡和姜汁饼干。

在阿尔姆霍特举办的圣诞活动是宜家每年最大的盛事，上千人一同出席的情形仿佛一场隆重的弥撒，圣诞晚宴仿佛一场神圣的晚祷仪式，而众人仰望的"牧师"，不，德高望重的"主教"，即将登场。

像晚祷仪式一样，米卡埃尔·奥尔松（Mikael Ohlsson）开始带领大家一起祷告。他是瑞典宜家的首席执行官。在开场演讲中，他会先用激动人心的语言向大家汇报生产数据，一串串的数字就像念珠一颗接一颗——从上一次圣诞派对到现在，宜家取得了20%的增长。援引《一个家具商的誓约》，他赞美了每个宜家人为人民大众创造美好生活的努力，而这一目标需要宜家和顾客肩并肩共同努力才能最终实现。

这一年来，英国宜家在销售统计数据上一跃成为第二名，西班牙刚刚加入宜家大家庭，中国即将加入宜家事业版图。新的宜家商场分别在荷兰的格罗宁根（Groningen）、英国的诺丁汉（Nottingham）、德国的哈瑙（Hanau）、意大利的博洛尼亚（Bologna）、瑞士的苏黎世

第五章
激变时代的领导艺术

（Zurich）和德国的辛德芬根（Sindelfingen）开业。未来一年，中国的上海、意大利的热那亚（Genoa）、捷克的布尔诺（Brno）、波兰的克拉科夫（Krakow）与格但斯克、德国的斯图加特（Stuttgart）会陆续有新的宜家商场开业。奥尔松天生就是一个宜家人，他致辞时语气平静，但语速飞快，好像要赶紧讲完给即将登场的主讲人让位一样（大家当然都知道是谁要登场）。他在报告中简要地提到了一些数据——1997年一年宜家总共售出了100万张漆桌，还有1000万只售价5克朗的"邦"马克杯。此外，他还顺带指出，宜家采购的商品中有2/3都来自工业国家。虽然如今宜家在瑞典的采购量已经达到前所未有的历史最高点，但宜家的新目标是5年内在东欧和亚洲实现采购量翻一番。

奥尔松讲话时全场鸦雀无声，成功的数据就像久旱后的甘霖紧抓所有人的眼球。大家屏气凝神，静静地聆听着他的每一句话。每个人都在为宜家的发展无声祷告，大家一起饮下代表销售数据的葡萄酒，配上代表在自我批评中救赎的圣餐面包，在虔诚的祝福（减少库存和产品系列）后，大家诵念起动人的祷告（"贸易胜于援助"）。最后，圣餐礼在对"宜家文化的耶路撒冷"阿尔姆霍特的祝福中结束。

下面终于轮到"主教"英格瓦·坎普拉德隆重登场了。圣诞礼品柜上摆放着《阿尔姆霍特通讯》，这是每一个宜家人的必读刊物。如果你想研究宜家，那么你一定要读一读这份宜家的内部刊物，它的重要喉舌地位就像《真理报》之于克里姆林宫。坎普拉德今晚的演讲全文已经提前刊印在《阿尔姆霍特通讯》上，他临时决定对讲稿做一点儿调整，所以聪明的人需要仔细玩味他字里行间传达出来的深意。

英格瓦·坎普拉德今晚状态极佳，神采奕奕。他就像著名的布道家葛培理（Billy Graham），成了神的化身，肩负着复兴的使命，通过布道传播神圣的教义。他在演讲中讲了不少笑话和故事，当最后得知宜家全体员工向以他母亲的名字命名的癌症基金会捐献了8万克朗时，坎普拉德流下了感动的泪水。此刻的他彬彬有礼，热泪盈眶，既平易近人，又高瞻远瞩。当他提到要给每个员工一个大大的拥抱时，语气亲切得就像是在谈妻子玛格丽塔一样。就在前一天，电视上刚刚播放了一部纪录片，曝光了宜家在菲律宾和越南的工厂使用童工的新闻。但这位创始人绝口未提那些负面报道带来的纷纷扰扰。相反，他甚至还拿这件事开玩笑，说要感谢电视栏目制片人给予宜家的压力，因为"宜家经得起新闻记者多么热情的表扬，就要经得住他们多么无情的诋毁"。

听到这儿所有人都笑了。大家都明白他这句话背后的含义。

这是一位丝毫不用担心台下信众是否会热烈响应的"主教"所做的精彩演讲。这一次的演讲是对过去44年来圣诞晚宴演讲的呼应，其中有一些永恒的主题：宜家理念，成本意识，为人民大众服务，良心资本家的梦想，勤勉的工作态度被认为是最高尚的道德，对过去错误的苦恼和忏悔，以及对利润与荣耀的追求。坎普拉德从来不会自吹自擂，他的语言让在座的所有人都感到振奋，也是在提示大家，漫漫征途才刚刚起步，未来仍需努力。

这位"主教"的演讲在一片如潮的热烈掌声中结束。随后，这位良心资本家站起来缓缓走到出口处，站在储藏"比利"书架和"爱玛"沙发的库房托盘旁边，与到场的上千人一一握手感谢和道别。亲切的握手仿佛带来了心理上的救赎，这一握仿佛让过去的罪过得到谅解，烟消云散，好像读书时在学期结业式上因为遵守秩序、表现优异而得到最高分一样。每位员工领取了一份精美的圣诞小礼品——三条绿色浴巾和毛巾后，就会回到用宜家产品装扮的温馨的"人民之家"欢度愉快的圣诞佳节。

第六章

大飞跃

我是唯一从零开始见证宜家故事的亲历者。

继承而非毁灭

> 我永远也忘不了1974年那个深秋的夜晚,玛格丽塔和儿子们都还没有睡,像往常一样守在家等我回来。连续工作了15个小时后,我又累又困,精疲力竭。那一年彼得才10岁,约纳斯8岁,马蒂亚斯5岁。他们都穿着睡衣坐在黄色的沙发上。
>
> 彼得像个新闻发言人一样郑重其事地宣布:
>
> "爸爸,我们已经讨论过了,我们三个人决定,您有那么多的事要做,这么辛苦,所以我们长大后都来帮您。"
>
> ——英格瓦·坎普拉德

英格瓦·坎普拉德有第一个亲生孩子时都已经快38岁了。他一直渴望着能有一个孩子,尤其因为第一次婚姻失败后无法见到养女安尼卡(Annika)。

第一个儿子的降生让他尤其紧张,他的妻子头一胎难产,并不像后来生另外两个儿子时那么顺利,但幸好最后母子平安。带着狂喜,他溜出产房给自己最好的朋友——阿尔姆霍特的那位牙医打了个电话,跟他说:"哥们儿,你现在一定得来我家庆祝一下,这事儿我以前可从来没干过,今天咱就干这么一次。我举杯庆祝说完祝酒词后,要像俄罗斯人那样,把酒杯从肩膀甩到后面的墙上砸个粉碎。"

英格瓦·坎普拉德满心欢喜。

彼得，他的第一个继承人，来到了人世。

后来他又陆续有了两个儿子，年龄分别相差2岁、3岁。随着坎普拉德的商业帝国越建越庞大，他也越来越忙，原本当小学老师的妻子在阿尔姆霍特当起了全职家庭主妇。

坎普拉德一直懊悔由于太忙错过了太多的温情时刻。对于不能尽一个父亲的责任陪在孩子们身边，他一直很自责，无法原谅自己。他在公司里成了大家长，但在家里，儿子们只有一个好妈妈。她既要倾听儿子们的心声，又要给他们讲做人的道理。

坎普拉德在某些方面一直努力去补偿。从举家移民把宜家带到国外的那一刻起，他就一直在反复思考自己的身后事。他不仅希望避免把孩子们卷入痛苦的遗产争夺大战中，而且如果有必要，还要教导好他们，帮助他们在将来某一天顺利接管公司。继承而非毁灭——这就是坎普拉德的座右铭。

因此，他搭建了一个精妙复杂的系统来保护他一手创立的宜家，保护宜家不受任何可预见的灾难的侵袭，确保宜家"永远"兴旺发达，如果真有所谓的"永远"的话。

别人很难猜透他在这些问题上的感受。在后代继承的问题上，又有谁能参得透别人的动机、梦想和忧虑呢？这样一位伟大的实业家要把用毕生精力打下的江山稳妥地交给下一代，谁又敢有什么看法呢？

至少他在一个问题上的担心从来都是明白无误的——他没有时间如孩子们所愿，等到他们都长大成人，足够成熟能担起责任后，再来计划身后事。最近几年，血脉联系对日渐衰老的坎普拉德来说越来越重要，或许比他当年认为的还重要。

今天，英格瓦·坎普拉德打心底里希望他的三个儿子——他们现在也都成为父亲了——能在21世纪的时代背景下接管好宜家商业帝国。

三个儿子都很高兴能有用武之地。在家里，宜家帝国的兴衰就是每天日常谈论的永恒话题——父亲对他们的谆谆教诲从早餐就开始，到夜晚入睡时才结束。而且坎普拉德家的孩子们从小就见过大场面，习惯了来自世界各国的访客，习惯了在湖边垂钓小屋的破旧桌子上签订协议，习惯了生活中的一切都围绕着宜家转。彼得、约纳斯和马蒂亚斯兄弟这么多年来参与过家族生意的各个环节，并在尝试中找到了适合各自性格和能力的工作。最重要的是，这些选择首先都是让坎普拉德满意的安排，用他自己的话说就是，"要让三个人都看清全局"。

三个儿子在世界各地都工作过——俄罗斯远东地区、波兰，以及加拿大。在长达一年的高强度培训中，他们会紧随父亲，形影不离，特别是在评估商场的时候，会全程跟随父亲学习。大儿子彼得在做其他工作之前曾担任过多年的商场经理，二儿子约纳斯也担任了多年的设计师（他已为宜家设计了多款产品）和采购员，而小儿子马蒂亚斯则痴迷于研究产品系列，并掌管丹麦宜家多年。他最近陪同父亲访问了芬兰。

坎普拉德家的儿子都很稳重，谨言慎行，常年保持低调。他们会刻意回避谈论政治敏感话题，但"内心可能很偏右"。与此同时，他们也刻意与"疯狂野蛮的资本主义"保持距离。其中两个已经结婚，另一个未婚，但三个人都有孩子了。之前他们曾达成协议，三个人不会一同接受采访或拍照，大概是怕被绑架（容易被认出来）吧，但他们对大众的回避，更可能是为了塑造谦逊低调的形象。

保持谦逊低调是坎普拉德家最重要的家风，是其他教养的基础。三个孩子身体里流淌着纯正的斯莫兰血液，如同生来就从父母身上耳濡目染学到的节俭。他们简朴的生活习惯也得益于父母从不矫揉造作。他们在语言上的优势则是因为从小移民离开瑞典生活（他们会说丹麦语、法语、英语、德语），但他们也抱怨自己哪门语言都说得不地道，听不懂时还得向人求助。他们掌握得最好的其实是"宜家语"——对宜家内部使用的词汇和货币他们都记得滚瓜烂熟，那是宜家人自己的方言。

作为亿万富翁（哪怕只是账面上的）和跨国公司的继承人，坎普拉德家的孩子们一丝一毫都没有表现出任何铺张奢侈的不良习惯。相反，他们生活得跟平常人一样，我听他们讨论过各种"省钱"的方法。他们那艘停泊在阿尔姆霍特周边一个湖上的摩托艇是二手的，而且还是在瑞典南部到处询价后才买下来的。他们从小就掌握了讨价还价艺术的真谛。

彼得最大的爱好是骑摩托车（他也喜欢玩降落伞），他有一辆五十铃"野蛮人"巡航摩托。几年前他的腿曾在一起车祸中严重骨折，为此进行了一系列手术。这次车祸在很多方面震动了坎普拉德家族，但彼得依然固执地继续骑摩托车，不过现在只能开到过去一半的速度，而走路时还得拄着拐杖。

约纳斯是位狂热的音乐家。他以前曾在阿尔姆霍特和洛桑的乐队中当过鼓手，现在还喜欢在城里自己的小公寓里敲电鼓。

小儿子马蒂亚斯喜欢学习和做研究（比如伦理学与道德），平时喜欢钓鱼。他像父亲一样吸口含烟。这三位年轻后生和所有普通青年人一样，不同的只是他们生来注定要承担更多的责任。如果可以自己选择，那么他们大概愿意用任何东西交换，也不愿意承受这些巨大的苦痛。

彼得，47岁，经济学家。约纳斯，45岁，设计师。马蒂亚斯，42岁，无论如何都不喜欢死板的学校教育，却是在家族企业中工作时间最久的。他早先效力于伊卡诺旗下的爱必居品牌（伊卡诺属于坎普拉德家三兄弟，是父亲留给他们的礼物）。

很少有宜家员工能像这三位年轻人一样受到过如此全面系统的轮岗培训,既体验过仓库装卸的汗流浃背,又感受过管理层的如履薄冰。在英格卡控股公司,除了他们的父亲,其他人也都在密切关注这几位正在受训的管培生。而他们最仰仗的人物就是位于布鲁塞尔的红色集团的幕后智囊——佩尔·卢德维格松。卢德维格松即便退休,也深受坎普拉德家族的信赖。

笔者曾与坎普拉德的三个儿子在不同的场合打过交道,并在斯莫兰和原来设立在哈姆勒贝克的老宜家总部和他们都进行了一两次推心置腹的长谈。他们三个人都很谨慎,反复要求保持低调再低调。因此下文中笔者对数小时的谈话录音进行了编辑和整理,访谈均采取匿名形式,对所有问题的问答均不针对特定的人。此外,一些其他原因也使笔者无法公开他们的相关信息——作为宜家时间最长的管培生,坎普拉德家的三兄弟一直受到各方的密切关注。事无巨细也会带来麻烦,可能一个心血来潮的举动都会被内部人士各种过度解读,希望从他们身上找到某些信号。所以,很难用普通员工的标准来评判他们。他们的现在和未来都属于特殊案例。

通过与他们的谈话,不难看出宜家下一代的思想观和鲜明的个性特点。他们在父亲精神的指引下,未来要肩负起执掌宜家的重担,父亲完全退休以后,他们将一直发挥作用。他们是全球最大的家具公司的继承人,他们还掌管了不少新兴的有潜质的公司,包括上面提到的伊卡诺,坐拥大量财富。每个孩子都会打理名下的财富,进行投资,但很少参与具体的操作过程。

他们生活的一切都围绕着宜家和伊卡诺这两个中心运转。英格瓦·坎普拉德对自己的儿子们既有忧心忡忡的关爱,又始终保持着一定的专业距离。大概只有这种执掌跨国公司帅印的父亲才会明白其中的酸甜苦辣。他虽然在养女不参与家族生意这件事的态度上十分明确，而且已经和养女达成了一致意见，但又无条件地承认，自己对三个儿子的期望是矛盾的。

这些矛盾包括时间、孩子自身的性格特点以及知识和意愿，还有英格瓦自己的举棋不定。下面引用他在1997年的一段原话：

> 我不希望下一代像我这样一生被生意绑架。我不希望他们像我一样放弃生活中那些特别美好的事物，没有一点儿休闲时光，不能打高尔夫球，不能享受安宁的家庭生活。我的儿子们都不愿意把生活过成工作。而且即便他们愿意，恐怕他们的老婆也不乐意。同时，孩子们都特别希望在胜任管理工作，或者更确切地说，胜任董事职责前，能得到全方位的专业培训。但在他们走完所有阶段前，我可能都已经老了。
>
> 拿彼得来说，他致力于研究产品系列中存在的问题，那他就得在阿尔姆霍特深入学习，这样才能沉浸到企业之中。而马蒂亚斯必须全方位掌握商场经理的职责，只有这样才算完成培训。目前只有约纳斯算是准备好了，他本身就掌握优良的培训能力，可以直接为宜家服务。
>
> 就三个儿子如何参与管理的问题，我们讨论过多个版本，每个模式都各有利弊。例如，我们可以在第二梯队为坎普拉德家的人安排一个副执行董事的席位，三兄弟隔段时间轮流坐庄；或者既然宜家有三大事业板块（红色、蓝色、绿色集团），三个儿子就可以各自掌握一块，同时在管理层面上和其他两个板块协作。

（2011年秋，在本书瑞典语版付梓前，英格瓦亟待做出的决定就是未来如何分配儿子们的角色。)

他们每个人在不同层面都具备不同的实力——约纳斯有生产条件方面的优势,彼得精通组织架构,而马蒂亚斯擅长市场营销,擅长把握全局。

我不希望他们之间为了荣誉相互竞争。而且他们将来能否最终继承衣钵我说了不算,还得由董事会成员定夺。如果我的某个儿子被认为没有能力肩负管理的重任,那他也得另谋他职。

现在宜家面临的一大问题就是在各个领域都缺乏未来的领导者,不论是产品(一切的源头)、设计、采购、产品系列,还是市场营销。在我看来,要成为宜家下一代的合格领导者,首先必须掌握这一切,要掌控全局就得把握好细节。这是我的哲学。

从我自身的角度来说,想必大家也都知道,一方面因为年事已高,另一方面根据荷兰的法律规定,我已经退居二线,担任顾问。对那些不熟悉宜家发展历史和精髓的外人来说,让一个像我这样的糟老头子参与公司事务,对各个部门的各种事情指手画脚,可能有些奇怪。这是我退出日常运营管理一线时做出的理性决策。

我只要还有精力和能力,就必然会继续在产品系列和采购相关问题上发表意见,这是我特别熟悉和擅长的领域。

我能否不插手,作壁上观呢?

当然可以。假如宜家发展不顺利,让我不插手就更难了。发展一帆风顺的话,没人会比我更乐得清闲,潇洒自在。

与继承者们的对话

那会儿我已经 12 岁了,那一刻让我印象深刻。

爸爸回家时告诉我们他已经把宜家交出去了。

然后他向我们解释这么做是为了保住手中的权力,

以便在关键时刻做出最重要的决定,但从现在起我们就没钱了。

在那么小的年纪,我能听明白的就是我们没钱了。

这就意味着我周六再也没钱去买糖果了,再也没有零用钱了。

想到这里我不禁惊恐万分:爸爸都干了些什么啊?

我们真的一分钱都不剩了吗?

——坎普拉德家三兄弟之一

坎普拉德的儿子是什么样的

我们三个人从小到大都要遵守坎普拉德家的家规,做坎普拉德式的人。从父亲英格瓦身上我们学到很多东西,包括他的思维方式、勤俭节约、固执,还有他的脚踏实地。我们也从母亲那里学会了如何关爱他人,并学会了怎样看人——知道什么样的人值得信任。

我们很小就开始学习如何与钱打交道。爸爸从小就喜欢问我们:"你确定要买这个?有没有仔细考虑过你需要什么,有没有仔细考虑过值不值这个价格?一旦买了这个东西,你可就一毛不剩了。"他总是这样说。

你们的父亲对未来有什么安排

我们当然希望父亲能说清楚,但实际上不可能,连我们自己都不清楚自己想要什么,父亲当然也不可能说清楚。有一次彼得对父亲说:"您得明确告诉我们,您希望我们怎么做。"或许是因为父亲太固执了吧,我们三个人的态度也一直很游离,所以他才会搞不清楚。

我们更喜欢听他讲,我们三个人都很有礼貌,要当着他的面说出自己的主张实在太难了。你即使不赞成他的想法,也得耐心等到会议结束后跟他说:"您看,我们换成这么做会不会更好?"如果和父亲还有其他五六个人一起开会的话,那么大家都只想听他讲些什么,所以实际上你想说些什么根本不重要。

到目前为止,你们已经做好准备接管宜家了吗

首先,我们从父辈手中继承的是一项非常重要的事业。我们可以用继承到的钱来登月,或者做其他事,但这样就枉费了父辈多年的心血。这个世界充满机遇,我们的任务就是把继承的事业发扬光大。

我们并不清楚未来应该如何接管宜家,但在公司里肯定会有一个位置。至于究竟是什么位置,我们现在还不确定。[①]假如父亲比现在年轻10岁,那么我们还有足够的时间完成内部培训,他就能把我们安排到他认为合适的岗位上。

---

① 直至2011年尚未确定。

但英格瓦每天都会给我们施加新的压力,"你们现在就得接班"。从 20 世纪 80 年代初他就开始这么说了。他总想证明自己的身体还和从前一样强壮,但有的时候他已经力不从心,不得不告诫自己要放慢脚步。

我们有人提出想去美国工作时,爸爸立刻反对说美国太远了,不利于保持紧密联系。但其实我们平常各忙各的,很少见面。我们很少谈及这个话题,一旦天有不测风云,英格瓦突发意外,我们得做好十足的准备。

一旦"天有不测风云",你们认为未来将会怎样

我们已经制订了一整套缜密计划应对"最糟糕的情况",百年后的事甚至都已经面面俱到,对每个人的安排都计划周详。英格瓦百年之后,我们三个人或者我们的代表 3~4 人将会在不同管理层面接管他的职位,组成高级家庭理事会。到那时我们就必须觉醒了。我们三个人要一起承担起做决策的重任,这也是我们最能发挥作用的地方。我们没人会垂涎宜家集团首席执行官的头衔[①]。

唯一可以明确的是,我们会与核心管理层保持亲密的伙伴关系。我们非常信任这些高层管理者。英格瓦能和这些骨干们肩并肩亲密共事,以后我们一定也能做到。找到未来的走向是件复杂的事,不可能蒙混过关。我们需要充满智慧的指路灯,幸运的是,我们身边就有不少这样的人。

---

① 时任宜家集团首席执行官的是米卡埃尔·奥尔松。

你们已经准备多长时间了

早在 1976 年英格瓦就已经开始为身后事做准备了。那会儿我已经 12 岁了，那一刻让我印象深刻。爸爸回家时告诉我们他已经把宜家交出去了。然后他向我们解释这么做是为了保住手中的权力，以便在关键时刻做出最重要的决定，但从现在起我们就没钱了。

在那么小的年纪，我能听明白的就是我们没钱了。这就意味着我周六再也没钱去买糖果了，再也没有零用钱了。想到这里我不禁惊恐万分：爸爸都干了些什么啊？我们真的一分钱都不剩了吗？

我们长大后自己挣钱了才明白，一个人不可能永远只花钱不挣钱。挣钱了就能买得起房子、买得起车、买得起船，挣钱了就能养家糊口、养活宠物。但当你实现了这些目标，就会发现钱无法买到一切，钱太多只会带来麻烦。只有意识到自己具备一定的控制力和影响力，同时又能够逃脱过多金钱带来的困扰时，才是成熟的标志。这时候我们开始理解，金钱并非万能的，只有影响力才能改变世界。

父亲年轻时可能和我们的想法差不多。我敢打赌他 30 岁买保时捷跑车时心里肯定得到了巨大的满足，而且说不定以后还想换辆更名贵的豪车。那个阶段他对物质的渴望越来越强烈。但随着事业的不断发展，他对物质的渴求终有一天会得到满足。当拥有了一切想要的东西后，他似乎开始把自我封闭了起来。他变成了一个闭合环，不允许从公司的口袋里流出去一分一厘钱，他开始希望宜家在自己百年之后也能长盛不衰，从此宜家仿佛有了自己的生命力。

如今我们已经长大成人，非常感谢父亲为宜家构建的体系。这套体系是为了保护我们，尽管宜家并不能完全免受我们第二代掌管者所带来的风险。被推举到高位不代表不会犯傻做出错误的决定，从而危害整个宜家的基业。像现在这样不受所有权问题的困扰，一身轻松，我们觉得挺好。

宜家能否实现长盛不衰

只要我们守护好宜家理念，宜家就很有可能实现长盛不衰。扩大规模本身并不是宜家的目标，但达到一定规模有助于宜家的发展壮大，比如扩大采购规模才能拿到更低的价格。我们不能说现在宜家的规模已经足够大了，这样会消磨斗志。宜家的发展需要活力、信心、力量。从另一个角度来看，我们其实可以放缓扩张的脚步，暂停几年，以积蓄力量。相比墨守成规，围着现成的宜家商场转，不断让自己投身于新项目中确实更有意思，但也存在很大的风险。

你们在宜家是否已经有影响力了

是的。但仓库库管员也会对宜家有影响力啊。这体现出宜家体系的优越性——每一个明智又愿意为宜家出主意的员工都可以大声说出自己的想法。所有宜家员工群策群力就可以创造出无穷的智慧。而管理工作更像我们三兄弟自由发表见解和广开言路的论坛。其实在日常生活中也可以发挥影响力，哪怕是在喝咖啡的时候，任何想要发挥影响力的人都可以做到。现在我们都已经加入伊卡诺和英特宜家系统的董事会，我们还会参与其他更具影响力的董事会，从其他更有影响力的人身上不断学习。

你们将来会活跃在董事会层面吗

董事会有利于我们综观全局，但如果坐在那儿肚子里什么货都没有，肯定也不自在。比如在伊卡诺董事会上，只要一出现有关保险的事情，我就彻底无用武之地了。

将来你们希望为宜家做些什么

能在一年内新增 25 家宜家商场肯定是最理想的情况。如果真能达到如此惊人的目标，就意味着我们的工作很到位。能否在一年内完成这个目标尚不可知，我们希望以此作为一个重要的标尺。

我个人的最高目标是在近 3 年内做好一名宜家商场经理。我喜欢在商场工作，之前也写了不少关于商场改进的备忘录。

我最青睐小型商场，因为商品更触手可及，过道更狭窄。位于米兰的西尼赛罗·巴萨莫商场就极其狭窄局促，完全不符合宜家理念的要求，但你在商场里挤来挤去总能找到路，也会爱上这样的购物体验。这一方案是销售商和内部设计师的聪明才智淋漓尽致的体现。

未来会开放外部加盟吗

有可能。但开放外部加盟会带来新的挑战，我们应该清楚宜家能做什么以及目标是什么。比如，要不要支持这个项目？是不是所有人都能拿到货？如果集团管理层出现了问题，其他人就会为我们的失误埋单。

从目前来看，宜家集团在外部加盟方面是先行者。在未来，任何有能力的优秀人才都有机会运营宜家商场。

坐拥庞大财富有何感受

尽管很多人不信，但实际上我们不会刻意去想是否富有这件事。有些人喜欢通过华服和豪车彰显自己的身份地位，但真正的大人物根本无须刻意表现给别人看。

我们不过富人的奢侈生活，三个人中甚至都没人打领带……我最近刚买了几双新鞋，但身上穿的还不如挤地铁的普通人。我喜欢这样。

你们的朋友都是什么样的人？亿万富翁能交到"真"朋友吗

我当然有那种能够交心甚至能一起抱头痛哭的亲密朋友。他们住在洛桑，和我的工作圈子没有交集。有钱以后是否有值得信赖的朋友，取决于你如何经营这段关系。如果你能保持本色，待人坦诚，别人有难时能施以援手……

虽说友谊并非基于索取，但我相信，在我困难时会有朋友挺身而出的。当然了，我也会为朋友出头。

宜家未来走向如何

目前我认同英格瓦所说的，应当为普通大众创造更加美好的生活。刚参加工作培训时，我以为这句口号只不过是营销噱头。公司必须盈利是个事实，不需要遮遮掩掩。要生存，公司就要给股东多创造红利。这就是现实。但我们也需要扪心自问：我们的价值观是什么？需要什么样的道德观引导自己？我们要树立宜家的企业文化。我们在哪里都要做到诚实守信。只有明确了自己的企业文化，才能保证在其他国家也做到始终如一。

树立企业文化也是为了在家居领域建立合作伙伴关系，帮助宜家的合作伙伴共同发展，这样才能提高宜家的竞争力，保证世界各地生产的宜家产品都能保持统一水准。除了追求价廉物美，宜家还希望在方方面面都对供应商产生影响，比如工人在食堂吃得好不好，是否把保护环境当成头等大事。只有这样我们才能保证工人的生活品质，并在有限的经济条件下保护好环境，确保下一代的可持续发展。

比如童工问题。童工在某些发展中国家确实存在，但这不是宜家造成的。现在关于童工问题的争论已经变味了。但不管怎么说，宜家应该负一部分责任，至少应该告诉大家在那些国家的现实情况是怎么样的，澄清我们在商业合作方面的立场。宜家反对使用童工，但为什么世界上依旧有童工存在？只是单纯反对使用童工还不够，我们还要想，假如宜家就此取消与这些合作方的订单会造成什么影响？这些孩子会不会被迫回到街头出卖劳动力？

三位都在国外生活，那么如何保持所谓的"斯莫兰风格"呢

瑞典宜家总部仍然在阿尔姆霍特，产品系列还是由阿尔姆霍特决定，这一点对保持"斯莫兰风格"至关重要。我们也知道把优秀人才调到斯莫兰的成本很高，而且实现起来也很困难。意大利的很多设计师可能都不愿意跑到阿尔姆霍特这种小地方生活。我们要一直把阿尔姆霍特当作标杆，依据它来调整整个宜家的步调，而不是把这里当成养老院。很多人都觉得瑞典人工作特别悠闲，认为瑞典人并非值得借鉴的好榜样。

是的，我们确实存在各种问题，但对宜家来说，阿尔姆霍特永远是一个标杆。我反正找不到比阿尔姆霍特更好的了。我承认亚洲人的工作节奏很快，而我们工作中有休息间隙，但不管怎么说，我们是在认真工作的。而且我们阿尔姆霍特的人比世界任何地方的人都更精通家具，这里为宜家未来发展积蓄了知识，储备了力量，没有任何一个地方可以替代。

瑞典人做决策确实比较慢。瑞典宜家推出一件新产品可能需要长达 2 年的时间，而爱必居[①]只需要一年。速度相对慢，是因为阿尔姆霍特追求的是每个细节都要尽善尽美。我们虽然牺牲了速度，但保全了优越的品质。宜家现在比 10 年前更注重质量，在产品设计上的钻研比过去有过之而无不及。

---

① 爱必居之前曾被伊卡诺收购，但现在已经易主，不再属于坎普拉德的三个儿子。

你们从英格瓦的管理方式中学到了什么

父亲擅长"对公众演说",很会收服人心。他还没正式说过让我们加入,所以我们还得继续努力奋斗。因为我们是他的儿子,所以压力格外大。但在董事会,我们得到了和其他董事一样的尊重。

英格瓦也在改变。过去,他讨论问题一定要达到意见一致为止。他能够虚心听取别人的意见,善于采纳更好的意见,但他如果认为自己的想法正确,就会找出无数个理由来说服他人。他从来不会说:"哪怕你不同意,都得这样做。"他一直以来的强项就是,在公司内部推行自己想法的时候非常谨慎。

但近几年英格瓦不像之前那么有耐心了,因为事情没有达到他的预期。假如一致通过的事情没有贯彻执行,他会很失望。他深知自己无法亲力亲为跟进所有事情,深知自己的时日所剩无多,所以才会着急。现在还有很多事情让他操心。

他可能得罪过很多人。只要他这个创始人还在世,而且活跃在一线,经理即便有决定权,也要具备坚韧的性格。英格瓦经常干预公司管理。假如他逮到什么不符合宜家理念的地方,必然会勃然大怒,跳出来反对。这不是所有人都能轻松接受的,却是我们这一代从他手中接管宜家的过程中必经的学习过程之一。

父亲有时批评人毫不留情面。好几次我都问他:"真的有必要发这么不留情面的传真吗?您这样做会不会引起反感啊?""可能你说得对。"于是英格瓦赶在收件人读到传真前赶紧取消,再连夜写一份语气更亲和友善的传真代替。他也能意识到自己在某些场合脾气不太好,会尽量努力做到委婉。

谁将是下一任掌舵人

现在还说不准。让人不可思议的是，现在很多新项目实际都是英格瓦以前提过的，这个兆头好像不太妙。我们兄弟三人在管理运营和更高的层面上都将担当重任，因此必须时时创新，形成计划，并在整个公司推行。人们都希望坎普拉德家族继续坐镇宜家进行管理，否则，宜家精神将无法弘扬。

我们将在未来各司其职发挥作用。我们三个人的使命就是找到并推行应对之策。我自信能够完成任务。

相比于英格瓦，我们在管理上更为谨慎，因此会尝试另一种管理风格。英格瓦自己可能没有意识到，他所说的话就是金科玉律。这么一来，他未曾预料到的就可能成为问题。未来我们会加强在这些方面的改进，更注重接触不同的人，尝试走英格瓦没有走过的新路子，学会倾听的艺术。

我们会努力不断创新，也会继承英格瓦的衣钵——去收服人心，鼓励大家创造奇迹；播下希望的种子，用心浇灌，等待它们有朝一日茁壮成长。

如果你们三个人无法达成一致意见怎么办

在集团里有一位我们兄弟三人最为信赖的人——佩尔·卢德维格松。他是布鲁塞尔红色集团的总裁。假如有一天英格瓦离开舞台，他就会成为我们倚赖的"重臣"。外界对他一无所知，他就是我们最信任的幕后军师。我们兄弟三人肯定会出现分歧，那时我们会仰仗他来协调解决。

在你们看来，什么是"典型宜家式"风格

我觉得有一款座椅能够作为典型宜家式风格的代表。这款座椅来自捷克一家拖拉机制造厂，原本是拖拉机驾驶员的座椅。这款体积小巧的椅子按照人体臀部曲线设计，使用压制金属制造，座椅上还有很多小洞，谈不上豪华。它不需要什么高超复杂的工艺制造，只要一千克金属，乒乒乓乓敲打敲打，一张椅子就完工了。它被收入宜家产品目录就是"典型宜家式"的。把自行车座巧妙地变成三条腿的凳子也是"典型宜家式"的。

有一次看设计图时，不明就里的我夸赞一组桌椅设计得不错。"桌椅？"那位设计师大为惊讶，"您没看出来这是储藏箱？"最后我们把这个原本是储藏箱的设计做成了桌椅。设计在我眼中会焕发新的生命力，成百上千的宜家产品在最初的设计稿中原本都有完全不同的功用。

这，就是典型的宜家式风格。

董事会上的静默时刻

有人渴望渺小，

有人追求宏大，

还有人借你当作伪装。

——亨利·米修（Henri Michaux），法国诗人、画家

让我们回到1986年10月，回到位于哈姆勒贝克的老宜家总部。这一天是英格瓦·坎普拉德最后一次以集团总裁的身份审阅年度决算。此时英格卡控股公司的年营业额刚刚突破百亿克朗大关，而年仅36岁的安德斯·莫贝里刚刚接棒上岗。

财务总裁汉斯·于戴尔当时刚被擢升，但对他来说，这一天之所以记忆犹新却是英格卡控股公司的年报上利润首次超过了10亿克朗。

随着舞台的幕布徐徐升起，台下掌声雷动。此刻，难道不该满上香槟，端上珍馐大肆庆祝一番？此刻，难道不该献上最绚烂的鲜花，向董事会致以最衷心的祝贺？此刻，台下所有人都屏住呼吸，耐心地等待总裁的致辞。千呼万唤，英格瓦终于走上讲台，但他只简短地说了一句："先生们，请允许我建议大家静默一分钟，让我们默默地体会这份成就。"

当时的现场就是这样。英格瓦·坎普拉德的风格一向如此——绝不夸口，谦逊低调，不会想当然，永远未雨绸缪做好最坏的打算，从

来不会被胜利冲昏了头。他从骨子里坚信成功本身才是成功的最大敌人，即便多年以后宜家再一次交上满意答卷，在资产负债表上再添辉煌战绩，他也会要求执行总裁居安思危，永远要为下一次董事会遭遇现金流危机做好提前预案。

回忆起1986年董事会的时候，现任英特宜家总裁汉斯·于戴尔这样说："假如未来收到盈利的好消息都得这么静默庆祝的话，以后的董事会岂不是永远鸦雀无声了？"

1997年11月，在赫尔辛堡举行的英格卡控股公司年度决算董事会议上，英格瓦却打破了本该有的静默（假如和以前一样的话），带头鼓掌喝彩。他的兴奋理所当然，发自内心。宜家的发展速度惊人，可谓日新月异，让他的骄傲和兴奋溢于言表。在这一年，宜家的总营业额比上一年同比增长了20%以上，创下约460亿克朗的新高峰，财务结算（税前）总额高达15.5%，超过了70亿克朗。纳税后利润总计达54亿克朗，占总营业额的11.7%。在这一年中，随着营业额的增长，宜家员工也从之前的3.34万人扩充到3.75万人。与此同时，成本呈相对下降趋势。

作为一名局外人，应该如何看待这些数字呢？这些业绩能否证明宜家已经在国际大舞台上崭露头角了？这些业绩属于"典型宜家式"风格吗？只有宜家能够实现吗？数字的背后透露出什么信息？

记得以前周刊的儿童版面有时会刊登一些连线游戏——只要用线把数字逐一连接起来，孩子们就能轻松画出熊、马、狼或城堡的轮廓。阅读英格卡控股公司的财报仿佛在用数字逐渐勾勒出一幅人物肖像，那就是英格瓦本人。或者用他的话来说，这其实就是宜家独特的企业精神的写照。

这份完成于8月31日的1996—1997年度财年报表忠实地记录了

宜家实力的飞升。这些多年前的陈旧财务报表也暗暗透露出宜家未来发展的趋势，是值得借鉴的宝贵教材。与此相比，此前的 5～10 年，宜家财务结算（税前）总额一直占总营业额的 12% 以上，税后略低，不到 8%。但我们也不能因此诟病英格卡控股公司在 1996—1997 财年之前发展平平。安德斯·莫贝里在公布这组宜家迄今为止取得的最佳业绩时，也同汉斯·于戴尔一样，以典型的宜家风格告诉人们，"前所未有"的好成绩是很多特殊因素共同作用的结果。

首先是货币带来的积极影响，由于外汇汇率攀升，宜家的收益瞬间增值 6.5 亿克朗。其次，新兴市场投资遭遇不正常紧缩也是一个重要影响因素。除了在财富市场运气好，宜家方方面面的实力也促成了这一次巨大的飞跃：

1996—1997 年，经过多年以来的艰苦发展，在东欧的投资终于开始获得回报；

同年，在经历了无数苦难和血汗的洗礼，熬过艰难的 20 世纪 80 年代后，在美国市场开始扭亏为盈；

成本上升的趋势得到遏制，崇尚简约和节俭的宜家基本精神开始回归。

说到底，可能还是多年的苦心浇灌和经营才结成了今日甜蜜的果实，就像孩子们一笔一笔地把点连接成线，再逐步描绘出图画的轮廓，汉斯·于戴尔也在一年又一年的摸索中，从英格瓦治理公司的道德准则中勾勒出了这位创始人的身影。

宜家目前保持 20% 的流动资产和 50% 的长期偿付能力，这充分体现了其企业性格和英格瓦·坎普拉德的个人性格。这些数字也是《一个家具商的誓约》的折射，是宜家创立之初就定下的法则：

永远保持充足的现金储备；

必须保证物权自有；

扩张应建立在大部分资金自筹的基础上；

绝不夸夸其谈。

细细参详便能发现，这些法则已经支撑着宜家走过了70年的漫长岁月，如今也毫不过时。1953年，英格瓦·坎普拉德为了在阿尔姆霍特开家具展厅，以1.3万克朗的现金买下了第一家"商场"。12年后，在国王道建一座现代化的旗舰商场则需1700万克朗的天价。若换成其他公司，可能早就通过发行新股或者向银行申请贷款筹资了，但宜家总是自己想办法筹措资本。在欧洲大陆建第一家商场（苏黎世附近的斯普赖滕巴赫商场）时，宜家曾遭遇货币管制，顽固的瑞士国家银行断然拒绝了宜家现金支付的请求。唯独这一次，宜家才被迫破例在诺德法南兹银行贷了500万克朗，在瑞士宜家有了足够利润时就立刻还清了。

对这位创始人来说，保持经济独立性是神圣不可侵犯的经济原则。

由于法律原因，宜家偶尔也接受参股（比如在布鲁塞尔和东京），但这样的经营方式并非宜家所愿。此外，在建的宜家商场一般资金会先到位70%，永远不会依靠股票融资。

截至2011年，宜家在全球拥有325家商场。我们测算一下就知道，一家现代化的大型宜家商场在20世纪90年代就已价值1.5亿～3亿克朗（今天更是高达10亿克朗）。这些商场在资产负债表上每年还有4%的呆账勾销，这样一来，连续若干年就变成了一笔数目可观的财富。

利用拥有的巨额财富融资对宜家来说轻而易举，例如让宜家在证券交易所上市。英格瓦·坎普拉德对这种想法难以认同。财产自有也许会拖累增长速度，却提供了安全保障："没有任何房东能和你签10年的租约而只涨20%的租金。"

英格瓦既是农民的儿子，又是商人的后代，这种一定要确保资产流动性和偿付能力的性格，强烈体现了两种经营观念在他身上结合后产生的影响，是他能保证自由的最佳选择。在痛苦的现实经历中，农民认识到田地不自由是生存的大敌；而商人则明白，有钱才能抓住千载难逢的商机。

安德斯·莫贝里在位时曾点评："正是因为这一政策，宜家才可以承担风险，渡过难关，如同被多个国家悉心培育的幼苗。我们具备长远的发展观。我们只要守护好宜家的基石——神圣的宜家概念和实际的经营，就能在确保安全的同时，为抓住商机留足保证金。所以我到一个宜家商场时，就会发现周边位置早已被买下来了。有人可能会问：'为什么我们不立即进场，确保未来发展有足够空间呢？'我的答案是：'在我们保持继续增长几年之后才会需要那块地，所以现在就算了吧。宜家已经做好了资金准备。'"

其他公司迅速做决策可能会使会计手足无措，但宜家永远会储备充足的资源以备不时之需。宜家从来不会鲁莽行事，永远都是一手留足储备资金，另一手创造财富。

"会计部门很多人都是斯莫兰人，"安德斯·莫贝里轻描淡写地说，"宜家就像刚刚播种完的农夫——背朝今年的收成，又种下了明年的玉米种子。"

数十年勤俭生活创造的财富，现在已经安全地存在保险柜里，在整个集团的共同努力下，这笔财富可能已经达到数百亿克朗。很早以前，宜家就开始有计划地、有效地调拨这笔财富。

那么，储备财富是为了什么？1998年英格瓦·坎普拉德的回应如下，今天看来仍然适用：

从很早开始我就明白一条古老的定理,销售减少1%,利润就会减少10%。今天我们赚的钱不错,但假如今后几年情况急转直下呢?假如销售下跌15%,那么一半以上的利润都会蒸发。这就是为什么体量对宜家来说如此重要。在哈姆勒贝克的一次动荡让我备受震撼,让我很快意识到乐极也可能生悲。

因此我们近乎疯狂地在各层面推行成本意识。省一分是一分。我们的纳税也一样。

在一次会议上,我看到"非创造性成本"这个术语,不禁揣摩它的含义。我认为,非创造性成本当然指的就是税收。不管怎么想,税收永远都是一项成本。瑞典的公司税为28%,宜家集团上一年的纳税额占利润的23.5%。虽然23.5%和28%没有什么本质上的巨大差异,但即便再微小的减免,对企业来说也是巨大的收益。

英特宜家的收入主要来自许可费(销售额的3%,减去成本),实际上是宜家集团支付给创始人及其家人的专利权使用费。这笔钱不属于任何特定的国家,所以我们会尽可能规避税费。这笔税费以前和现在都在荷属安的列斯群岛这种税率较低的地方缴纳。此外,在列支敦士登的英特罗格基金会是另一个较大的负责管理许可费收入的分支(请参见附录)。英特集团非常擅长股票投资,收益丰厚,资产庞大。

荷兰为控股公司创造了有利的经营条件,在荷兰与安提瓜岛之间往来是各种大小型跨国公司的惯例。当年离开瑞典时,我购买了很多公司,其中一些已经在荷属安的列斯群岛注册,这些应该是合乎标准的。英特宜家和伊卡诺也有这方面的往来联系,我们是优势合作。

宜家的商业税收观简单直接——遵守一切法律法规,如果法律规定能够给予减免，我们就会充分利用。在进入一个国家或一个省时，政府通常会为宜家提供税收减免政策，我们从不拒绝。瑞典投资基金允许宜家存留一部分收入免征税收，这为宜家发展提供了绝佳的机会。瑞典宜家的大部分商场都是在诸如此类的基金会的帮助下建立的。

值得指出的是，不同国家的税法有天壤之别。许多国家免征资本税，但德国和瑞典现在还征收超过 25% 的资本税。从趋势来看，税收间的差异未来将一步步被拉平。

宜家的一项优良传统是储备资金，而储备资金是为了谋求发展的独立和自由。宜家集团积累资产绝对不是为了坎普拉德家族存钱，而是为了在任何最坏的情况下为宜家提供安全和发展的保障资金。从这样的角度来看，我们就必须缩紧一切成本——哪怕这一成本是税收成本，尤其是撼动我们国际资本的税费。

英格瓦·坎普拉德一直奉行的准则是，金钱不是目的本身，只是一种手段。我们理解了他的经营哲学，就能更好地评断宜家应该如何为步入新纪元做好准备。年迈的创始人即将退休，新的一代即将统领宜家帝国。新的一代能有多大的机会带领宜家再创新高？无论如何，他们手中资金雄厚、经营理念新颖就是促进宜家腾飞的推进器。

宜家元老汉斯·阿克斯有一次如此评价英格瓦："他这个人从来不知满足。"确实，英格瓦也承认自己永远不会满足。但 1997 年 11 月，在赫尔辛堡飘着小雨的那一天，他认为已经心满意足了，即他已经整合了各个管理团队将宜家带入了不断扩张的 21 世纪，引领公司在不确定的世界走出坚实的未来。虽然从来不想当然，但耄耋之年的英格瓦·坎普拉德也应当承认，宜家未来形势一片大好。

在阿姆斯特丹的一个酒吧，年仅35岁的安德斯·莫贝里被询问是否愿意当英格瓦的接班人，并有一个月的时间考虑。年轻的莫贝里虽然不是阿尔姆霍特的那帮宜家元老，但也是宜家的一员老将，具有重要地位。更重要的是，他有纯正的斯莫兰血统，和英格瓦·坎普拉德具有相同的道德观。和宜家的大多数人一样，他只有普通高中学历，人人都知道他手球打得很好。但鲜为人知的是，莫贝里是20世纪70年代头一批被选中为管理培训生的宜家青年才俊。

年仅24岁时，他就被外派到欧洲，两年后又负责在科隆的建设项目，并成为神秘而活跃的扬·奥林麾下夜以继日奋斗的青年突击队一员。

从某种意义上来说，有10～15家商场都"仰仗于"安德斯·莫贝里，因为那些商场都是他亲手打造建立的。他拒绝了担任宜家旗舰店——国王道商场经理的任命，不愿意在开拓欧洲市场之际分身出来。

一番深思熟虑之后，莫贝里意识到，如果拒绝了英格瓦的信任，以后他将很难再次面对自己。所以他对坎普拉德说："假如宜家垮了，对你来说比对我来说更是悲剧。"

然而，一切进展都出乎意料地顺利。尽管宜家越发展越庞杂，但其根本的商业理念比任何时候都更加坚不可摧。在必要的权力交接转换过程中，莫贝里以低调的领导者形象出现，有意地回避了被与英格瓦这个传奇人物进行比较。莫贝里知道，只要英格瓦这位创始人还健在一天，宜家就需要他一天。假如忽略了他独一无二的影响力，就算是渎职。

时常惴惴不安的英格瓦和更加从容淡定的莫贝里，从一开始就有明确的分工。英格瓦在产品系列开发中投出的否决票在内部无人不知,确实是"创始人最了解"。他俩还共用一个助手,而这个职位吸引了各式各样的青年才俊。共用助手的好处在于,双方都能了解彼此的动向。英格瓦·坎普拉德是在企业的各个领域拥有绝对行动自由的人。20多年来,他像松鼠一样,在宜家无数的问题和可能,以及传统和愿景组成的庞大仓库中穿梭,从一个架子上跳到另一个架子上。莫贝里的任务就是,确保所有的架子都在该在的位置上并保持完好无缺。

宜家理念诞生时,就是由创始人亲口把他的想法、主张和决定传达到身边的小圈子中的。宜家发展到今天,从管理中心到外围的半径不断扩大,对运营手册、方向指示以及决策等具体问题进行澄清的需求越发强烈。这就要求莫贝里和他的继任者不断努力,保持宜家整体有序,同时也要求创始人继续像过去一样发挥责任,把他永不衰竭的知识、魅力、创造力和活力传递到企业的各个层面。

"在不断成长的新宜家里,不可能让所有人都按照运营手册上写的去做,"1998年接受采访时,安德斯·莫贝里这么对我说,"我们必须留有余地,为宜家培育像英格瓦·坎普拉德具有的那种精神力量——进取心、特立独行、创新。"英格瓦虽然以前说过"每个宜家商场都要不一样",但他也指出"只有行动上达到某种统一,凝聚共同的精神力量,我们才能在商业思维上获得新突破"。

因此,对坎普拉德家族的下一代以及宜家新一代来说,在完全接过运营和战略发展的重任时,实际肩负着双重任务——守护并深化英格瓦·坎普拉德创立的精神要义,同时,保持开放心态,积极融合科技进步和政治更迭在世界各个角落所带来的新鲜事物和风云变幻。

安德斯·莫贝里从来不做华而不实的事。他一直注重脚踏实地,实事求是地为即将到来的新世纪制定发展目标。然而,与此同时,在他看来当时的25家商场几乎每家都需要改善，比如收银台太少、仓库太小、餐厅不达标等。

宜家的20家主力商场都位于首都城市，其世纪之交的销售额占宜家销售总额的35%以上，利润占总利润的60%以上。经营好现有的这20家商场和其他商场才能为未来开发新项目奠定基础。这些商场的销售额有时能突破10亿克朗。推理一下便知，宜家必须扩大停车场的面积，增加洗手间的数量，添置更多的银行自动柜员机，为提升客户的体验感扩大必要空间，并同步有效控制损耗。

宜家商场正在各大城市遍地开花。被宜家内部昵称为"美女"的芝加哥超级商场已经落成，店面装修已经启动。根据莫贝里的计划，宜家下一步的工作重点就是更好地渗透每一个市场，彻底将竞争者赶出局。过去的宜家总是以填补市场空白的突破者形象出现，但今日的宜家必须与行业龙头竞争，夺取市场份额。从目前的市场表现来看，宜家在瑞典的表现"最好"，占瑞典市场的20%～25%；在其他国家，宜家的市场份额通常不足10%；在美国，其市场份额甚至低于2%。

安德斯·莫贝里说："宜家有能力在任何地方变得更强大，我们必须强大。"

在美国（宜家发展一路顺利），高级的市场营销策略往往对市场占有率要求更高。这一规律在其他地方同样适用。市场渗透越深，成本结构就会越合理，宜家能够有更多投资用于扩大体量，而体量也是宜家在竞争中获胜的王牌。

在不久的将来，欧洲将成为宜家所占市场份额最大的区域，约占宜家总销售额的80%，仅德国就占总销售额的16%；美国和加拿大则需要依照既定的步调继续发展。很多人好奇，为何宜家不加快扩张，为何步伐如此缓慢？笔者认为，宜家按照既定的速度一步一个脚印向前走是最好的。

安德斯·莫贝里于1999年离开宜家，由安德斯·代尔维格（Anders Dahlvig）接棒，并由汉斯·于戴尔担任他在宜家集团的副手。代尔维格现在已经离开宜家，于戴尔则担任英特宜家总裁。2009年，米卡埃尔·奥尔松成为宜家集团的首席执行官。在调到其他高层职位之前，莫贝里为宜家打开了一扇通往未来最大市场——中国——的大门。

正如英格瓦·坎普拉德一直坚信的那样：宜家是为了服务人民大众而存在的。

在下一节中，我们将详细讲述这一冒险之旅。

开拓亚洲新的疆域

为人民大众创造更加美好的生活。

——英格瓦·坎普拉德,《生活理念》

1998年3月中旬,金融风暴席卷亚洲,亚洲证券市场惨遭重创。与此同时,中国推行积极的政策,大力发展经济。

在这个历史时刻,时年48岁的宜家执行总裁安德斯·莫贝里乘坐飞机抵达上海这座国际大都市,为宜家第143家商场开业庆典剪彩。这座商场坐落于上海市龙华西路和中山南路的交叉路口,是千里迢迢跨越万里长城的第一个宜家商场。

这个特殊的日子引发了上海市民的广泛关注,成百上千的市民穿过绿树成荫的街道、鳞次栉比的摩天大楼和对岸高耸的起重机涌入宜家大门。车水马龙的喧闹淹没在无数建筑工地的机器轰鸣声中。这个中国大都市正在紧锣密鼓地发展,即将蜕变为新的亚洲金融中心。

这个世界上人口最多的国家正在悄然经历着一系列的改革。飞速发展的上海会一直保持稳健前行的步伐,这也为宜家提供了良好的改革契机。

每开设一家新商场就好像孕育一个新的生命,同时也是一场小规模的变革,是一个小型的奇迹。起初大家还会对此充满新奇,但随着宜家的发展壮大，已经不可能清楚地记得每一家新商场的孕育过程了。每一家新商场的开张都是经济保持强大活力的证明，众多"孩子"的诞生也是宜家旺盛生命力的见证。

每一个新生命的诞生，都是可喜可贺的大事。

1995年8月，英格卡控股公司董事会最终决定进驻上海，但早在拉尔斯·约兰·彼得松和英格瓦·坎普拉德考察广州时就已经有了这样的念头。很长一段时间以来，宜家都在犹豫是在中国还是在日本开商场——到底在哪个国家更适合开设宜家商场？在坎普拉德看来，斯莫兰风情在当时的中国更有市场潜力。

这一回，宜家在首轮就投入了1亿克朗巨资（其实这些资金远远不够）。英格瓦还和他的执行总裁打赌，说莫贝里不可能在世纪之交到来前成功建成首家中国商场，赌注是一瓶香槟。但实际竣工的速度比他预计的要快很多。派驻北京的中国区总经理比耶·伦德（Birger Lund）在市场调研和深入中国普通中产家庭参观后，得出了非常明确的结论——价廉物美的家居产品一定能够触动"绝大多数"中国消费者的心弦。中国拥有惊人的庞大消费人群。就像英格瓦所说，10年内只要中国中产阶层总数占到总人口的20%，其国内市场就能和整个欧洲抗衡。

1997年春天，第一位中国商场经理——像艺术家一样有一头飘逸长发的加拿大人彼得·安德森正式接受任命。随着更多资金的到位，挪威老将埃里克·阿尔内贝格（Erik Arneberg）也在10月带着他的建设小分队首次抵达中国。

埃里克出发前特意从瑞典选拔出18位优秀的人才组成了专家团队。这个专家团队能够解决装修、家具设备等一系列问题，现在已经成为一支熟练配合的特遣小分队，甚至有人把他们比作"儿科产房"

（实际上这也是宜家有史以来最牛的特遣部队）。

顺利搞定开业后，这支特遣小分队就会返回瑞典。光荣完成使命的"助产士""麻醉师"和"护理师"已经退场，现在轮到之前接受培训的新员工们上岗了，他们即将正式接管照料并使"新生命"成长的任务。

每一家商场落成的背后既有生产的阵痛，也有欢欣喜悦在传递。每一家商场都凝聚了宜家的集体智慧、经验和能量，向世人证明宜家依旧"宝刀未老"。之前建造商场的建筑师们怀着无比激动的心情出席了开业盛典。就像古时候内阁大臣们见证皇室新成员的诞生，他们纷纷从各地赶到上海，这让他们想起曾在德国、加拿大和瑞典建造商场的辉煌战绩。

开业当天，女主持人向最先进入宜家的 188 位客人分发礼券，作为奖品，顾客你争我抢，差点儿造成踩踏事件。望着商场里东倒西歪的沙发，被哄抢一空的商品，托马斯·布洛姆奎斯特（Thomas Blomkvist）这位宜家元老的脸上浮现出了笑容。布洛姆奎斯特是帮助宜家征战德国市场的传奇人物，在他看来，如果开业当天没有排成长龙的人群和一些小骚动，那就不叫"开门红"了。

对宜家来说，1998 年春天上海宜家商场"诞生"的象征意义比长久以来的其他任何新投资都大，可能只有斯普赖滕巴赫商场——欧洲内陆的第一家宜家商场开业可以与之比肩。这家瑞士商场曾被誉为宜家征战欧洲市场的胜利号角。因此，人们对 1998 年落成的上海宜家商场寄予了深切厚望，希望它的开业能庇佑未来的事业蒸蒸日上。确实，它如愿以偿地进入了中国十多亿人口的市场。随后，宜家还与中国合作方签订合同，计划在北京开设另一家商场，并任命了未来的新商场经理。在广州，宜家拿下了一块好地皮，只待未来大兴土木。拥有先见之明的莫贝里赞成在中国其他城市开更多商场，因为当下还缺5～7家商场才能满足当地的市场需求，而供应链体系也能满足运营，保证供应充足。事实上，从那一天起，中国已经"敞开"机会的大门，未来任何奇迹都有可能发生。

上海宜家商场开业的这一天，标志着宜家进入新的发展阶段。

然而宜家未来的发展还要依赖发展眼光：市场趋势如何？抽象的目标要从何处迈出坚实可见的第一步？如何激发新的思维模式？什么时候固有的认知体系会被新的范式打破？公司的未来走向如何？难道不是蕴含在每一天的实践之中，体现在点滴进步之中吗？

宜家与亚洲之间的情谊由来已久，它们的关系在未来也将更加密切。

在上海宜家商场的门口，舞狮的乐队身着红衣，指挥者身着黄袍，一派喜庆。热闹的锣鼓表演结束后，来自瑞典的大使为宜家新商场开业进行了剪彩。这回剪的不是彩带，而是一块印有瑞典国旗的牌子，欢庆商场的开业（其实商场前几周已经默默开始营业了）。焦急的上海市民们一窝蜂地冲破警戒线，冲进商场大门。莫贝里请来的特邀嘉宾拉尔斯·约兰·彼得松在一旁冷静地观察着这熙熙攘攘的人群。

在拉尔斯·约兰·彼得松的脑海中，这神奇的一天完全是另一幅景象。早在1977年10月18日，拉尔斯·约兰·彼得松就曾带领一个小型斯莫兰代表团首次出访中国。

这批瑞典人途经香港，后转乘火车抵达广州参加交易会。在广州，拉尔斯·约兰·彼得松头一次直接和一位中国厂家签下了第一笔订货单。从他保留的文件中看，合同包含价值7.05万克朗的66张东方花纹毯子以及1万张圆形草席垫。

这些订单林林总总累计仅几十万克朗，却是如今数十亿克朗贸易的开端。这也是中国经济腾飞的开端，短短一二十年，中国经济的飞速发展不仅改变了宜家经济版图的中心，也改变了世界经济版图的中心。时至今日（2011年），亚洲占宜家总体采购量的1/3，其中中国的增长幅度尤为惊人。除了现有的8家商场，近期还有3家新的商场正在筹备开业。1998年，与安德斯·莫贝里握过手的中国全体员工只有300人，如今已经有5500人。

从那时起，宜家从中国的直接进口额一直不断增长，特别是最近几年。仅上海一地的采购办公室，在1998年全年的采购额就增长了57%。中国占宜家采购总额的20%；其次是波兰，占18%。（而瑞典的采购额只占5%。）

宜家在上海的增长趋势扩展到了中国其他各地，两个新的中国采购办公室即将设立。此外，宜家在亚洲其他国家也都保持着旺盛的增长势头，如在印度的新德里（宜家每年在新德里采购500万米的布匹，并间接为20万印度人提供了就业机会）、越南的胡志明市。

宜家如果想要保持持续不断的增产，就一定不能小觑亚洲，特别是中国的重要性；要实现宜家理念，首先要保障商品供应。这促使亚洲在新世纪的头十年一跃成为宜家开发市场的关键地区。宜家一直在持续、系统性地梳理亚洲地区，比如在韩国、菲律宾、马来西亚、新加坡，力求保障最高的质量、最低的价格，以及最有力的供应渠道。

21世纪是亚洲的天下，尽管很多人都在忧虑中国的通货膨胀问题，以及不断提高的工资水平。

就像曾经在波兰、匈牙利、罗马尼亚等地一样，宜家在亚洲也在寻求低廉的价格和强大的生产力。哪里能够接受宜家的理念和《一个家具商的誓约》，哪里就是斯莫兰人的天下。在1973年，坎普拉德曾说过"简单是一种美德"的至理名言。

1998年新年发生的一个小插曲就是他勤俭美德的最好证明。

1998年1月26日，乐派斯克家具集团（RAPEXCO）总裁、年轻的美国实业家约翰·C. 华莱士（John C. Wallace）对旗下3000名越南员工发表了新年致辞。他想要模仿的正是心目中的偶像英格瓦·坎普拉德，希望自己的新年致辞也能和偶像每年在阿尔姆霍特发表的圣诞致辞一样。

1997年乐派斯克为宜家生产了近50万把椅子。面对在座那些每月拿800克朗高工资的工人们，华莱士强调了质量控制和按时交货的重要性，同时也表达了自己对公司和员工的信心。

"我最大的担忧是我们会躺在功劳簿上睡大觉止步不前。"他说。在最后的致敬中，他感谢了宜家——是宜家的资源和长期的订单帮助他不断提高藤质家具的生产。英格瓦·坎普拉德的理念与信任给予了华莱士很大的鼓励，帮助他与宜家缔结了合作伙伴关系并创造了巨大的利润。

就这样，来自阿尔姆霍特的冰碛精神，那种适应环境、勤俭朴素的精神被带到了亚洲。宜家靠它拿下了无数艰难的合约，而且一直在把它亘古不变的务实价值观传播到世界各地。在上海郊外的东升灯具厂墙上，手书的大字标语"质量就是生命"非常醒目。就是这样一家灯具厂为这个瑞典家具业巨头提供了上百万盏台灯。

亚洲的发展为宜家未来的发展铺设了康庄大道。亚洲传统的生产方式正在迅速被现代化的生产方式取代，但价格低廉依旧是它的优势。然而，英格瓦并不盲目乐观。在他看来，愿景虽好，但万万不可模糊现实。

然而，中国在不久的将来成为宜家内部最大的市场，也不是不可能。这里有广袤的地区，蕴藏着无数尚待开发的资源和原材料。1998年，中国的货运尚不够发达，将货物运到数百千米之外往往得花好几天时间；如今随着基础设施日渐完善，高铁网络和飞机航线将交通网紧密地联系了起来。

当年宜家通过"邮购"起家，互联网产生以后，邮购的古老模式在未来可能演变为一种新模式。中国将会发展为网购的大市场。

"前途一片光明！"

在这本书中不断重现的这句英格瓦的名言恰巧是《一个家具商的誓约》的结语。英格瓦·坎普拉德迄今为止差不多已经完成了自己当初设立的所有目标。今天他还会再创造另一个宜家吗？

笔者曾在不同的场合下多次追问过他这个问题，英格瓦的回答一直是：

> 会，但也要具备其他条件。
>
> 大量优质的产品现在只有某些少数人才买得到。比如，现在普通眼镜店卖的镜片大概是800克朗一副，但真正质量上乘的镜片一副要5000克朗。这中间还是有很大缺口的，普通老百姓能买得起的和真正一流的产品之间还存在黑洞一样的巨大缺口。
>
> 所以我认为除了家具产品，我还有可能找到其他类似的领域去开发。万事开头难，而且对安享稳定的人来说，再去创新，一切从头再来可能是最大的挑战。对没钱但有好点子的人来说，做什么都不怕损失，做好了就赚到了；但对拿工资的中产阶级来说，凭什么要求这些人为了实现一个好点子就更拼命？况且这种冒险可能得搭上他们一辈子的积蓄。

这可能是亚洲市场对宜家具有特殊吸引力的一个原因。亚洲的一切都具有巨大潜力，英格瓦·坎普拉德知道路在何方，亚洲的新一代也在不断寻找更光明的康庄大道。也可以说，亚洲正在走斯莫兰人实践过的致富道路。

前途是光明的，但布满了荆棘与坎坷。对于谨小慎微的英格瓦·坎普拉德来说，中国这个庞大的市场既让他痴迷，又让他恐惧。来自美国和欧洲的各项贸易禁令越来越多。中国的发展优势越来越明显，但英格瓦担心会被突然"报复打压"。一块原本畅销的中国制造的铁板很可能突然暴涨120%，定价不再受市场制约。

因此宜家必须养成"坎普拉德式"的小心谨慎的本能：没有任何市场是绝对没有风险的，必须不断寻找可以替代的供应商，即便大多数迹象都表明中国在未来依旧会是这个家具业巨头最关键的供应源。

美洲谨慎试水

> 只要给我足够的瑞典新思维,
>
> 我就能修出一条通往虚拟世界的铁路。
>
> ——詹姆斯·J.希尔(James J. Hill),北美西部传奇铁路大王

1999年1月中旬的一天,笔者与英格瓦·坎普拉德在西雅图国际机场会面。在笔者眼前的这位绅士不仅是宜家精神的创始人,也是新宜家精神的象征,不管他本人是否认同这一点。

但碰巧这一次他本人很赞同。

比约恩·贝利(Björn Bayley)是个沉默寡言又亲切和蔼的人,52岁,他的孩子们都十几岁了,但健壮的体格透露着他对生活的热情,使他看上去一点儿也不像喜欢拼命推销的老古板。20世纪70年代,青葱的少年贝利曾加入过反对宜家的阵营,抵制宜家在欧洲的不断扩张。但令人意想不到的是,他通过这样的经历渐渐了解了宜家,并从骨子里深深认同那本"臭名昭著"的《一个家具商的誓约》中所写的宜家精神。后来他还在阿尔姆霍特度过了一整个暑假,在库房和客户服务部门都孜孜不倦地认真工作过。比约恩·贝利的母亲就是大名鼎鼎的宜家女总管——I-B. 贝利。成千上万的产品都是由他的母亲定名的;在宜家初创期,他的母亲也一直是颇受英格瓦·坎普拉德尊敬的秘书和左膀右臂。同时,I-B. 贝利也是英格瓦·坎普拉德的表妹

和长久以来的忠诚伙伴，直至她 2011 年去世。

之前英格瓦·坎普拉德的儿子还没有成年，他很关注比约恩·贝利的成长。比如，有一次英格瓦操心起了贝利的人生。贝利从小在斯莫兰长大，他说话既带冰碛平原的口音，又有英属罗德西亚的英国味儿（他的父亲曾经是英国空军）。当时的贝利刚满 18 岁，执意要同一位英国姑娘结婚。英格瓦郑重地提醒他不要过早结婚、轻率承诺，问他愿不愿意先放一放婚事，到宜家工作一段时间试试看。

坎普拉德的话最终应验了，而像贝利这样转而把一辈子献给宜家的不止一个。

贝利的婚姻梦最终破灭了，没有受过高中教育的他就这样进入了家具王国，开始了一段激动人心的旅程。他和宜家一起经历了事业发展的起起伏伏，除了帮助宜家冲锋陷阵（他是第一个在资源极其有限的条件下投资和运营加拿大和美国商场的人），他一度因为离开宜家而声名狼藉，后来在经历了一段痛苦和悲伤后，又迎来了他英雄式的回归——他和自己最好的朋友成为宜家的第一个内部加盟商。

贝利与他的合作伙伴安德斯·贝里隆德（Anders Berglund）是宜家西雅图商场的大股东。这一商场早从 1994 年起就获得了销量、利润以及文化三方面的巨大成功，为贝利与他的合作伙伴赢得了丰厚的利润。西雅图的经验后来被推广到瑞典的其他商场（耶夫勒商场），很快，美国圣地亚哥商场也吸纳了企业员工部分参股。这一改革在内部掀起了一阵小小的浪潮。正如英格瓦·坎普拉德所形容的："西雅图的新模式代表了宜家的未来。"换句话来说，此举为那些在宜家工作多年已经触到职业天花板的老员工提供了新的上升通道。随着宜家体系的日渐成熟，这一企业发展模式将会促进宜家精神的发展，因为 20 家规模最大的商场（超级商场）已经抢走了所有的风头，小商场数量在不断上涨的同时需要更好地守卫自己。他们最坚定的支持者可能就是创始人坎普拉德。

今天世界各地的宜家加盟店越来越多——截至2011年已经达到36家，约占商场总数的10%。

北美宜家是这个时代的先行者，究其背后的原因，可能来自坎普拉德与北美这个世界最大、最复杂的零售市场常年打交道的经历。让我们来回顾一下历史，以便更好地帮助读者理解。

1961年，英格瓦·坎普拉德在父亲费奥多尔的陪同下两次出国考察，而这两次考察都带来了决定性的重大成果。出访社会主义国家波兰为宜家的国际化提供了平台，推动了其进军欧洲的步伐，同时也形成了在低人力成本国家寻找供应商的传统。

同年10月第二次考察的目的地是资本主义国家美国，这里是销售创造奇迹的国度，是每个企业家的梦想之地。在一封写给I-B.贝利的家书中，英格瓦·坎普拉德用"让人几乎头晕目眩"来形容他在美国所见的那些琳琅满目的购物中心和大型奥特莱斯。当被邀请到纽约郊外的一个奢华乡村俱乐部游乐时，他和父亲觉得自己简直就是"土鳖"。在拉斯维加斯，英格瓦出人意料地坐上了赌桌。但他还是他，他的黄金准则就是："永远不要赌博，如果赌就一定要赌赢，赢了就得立即收手。"

英格瓦花了20美元的赌本却赢了2倍的钱，再把赌赢的钱翻了一番以后，他不玩了……

英格瓦在经济更具影响力的美国考察回来后，把两条让他印象深刻的见闻带回了斯莫兰。第一，纽约美轮美奂的古根海姆博物馆。4年以后，他在斯德哥尔摩郊外兴建了自己家具王国的旗舰店——国王道商场，这个商场的外形就模仿了古根海姆博物馆。

第二，他觉得美国并不适合宜家或他本人发展，或者说其实美国并不需要宜家。他一直坚持认为："美国人什么都有了，丰富的产品和尽善尽美的服务，宜家还能给他们带来什么额外的东西呢？"发展中国家真的需要宜家理念，在这些土地上，"良心资本家"的事业才能够站稳脚跟流行起来，并"为人民群众创造快乐和舒适"的生活。

坎普拉德过去常说："我们的下一代就得瞄准非洲了。"而他的接班人——继任总裁安德斯·莫贝里则毫不犹豫地接过了坎普拉德手中的大旗。但创始人的这句话在很长时间内都像一个附加条件一样影响着整个公司。

到20世纪70年代末期，坎普拉德把加拿大加盟权转让给本地资本的时候，这种疏离的感觉可能默默起了一定作用。虽然现在看上去很明了，但在当时来说，宜家未来要怎么在美国发展还是未知数。和以前一样，历史条件和环境会推动宜家做出最后的正确决定。

加拿大加盟商开始时发展势头猛烈，在3年内迅速开设了6家商场，但之后逐渐偏离了宜家理念的正轨，造成了致命性的后果。他们滥用宜家品牌名称，对待消费者的态度也不当，因此在宜家重返欧洲大陆之前就已关门并陷入了财务危机。迫于事件的严重性，宜家不得不出手干预。

1979年，31岁的比约恩·贝利临危受命赶往加拿大，他当时的职位是德国卡门·多特蒙德（Kamen Dortmund）商场的经理。为了尽量挽救当时流出宜家手中的市值2.5亿美元（现在至少涨溢20倍）的财产，他当时坚持要带主管安德斯·贝里隆德同行（"因为贝里隆德比我还抠门儿"）。加拿大的加盟商很容易被收买（"可能他们生来就是散财童子")。最终，已经坍塌的产品分销渠道被重新恢复，除了一个商场倒闭，其他的加拿大商场都被重新拉回到斯莫兰精神的正轨。通过此役，这对脚踏实地的合作伙伴——贝利和贝里隆德被誉为在瑞典本土之外宜家精神的最忠诚信仰者。正如贝利经常挂在嘴边的一句话："宜家的理念非常强大，你几乎不需要做其他事，只要遵循它就会成功。"

慢慢地，这二人组成的"双 B"团队稳妥地帮助加拿大重返正轨。

对英格瓦·坎普拉德来说，这次事件肯定了他一直以来坚信并传播的精神。随着宜家商场不断增多，瑞典本土之外的遥远市场被一一攻克，而那些独立又有创意的老板迫不及待地想要跳出《一个家具商的誓约》、英特宜家系统手册，以及安德斯·莫贝里颇具引领性的帮助商场有效运转的"必备要点"（比如说地面要涂装标志箭头，价目牌要清晰醒目，"儿童式"思维等），而去尝试其他的经营手段。坎普拉德也对宜家文化将来的发展深感担忧。因此，他在 1984 年的一天，专程从汉诺威火车站外的一个电话亭打来电话，希望宜家的老将之一贝利能够在美国开设商场。后来贝里隆德接管了加拿大。第一家美国商场即将在历史文化悠久的费城开业（1985 年），费城临近特拉华州，是瑞典移民踏足新世界后的第一个落脚点。随后不久，1986 年，在美国首都附近有了第二家宜家商场。

曾几何时，美国一直被称为欧洲零售业的坟墓。一些天真的欧洲业界翘楚曾纷纷跨过大西洋淘金，可到了美国他们才发现，这里的金矿只剩下 1% 的真金，剩下的 99% 都是空洞的美梦。宜家这个在任何其他市场都被鲜花和掌声包围的常胜将军，现在也得从现实中学到教训，知道理念再好也得保持谦逊。从 1976 年在加拿大温哥华，到 1998 年芝加哥超级商场的开业，再到北美宜家总裁扬·谢尔曼（Jan

265

Kjellman）宣布北美 20 家商场均实现盈利，在现实中，这一路走来用了整整 22 年。扬·谢尔曼之前也曾担任过瑞典宜家总裁。直到 1999 年，北美宜家才终于突破 10 亿美元的销售大关。

有人可能认为，这么大的跨国公司还要经历如此长的学徒期让人不可接受。进军北美之初，在经济繁荣的刺激下，人们被虚假的信号迷惑，认为宜家能够迅速"攻城略地"。美国人欣赏新点子，对这个"不可能实现的家具商场"非常好奇。宜家把自己的建筑物漆成了瑞典国旗的蓝色和黄色，在美国人眼里显得有些贪得无厌，却得到了很多斯堪的纳维亚后代的拥趸。北美商场的销量随着新商场建设的速度激增，随后却急转直下。直到 1993 年，北美 20 家商场中还有 14 家有赤字，到 1996 年，只有一半的商场处于盈利状况。

宜家内部对从贝利过渡到下一任总裁接班人约兰·卡施泰特评价不一，这是人事交接时难以避免的正常现象。贝利这个人虽然有时沉默寡言但很达观，如今回顾这段被迫调职的经历时，他认为"这是发生在我身上最好的安排之一"。这次的变动给予他动力并帮助他开启了人生的新旅程。贝利后来用补偿金投资了西雅图商场。从本质上看，这些都不属于个人层面的问题，而是时代造成的。来自新泽西州的伊丽莎白商场经理鲍勃·凯（Bob Kay）曾感叹："想在美国混出名堂需要时间。在无数已经很有名的品牌中杀出一条血路需要时间，在多如牛毛的新品牌中崭露头角也需要时间。"如今，宜家这个品牌几乎已经在美国家喻户晓，但只有 30% 的美国人会把这一品牌与家具或家居联系起来。

美国市场让人联想到英国市场。英国市场规模虽然小得多，但对宜家来说更有活力。宜家早在 1987 年就已登陆英国，第一家商场位于沃灵顿（Warrington）。但直到 10 年后，英国市场才缓慢成长为继德国之后的第二大市场，当时拥有 8 家商场（2011 年已经有 18 家）。英国市场和瑞典市场有很多相似点，这多少让人始料未及。

宜家已经横扫英国市场时，在美国市场还停留在基础问题上。欧洲人和美国人在购买习惯及生活方式上都有许多难以调和的差异。宜家当时"只想"在巨大的北美市场上分一杯羹（北美家具零售市场市值约 450 亿美元，今天宜家大概占其中的 10 亿美元），但这杯羹很烫口，比外人看上去的更加难以品尝。

美国和加拿大的家具行业大多数分散在无数区域的无数本土企业中，大型连锁商场也会涉及大量家具和家居产品。宜家"一站式家居"服务的理念则采用同一个供应商为世界各地的商场提供同一款产品（直到今天依旧如此）。美国人对这样的理念根本不买账。然而，宜家的基本产品线和理念在进入美国市场之初确实取得了一定的成功，像"莫泊"箱子等充满创意的商品就经常能以爆低的价格吸引消费者的眼球。（1998 年 11 月芝加哥商场开业时，顾客问经理扬·谢尔曼："你们的商品什么时候会恢复正价啊？现在是因为开业才特价吧？"）

安德斯·莫贝里任命法国沃尔沃集团前总裁约兰·卡施泰特为北美宜家总裁的决定，不仅触怒了英格瓦·坎普拉德（毕竟血浓于水），还带有文化碰撞的意味。卡施泰特的管理风格是在较为复杂的沃尔沃集团培养起来的（沃尔沃后来被福特收购，后又被中国企业收购），与宜家的管理风格可谓天差地别。他富于创造性的语言对很多斯莫兰人来说，就像让美国人读中文。据说有人形容他是"水里纳瓜"。

因此，卡施泰特和英格瓦·坎普拉德走得并不近，但他"执政"的 5 年（1990—1995）给北美宜家留下了不可磨灭的个人印记。在每年的年终资产负债表上，卡施泰特都会耐心地用彩笔标出任何一丁点儿的胜利（贝利创立的伊丽莎白商场之所以能很快盈利，不仅仅是新泽西州的税率比纽约州低几个点。这一事件还曾触怒过纽约市长，市长发誓说假如抓到哈德逊河对岸的企业"不法"获利，必将严惩不贷）。卡施泰特较为臃肿的组织架构模型也是他的个人烙印（后来扬·谢尔曼提倡精兵简政，提高效率，削减了人力，集中管理销售，并关闭了一些商场）。实际上，卡施泰特最大的贡献在于他对美国购买文化的精准把握，这对宜家产生了决定性的深远影响。这一贡献不论是在阿尔姆霍特大本营决定产品线的过程中，还是在董事会拟定美国相关条款时，都发挥了影响力。

时任北美宜家市场及销售总裁的肯特·努丁（Kent Nordin）说："没有任何一个证券交易所能接受宜家这种缓慢增长的发展模式。但宜家的信条是保持长远的眼光并持之以恒，这样一来我们才有充裕的时间反复推敲，为生存发展不断奠定新基础。每一天都是一个必要的发展阶段。"

作为产品系列的负责人，努丁系统性地逐一研究了每一件产品，然后才开始决定在美国推广什么产品。在休斯敦商场的一个小故事至今让他记忆犹新。那天，一位女顾客对一款双人床爱不释手。当努丁走过去想要提供帮助时，她却表现出了惊讶的神情。对，这位女士很满意这款床，但她搞不懂尺寸上标的"160厘米"到底是什么意思。

于是努丁用复杂的术语给她介绍了产品卖点和公制度量系统，解释说160厘米是瑞典对于双人床尺寸的规定。听完这些，女顾客一脸诧异地望着努丁说："年轻人，你说什么根本听不懂！宜家就没有'特大号'或者'大号'的双人床吗？"

说完，她头也不回地走了。

努丁之前在德国纽伦堡商场担任经理，很有销售经验，刚到美国时，这件事给他上了颇具教育意义的一课。一年内，美国宜家的床都改了，不是改设计或者材质，而是在尺寸标注上改成了美国的特大号和大号。虽然这样的改变有违宜家理念的规定，但让床的销量翻了不止一番。

除了床的尺寸标注有所改良，随后床上用品——毯子、床垫、床单、枕头等全系列床上用品都跟着进行了本土化改良，在此之前宜家只卖成品窗帘。那些在欧洲广受欢迎的厨房用品也遭遇了类似的困境——橱柜对美国人来说太矮，炉灶和洗碗机安装以后会突出。一切产品从欧洲到了美国都要重新设计，这太令人抓狂了。但重新设计后的产品现在在美国热卖，是人们最关注的一类商品。

这样的小改良在决策中却显现出了大意义。比如，餐具虽然完美，但缺了配套的汤匙就不行。只要纠正了这样的小问题，就能立即提升销量。像"爱维卡"（AIVAK）和"卡尔斯"（KARLSHAMN）这种软垫沙发也被引进宜家（在欧洲，人们习惯靠坐在沙发上；而在美国，人们则习惯于把整个身体都陷坐到沙发里），一些美国本土设计（但也是宜家风格）的沙发款式甚至受到了欧洲人的追捧。躺椅本来只有美国有，现在热销到了欧洲。

渐渐地，阿尔姆霍特和北美宜家的员工们已经清楚地意识到合作可能创造益处。两种文化的冲突一开始并不明显，但现在已经受到了充分的关注和研究，从中获得的宝贵经验被用于管理，也对大西洋两岸的宜家都产生了积极的影响。对宜家人来说，挑战可能是改进椅子的设计以适应美国人不断增长的体重，也可能是努丁让阿尔姆霍特的桌子设计师进行火鸡测试——假如一张桌子放不下盛感恩节火鸡的大号盘子，边上没有空间再放下杯盘碗盏，那就不是符合北美尺寸的设计。

此时，有些美国投机商人瞄准了宜家理念的活力，在加利福尼亚州搞起了山寨的仿冒品。这个山寨版宜家叫"斯托尔"（STOR）。品牌标识中的字母"O"中间画了一条线，暗示了自己同样源自斯堪的纳维亚的血统。斯托尔不仅仿制宜家商品，连产品名称都一模一样。从商场布局到宜家经典的儿童游戏场里色彩缤纷的海洋球，它都原封不动地抄袭去了。它甚至还抄袭了宜家商品目录，并效仿宜家在商场门口挂满旗帜。

约兰·卡施泰特卸任欧洲宜家总裁一职后，转战宜家外部，成为一位受人尊敬的"学习型企业"专家。在约兰·卡施泰特看来，斯托尔拙劣的模仿只流于皮毛。这些人参不透也达不到价格、功能和宜家设计理念的三位一体。而且，他们还小看了错综复杂的供应链体系，只有宜家才有能力通过供应链的周密合作为分布在世界各地的320多家商场提供一模一样的商品。斯托尔也没有领悟到民主设计的精髓和平板包装的优越性。照猫画虎难画骨。他们也没有真正领会到商品目录的重要意义。

虽然刚开始时斯托尔在商业上获得了成功，但最终还是以失败告终。之后卡施泰特收购了斯托尔旗下的门店，并对其进行了一系列艰难的改造和调整，试图以自己的方式努力与宜家抗衡，但最后依旧一败涂地。卡施泰特至今仍然是前雇主宜家的热情崇拜者，但他对宜家也有诸多尖锐的批评（"宜家最糟糕的时候简直像个教派"）。除了瑞典国旗上的蓝色和黄色，他还想再给标识添上星星和条纹。

这一事件让本就对华丽的辞藻和妙语连珠的隐喻保持怀疑态度的宜家人震惊，但从中他们最终明白了一个道理：只有深刻了解美国消费文化的人才能最终征服美国。

在卡施泰特的领导下，宜家走上了一条越来越自大的营销路线

（"美国很大，为她装点，舍我其谁"），根本不惧怕被推上舆论的风口浪尖。

也许这一切并不是单纯的巧合。像位于纽瓦克机场附近的伊丽莎白商场这种盈利颇丰的商场，店长都是从百货业巨头梅西百货公司精挑细选挖过来的。我还记得，1999年见到鲍勃·凯时，他身穿一条蓝色牛仔裤和一件毛衣，打扮很随意，正沐浴在阳光下，免费的宜家巴士从曼哈顿带来一车又一车的纽约客。

通常来说，周六来逛伊丽莎白商场的纽约客只是上万顾客中的少数派。但经过一年之后，来宜家的纽约人在数量上已经超过40万了，占顾客总数的1/5。此外，纽约人的购买能力相对较高，对公众舆论的影响力更大。在他们眼里，来自瑞典的家具"很新潮"，这为宜家树立了良好口碑。

所有这些要素都促成了宜家的"美国化"，但宜家的概念绝对不容被曲解。当芝加哥商场经理给加利福尼亚商场打电话，等待接通时他所听到的"占线音乐"应该和他自己商场里的一模一样。同样的占线音乐通过卫星被自动接通到全球所有商场。这个简单的事例说明了宜家精神如何在现实中发挥作用。同时，宜家的每一款经典产品也都是商场的灵魂所在——比如"比利"书架、"波昂"（POÄNG）椅子，还有因为价格超低而狂卖100万包的小烛台，颇受欢迎的宜家儿童产品系列（这是特别典型的"坎普拉德式"的点子）和办公家具（多达5000万美国人在家办公）。总之，"宜家理念"已经站稳脚跟，"美国化"只不过是帮助它校准罢了。

如果说第一任掌舵人比约恩·贝利奠定了北美宜家的基调，弘扬了务实和忠诚之风，那么继任的约兰·卡施泰特则更加学院派，更具远见卓识。接棒的扬·谢尔曼在熬过艰难的财政和架构重组之后，终于能够如愿收割20多年以来艰辛奋斗的成果，当然，有时留给谢尔曼的只有痛苦的教训。他的新使命是，以每年新开一到两家商场的速度在北美增加宜家市场份额，同时提高利润。

1999年1月的一个清晨，费城宜家总部的员工咖啡厅里传来阵阵掌声。发生了什么好事？原来是年轻的主管吉尔·麦特森（Jill Matherson）正在宣布第一季度营收数字。北美宜家终于第一次成功地将成本控制在销售总额的30%这个难以实现的比率以内；增加的成本占销售总额的份额比初步利润所占份额稍小；新的芝加哥商场（谢尔曼在给坎普拉德的一封信中，把新的芝加哥商场称为"美女"）在开业仅仅45天后就达到了盈亏平衡点；而伊丽莎白商场（在同一封信中，谢尔曼称之为"野兽"）也打破了自己的纪录，利润增长达到了43%。谢尔曼在临别赠言中说道："谢谢你们，我的伙伴们，祝你们下班之后度过一个愉快的周末。但是我们依旧不能懈怠，在达到完美之前还有很多工作要做。"当销售额首次冲破100亿克朗、利润达到10亿克朗时，1986年英格瓦·坎普拉德在董事会上"静默一分钟"的指令再次回荡在耳边。

"获得成功时绝对不要骄傲。永远保持未雨绸缪的状态。"

"只要能驾驭你的善良，就能在北美取得成功。"英格瓦·坎普拉德当时在给新上任的扬·谢尔曼的信中如此写道。将兴建芝加哥超级商场的计划推迟两年，并要求谢尔曼先理顺财务，至少理顺之前业绩不佳的加利福尼亚商场，坎普拉德的这些决定为北美宜家的发展奠定了基调。如今，谢尔曼的任务已经完成，接下来美国和加拿大宜家会如何发展？宜家的扩张之路到底能走多远？安德斯·莫贝里曾给出这几个问题的回答："发展的可能性是拦不住的。北美宜家会在21世纪初创造巨大的销售额和利润，比今天全世界所有宜家商场的销售总额加起来还多。"

当然，安德斯·莫贝里夸下如此海口前，中国这位重量级选手还没出场。假如真有实现目标的这么一天，1961 年在拉斯维加斯的赌桌上赢了 80 美元见好就收的坎普拉德可能真的就能彻底放下对美国的种种疑虑了。然而，如何才能实现扩张？北美的未来路在何方？宜家应当如何提高利润、降低成本、优化物流？伊丽莎白商场的销售额目前正处于蒸蒸日上的势头。作为美国境内第一家销售额突破 1 亿克朗的明星商场，商场自身的压力与日俱增，尽管刚刚翻新过，但商场的耗损还是很大。这一点鲍勃·凯很早就预料到了，他建议尽快在纽约地区开设一家新商场以缓解压力。虽然新商场会分走伊丽莎白商场的销售额，拉低其增长率，但令人难以置信的是，伊丽莎白商场的年增长率只是从每年的 20% 降低到了每年 9%～10%。

鲍伯的想法是对的。现如今整个纽约地区已经拥有 5 家商场。

对费城北美总部来说，他们需要的是一个新战略，既能扩大规模，又能优化商场的每一寸空间，却不以牺牲质量或人力资源为代价。美国几乎所有企业都面临一个共同的问题，那就是低收入岗位员工的离职率高，有时甚至高达 80%，不断培训新员工又需要投入昂贵的成本。贝利和贝里隆德这对明星组合对此问题的解决方案值得所有人学习。在西雅图商场，他们不仅大幅降低了员工离职率，还提高了员工的忠诚度。西雅图商场每年都会选出一个周六，将这一天收到的所有销售金额（扣除税费后）全部奖励给员工。这个活动在华盛顿引发了大规模的关注和媒体的报道。每个员工根据工龄长短，都能根据这一日的实际销售总额获得一定比例的分红（最近一次分红总额超过 70 万美元），即便是刚入职的员工也能获得一定奖励。那些从 1994 年开业就加入团队的老员工，单单这一天就能获得 7000～10000 美元的奖励。这个点子的创意最初来自汉斯·阿克斯——缔造国王道商场奇迹的幕后功臣。

我们还不清楚这一对员工的奖励机制是否会一直持续，但只要贝里隆德和贝利还在，西雅图商场就会继续坚持自己的道路。"创造宜家奇迹的，实际上是我们的员工。"宜家最高层管理（英格瓦·坎普拉德）认真调研了西雅图商场的成功案例，并在1999年10月9日把这个策略推广到了整个宜家系统。当天，所有宜家员工都有机会共享销售收入——5亿克朗的巨额奖金让所有人都热血沸腾。至于以后是不是还能有这样幸运的大好事，宜家还没有公布，但我们能从增长业绩中读出些许端倪，像10月9日的这种分红奖励机制未来可能还会持续，但会根据不同地区的不同文化和利润水平因地制宜地进行调节。

西雅图商场还采用了一套全新的管理理念，贝里隆德提倡管理以员工为本。西雅图商场每个管理层都设两个负责人，就像有贝利和贝里隆德两个老板，连"装饰"经理也有两个：艾米·特里亚纳（Aimee Triana）和凯瑟琳·麦基弗（Kathleen McIver）。这种在公司内部分配权力和责任的做法为西雅图商场带来了不少创新举措，也带来了利润空间和销售率的急速增长。而经济基础是给员工提供良好福利的基本前提。"要说节俭，我可能算是最节俭的，甚至有些抠门儿。但安德斯和我都明白一点，作为独立所有人，在管理员工和财务方面还有很长的路要走。"

西雅图商场的一系列创新举措引起了一股"内部发展"的热潮，这样的热潮很快传染到了外部。在扬·谢尔曼办公室的墙上贴着一张彩色图标，标注了直到2004年的发展计划，其"外部发展"的野心不言自明。如此野心意味着需在短时间内投入数十亿美元的发展资金。单单包装芝加哥"美女",一套光鲜亮丽的配套装备就近 5000 万克朗,这在当年算是令人惊叹的大手笔。美国宜家的规模日益扩大,短短 10 年内就开设了 27 家新商场,并为整个宜家总销售额做出了贡献——目前北美宜家占 15% 的份额,而整个欧洲占 80%。

挥之不去的余音

周日，从伊丽莎白商场发出的最后一班免费巴士已经到站，将满满一车的乘客安全送达曼哈顿。车停在第五大道上，中央公园对面就是著名的古根海姆博物馆，那里正在筹办毕加索的画展。路过的行人们小心翼翼地绕过路边的包装箱。同样的一幕在1961年给那位从阿尔姆霍特第一次来到美国的青年家具经销商留下深刻的印象，使他产生了狂野的念头。试想一下，建造一栋圆形的建筑，让顾客乘坐直梯到达顶层，然后再经过缓缓盘旋的扶梯下降，从成千上万的家具和配件的顶上越过是什么感觉！他们有大把时间可以尽情购买！

然而英格瓦·坎普拉德打错了算盘，这样的圆形设计并不能发挥效用，但古根海姆博物馆的启发在其他方面产生了上千倍的回报。从中，美国也发现了宜家帝国另一面的价值，连创始人自己都始料未及。

世界上谁能算准看似冒险的举动会有什么样的结局？想当初，伊丽莎白商场碰巧建在一个垃圾填埋场上面，这个垃圾填埋场曾是新泽西州长久以来的大麻烦之一。因此伊丽莎白商场从地基到地面都铺设了排气管，为的是排放地底垃圾降解造成的、积攒了整整一个世纪的沼气。

然而，垃圾场中也可能蕴藏着金矿。因此，这其实是一种形而上意义上的循环。

宜家，像其他活跃发展的公司一样，内部也会有一些矛盾——比如说，"美女"与"野兽"的矛盾，内外部发展的矛盾，坚守损益表底线与《一个家具商的誓约》的矛盾，本土与全球的矛盾，谦逊与宏大的矛盾，成为"优秀"美国人的梦想与保存纯粹斯莫兰特色的矛盾。而所有这些矛盾折射出北美市场的特色，就像英格瓦·坎普拉德所说："任何市场都是一样的。"

但任何人，至少那些来自斯莫兰的奠基人，都不应该试图否定美国理念施在他们北欧心灵间的特殊魔力。近100年的时间，已有超过100万瑞典人来到美国工作，其中大多数人都继承了不屈不挠的冰碛平原精神。斯莫兰的石栏是他们精神的象征。作为一个一度贫穷的小国，瑞典曾荒废了一代青年，荒废了他们共同的梦想。因此这些人来到美国这片应许之地，在充满期望的土地上努力将梦想变为现实。

自被征服之日起，这片草原就一直被席卷而来的移民潮裹挟。当今的新移民是精神上的，指的是一波可以征服新市场、吸引新人才的新思潮和新思维。它们可能存在于一批新奇的概念和名称背后，例如iPhone、脸书、谷歌、推特……西雅图商场装饰经理凯瑟琳·麦基弗是这样解释当时放弃自己的事业转而加入宜家的原因："追随宜家是因为它与众不同的一套理念。"

她说得很对。新移民和老移民有很大差别，他们不再像从前那样，因为害怕信仰或政治迫害，或为逃脱贫困而移民。新移民是思想输出，在传播新思维的同时，也在新旧世界之间搭建了一座桥梁。

　　北美西部传奇铁路大王詹姆斯·J.希尔（James J. Hill）假如活到今天，可能会说："只要给我足够的瑞典新思维，我就能修出一条通往虚拟世界的铁路。"

　　或者是效果差不多的路。

未来何去何从
2011 版作者通讯（上）

在最近的 2009—2010 财年，美国和加拿大宜家的总销售额加在一起，占宜家在世界各地总销售额的 11%，位列第二。这对"双打组合"虽在短时间内无法逾越占比 16% 的德国宜家老大，但其占比比法国宜家多 10%，比英国宜家多 7%。其中的趋势清晰可见——走过了疲惫期的美国宜家即将绽放第二春，其商场总数已经多达 36 家（相比之下，德国有 43 家）。

是创新求变带来了这一系列硕果。1985 年，费城附近的普利茅斯宜家商场曾经掀起了一阵风暴，但低价并非它抓人眼球的武器，反而是因为对设计的追求，及其散发出的独特的明媚而轻盈的北欧风情而走红。美国宜家用了超过 20 年的时间来学习和消化热情的顾客所带来的震撼，并逐渐形成属于自己的长期信条。前美国区域经理佩妮莱·洛佩兹（Pernille Lopez）一直坚定地认为，从长期来看，即便是美国这样的大国也"需要"宜家——虽然这种需求体现在多个层面上，而她的想法经时间检验被证明是正确的。

在美国，佩妮莱的想法可能存在矛盾，却意义深远并合乎逻辑，其想法是建立在统计基础上的。因为大多数美国人还没达到中产阶级收入，还属于低收入群体之一。20% 的美国公民平均最高年收入只有 9000 美元，20% 的美国公民平均最高年收入为 1.8 万美元，20% 的美国公民平均最高年收入达 3.6 万美元。因此，对绝大多数人来说，奋斗的目标首先是为了生存。在美国也是如此。那么，为这些美国人提供价格超乎想象的优质商品必能掀起消费狂潮，就像 20 世纪 60 年代在瑞典，70 年代在德国，80 年代和 90 年代在英国，以及 21 世纪初期在俄罗斯的情况一样。

价格加上设计与质量，再加上收银台附近提供的热狗……这就是宜家的成功公式。

但在美国宜家，还有另一个极具魅力的吸引力要素：

美国宜家年营业额尚不足 20 亿美元，只占美国家具和家居用品市场的 1%～2%，这对宜家拒绝盲目扩张的个性构成挑战。就像风力涡轮，宜家总爱逆风而行积聚能量。宜家在美国的长途跋涉才刚刚踏出一步，但扩张势在必行。

随着商场数量的急剧增加（目前 36 家），与其他跨国公司［如百货业零售巨头开市客（Costco）和塔吉特（Target）］的竞争越发白热化。这两家公司只是众多公司的代表，对零售行业来说，已经没有过去所谓的传统市场边界了。

宜家，作为一家同时拥有餐厅并销售食品的家具经销商，是突破行业传统边界的领头羊。现在与它狭路相逢的还有很多食品店，而这些食品店的副业是销售廉价家具……

这样的挑战适合像宜家这样脚踏实地的瑞典公司，因为它是在遭遇了各种各样的挫折和抵制中成长起来的。宜家的组织架构——基金会所有的家族企业，成功阻止了宜家免受华尔街金融动荡的影响。近年来，丑闻接二连三发生，诸如雷曼兄弟事件、2009年金融危机、安然和世通事件仿佛已成旧闻，但2011年夏天爆发的预算赤字和债务限额危机在不断提醒人们，事无定数。

曾对美洲大陆的发展持谨慎态度的英格瓦·坎普拉德，现在终于不用再忧心忡忡、夜不能寐了。

乌拉尔的拥抱，希姆基的热吻

这里不是西方，

也不是东方，

这里叫作俄罗斯！

——张贴在宜家莫斯科办公室的标语

有人说宜家的发展史颇具浪漫主义情怀，其实并不尽然，因为最终推动宜家发展的驱动力实际上纯粹是一种想要发展壮大并证明自己的渴望。假若有人把宜家在俄罗斯的发展史称为对征服的迷恋，那还算比较贴切。这里既有宜家个性使然，也有经济因素的驱动。

那些曾经亲眼看见第一家俄罗斯宜家商场开业盛况的人，都能够切身感受到俄罗斯与宜家多年亲密情谊碰撞出的激情火花。这家商场位于莫斯科郊外的希姆基，于2000年3月22日正式营业。

仿佛久旱逢甘霖，俄罗斯人原始的强大购买力如洪荒般涌出。宜家全球300多家商场开业从来没有经历过如此壮观的喧嚣与混乱——3.7509万名顾客把新商场扫荡一空。门外的高速公路上，胡乱停放甚至是被弃置不管的车把几千米的路都堵成了"一锅粥"，交通规则都被人们置之脑后了。希姆基的新商场一举突破新的销售纪录，宜家的一夜爆红简直堪称商业奇迹。这一成功营销还要感谢媒体的得力宣传，以及良好的客户口碑。

开业当天，英格瓦·坎普拉德就站在大门口，双眼噙着热泪和来客一一握手，他甚至满心固执地希望能和所有人握手；如果可以的话，他还希望和大部分来宾行贴面礼感谢，不管他那天嘴里是不是吸着口含烟。那天可以算是坎普拉德一生中众多精彩的瞬间之一。开业典礼后他旋即投入工作，每天都会电话连线俄罗斯宜家的总经理伦纳特·达尔格伦，用略带忧伤的喜悦语气询问这位坚毅的欧洲老兵销量如何，库存、流量怎么样，餐厅能否应付成百上千个瑞典肉丸供应，以及各类大小事务的运作情况……

旗开得胜之后是一帆风顺：时至今日（2011 年），宜家在俄罗斯已经拥有了 13 家商场，而更多的新商场正在紧锣密鼓筹备之中。

对于许多人来说，宜家在俄罗斯扎根并获得巨大成功着实让人惊掉下巴。这不仅颠覆了人们过去的认知，也打破了人们多年来对俄罗斯的偏见。顽固而炙热的夏风掠过北极旱区生态环境的北方针叶林带，然而，现在这片土地上渐渐绽放生机，向世人证明了俄罗斯也能跻身 21 世纪的伟大奇迹。在那段空前成功的岁月里，公司里甚至有人开玩笑，夸口说要在下一个 10 年里在太空中建造 50 个俄罗斯商场。

然而，激情重燃、如胶似漆的甜蜜时光在初始时曾让人苦痛异常。

尽管如此，但坎普拉德从未因此感到惊讶或担忧。过去几十年，对宜家和他本人来说，有一个规律从在瑞典南部森林设立第一家商场伊始一直伴随至今——在哪里遭遇的挫折最大，在哪里就会发展得更好！从刚开始推行平板包装，到跨出瑞典国门开设第一家宜家商场，再到如今在希姆基开设商场，一直都是这样。

只要想办法克服了困难，就一定能在过程中缔造奇迹。当事情发展过于顺利的时候，英格瓦·坎普拉德反而会忧心忡忡。

历史上那些曾妄图征服莫斯科的人——法国有拿破仑、瑞典有卡尔十二世，都知道征服俄罗斯无异于白日做梦。德国人为了纪念1941年深入俄罗斯土地最远的一次行动，特意树立了一座坦克陷阱的雕塑，这座雕塑与宜家莫斯科新商场相距仅几步之遥。

对宜家来说，进军俄罗斯市场的道路一度崎岖波折。

宜家与俄罗斯于20世纪60年代就结下了不解之缘。那时候，在瑞典家具行业垄断巨头的打压下，坎普拉德被迫转战到人力成本较低的国家，以保障供应。通过与波兰和强大的苏联做生意，宜家站稳脚跟的同时，也被这里低廉的价格吸引。

刚开始，宜家通过一家瑞典中介签订了一些不起眼的小合同，并接触到了一家很不景气的、专门为家具布料制造线绳的公司。20世纪70年代早期，宜家在苏联科隆（Cologne）家具展上崭露头角。科隆家具展在当时是整个欧洲规模最大的家具展。在那次展会上，坎普拉德结识了在苏联出口管理处供职的伊戈尔·伊林（Igor Iljin）与瓦季姆·加洛内（Vadim Galonen），而苏维埃－俄罗斯出口管理处负责管理整个木材出口行业。多亏了加洛内，他可能就是传说中的唯一慧眼独具发掘宜家的俄罗斯人。现在加洛内自己也成功当上了老板，但他主要和德国的一些机构合作。英格瓦·坎普拉德总爱打趣说："我觉得加洛内早就对宜家失去信心了吧。"

当时俄罗斯禁止瑞典人参观代加工家具的工厂。这不仅导致了送错货，还制造了一连串的摩擦和不快。直到1974年，坎普拉德才终于说服了林业局，为在技术和财政上更好的合作打开了渠道。从此，宜家不仅为当地的木材公司带去机械设备和零部件，还变成了他们的合股人。因此一段时间里，大量的埃法尔书架、佩尔（PER）桦木椅子，还有霍格莫（HÖGMO）松木椅子都是在位于爱沙尼亚首府塔林①（Tallinn）的工厂加工制造的，后来又在俄罗斯国家信托公司普列奥尼厄斯基（Priozerskij DOZ）制造。

对于坎普拉德来说，这段时间令他印象最深刻的事情不是巨大的产量，而是签订了不少真正的好合同，比如与挚友加洛内之间的合作（加洛内和坎普拉德的生日碰巧是同一天，这也是他们愉快共事的原因之一）。从那时候开始，宜家在俄罗斯采购的产品非常庞杂，从椅子、书架、咖啡杯到面包篮，包罗万象，却没有重点，而且数量不大。这个特点一直延续至今。相比之下，"弹丸之地"的波兰为宜家制造的大宗产品订单却达数十亿克朗。

这样不平衡的比例迟早有一天会被打破。因为宜家目前已经投入了大量精力升级改造供应链及内部产品系统。2002年秋，在坎普拉德的亲自带领下，宜家对很多未来的商业合作伙伴做了一次详尽细致的商业考察。在此书撰写时，俄罗斯宜家的大多数产品仍然主要依赖于进口，宜家未来的目标是，商场所售产品在数量上的70%、价值上的30%源自本土。

其实早在1989年，当时的苏联部长会议主席尼古拉·伊万诺维奇·雷日科夫（Nikolai Ivanovich Ryzhkov）就在克里姆林宫亲切接见过英格瓦·坎普拉德。苏联当时推行的复兴苏联经济的新思维政策开始融解阻隔东西方多年的冰山。雷日科夫和坎普拉德都向对方抛出了橄榄枝，而坎普拉德至今都热衷于引述雷日科夫邀请宜家入驻时的诚挚之言：

---

① 1940年，爱沙尼亚成为苏联加盟共和国之一；1991年宣布恢复独立。故此处称塔林为首府，而不是首都。

> 请您放胆去做，苏联人口超过百万的所有大城市都欢迎宜家开设商场。您可别忘了到斯维尔德洛夫斯克州（Sverdlovsk）开一家商场啊，那里是我的老家。

正是由于雷日科夫的这次接见，宜家才开始放胆在俄罗斯大展拳脚地投资——他们天真地相信，这片土地上最终能够迎来真正的思想解放和市场自由。而这样天真的想法让宜家从踏足苏联土地的那一刻到 2010 年付出了无数血淋淋的代价。

确实，宜家当年在莫斯科和列宁格勒（今天的圣彼得堡）很快就成立了贸易代表处，但从此走上了英格瓦·坎普拉德口中的那条"犯错的不归路"。

在前文提到的颇具争议的人物——扬·奥林的带领下，宜家做了大量详尽并看似合理的市场调研、商务考察。之后，在推倒"柏林墙"的欢天喜地的氛围中，宜家又趁势拿下了一份前途似锦的合约。这份合约保证了宜家在近乌拉尔山（Urals）的克拉斯诺亚尔斯克（Krasnoyarsk）边疆区拥有 10 万公顷林地 99 年的租用权。

雄心壮志的宜家原本计划在当地建设一家先进的工厂加工锯木和干木材，以此为依托逐步进行精加工并出口。同时，宜家在合同中承诺会修建一座跨河大桥，并为当地居民区兴建中央供暖锅炉。为此，宜家先在瑞典北部以 1000 万克朗收购了一个产量 3 万立方米的现代化锯木厂，把整个工厂拆解后再运到俄罗斯组装。无数试验和调试做了一轮又一轮，这样才避免了兴建如此巨大的工程可能造成的失控局面。

然而，随着关键零部件的离奇失窃，工厂后来的运营多少受到了影响。虽然工厂启用了监控录像，政府也百般承诺，当局还派来了监察，但情况并未好转。一群无法无天的幕后黑手党暗中操控，甚至直接上门恐吓。在场的少数几个宜家工作人员基本都不会说俄语，深感后怕，仿佛是跟大部队走散遗落在敌人封锁线上的可怜残兵。

灰心失望的宜家被迫叫停当地的所有项目。官方统计的损失，不包括利息，高达6000万瑞典克朗。6000万克朗在当时来说可算是一笔巨款。如此巨大的亏损不仅震动了整个公司，还造成了一系列心理上的阴霾。最糟糕的事不是去寻找替罪羊，或者是让人意识到公司的内部管理还存在问题，而是后来很长一段时间，每个人细细回味整个事件时都觉得流年不利，甚至不愿提到"俄罗斯"这三个字，包括坎普拉德本人。

这次"俄罗斯崩盘"（"绝不重蹈覆辙"）给大半个宜家董事会都布下了阴霾。剩下的人则失去了冒险的狂热，转而将兴趣投向风险较低的国家——比如美国、德国以及中国；而另一部分人甚至考虑过退出宜家。但即便经历了所有这一切，也无法阻止宜家在俄罗斯押上赌注。20世纪90年代末，宜家再次大举进军俄罗斯市场，在俄罗斯的事业一直持续至今。

苏联解体后，俄罗斯国内推行民主制度，由鲍里斯·叶利钦（Boris Yeltsin）担任俄罗斯联邦首任总统。时任宜家集团主席的安德斯·莫贝里从未放弃过成就伟业的梦想，他力排众议推动俄罗斯项目的主张得到了英格瓦·坎普拉德的支持。1997年，尤里·米哈伊洛维奇·卢日科夫（Yury Mikhailovich Luzhkov）卸任莫斯科市市长之前曾许诺鼎力支持宜家的发展。

一年后，宜家在俄罗斯的首家商场于莫斯科郊外希姆基奠基剪彩。

采购部门迅速扩张，集团开始与俄罗斯海关展开艰苦卓绝、至关重要的谈判。俄罗斯针对进口商品课收价值及重量双重关税。这对宜家来说无疑是个致命打击。宜家是否有可能再次被迫叫停在俄罗斯的整体项目？这在1999年曾是个盘桓数月的难题。时任瑞典首相的约兰·佩尔松（Göran Persson）出访莫斯科时，在两个不同场合高度评价过这一项目，但直到1999年8月俄罗斯颁布了第971号总统令才真正解决了宜家的困境。根据新法令，按重量缴纳的关税被削减大半。这条新法令为接下来宜家成功征服俄罗斯市场铺平了道路。

其他的困难相比之下都成了一系列手到擒来就能克服的小儿科。

首家位于希姆基的商场于2000年3月刚开业，2001年冬，宜家就开始筹备在科姆纳尔卡（Kommunarka）开第二家商场（这一商场现在以邻近的地铁站命名，被称为特普利·斯坦商场）。科姆纳尔卡商场于同年圣诞节前夕正式开张营业，并再次打破了宜家有史以来最高的日客流量的纪录——玛格丽塔·坎普拉德以及一只招财猫有幸在新商场接待了4.5109万名顾客。俄罗斯的传统文化认为猫护宅，开业都得先请招财猫第一个进去，以求万事亨通、财运兴隆。

宜家的这只招财猫绝非凡种，当年费了好大劲儿经过一轮公开募集才找到的。第一年，它就招来了10亿瑞典克朗的营业额，一举创造惊人纪录。直至今日，这两家俄罗斯商场的业绩都非常好。如此成功的"开门红"促使莫斯科的第三家和第四家商场的开设计划被提前，未来在圣彼得堡开设两家商场的长期计划也被提前提上议事日程。

2002年2月，宜家在新西伯利亚又筹建了一家新的采购办事处。60家企业立即发出了积极的合作意向（但仅有屈指可数的几家成为宜家的供应商）。2002年5月，宜家在季赫温（Tishvin）兴建的锯木工厂开始投入生产，这家工厂毗邻圣彼得堡，属于宜家全权拥有。同年夏天，大量仓库竣工，开始服务莫斯科周边地区。就这样，征服俄罗斯市场成了现实，而不再是遥不可及的梦想。

在俄罗斯取得的辉煌成果应当部分归功于宜家的体系和物流。这一系统经过 50 年来不断发展日趋成熟，已经能够得心应手地处理几乎所有隐患。现在这一系统比过去更重视发掘具有企业责任心的员工的创新精神与能量，更注重创造机遇，拓展关系网络。很少有团队像宜家这样，经历过这么多年的风风雨雨，在工作中接受过各式各样挑战的洗礼。

伦纳特·达尔格伦 1998 年被任命为俄罗斯宜家的总经理。他和家人永远不会忘记历经颠簸最终抵达莫斯科的那一天。对成千上万的俄罗斯人来说，1998 年 8 月 17 日则是灾难性的一天——卢布崩盘后，接二连三的危机好像地震一样连环爆发。昨天的财富好像热锅上的黄油一样，转眼就蒸发得不剩分文。可怜的人们一夜间损失了省吃俭用一辈子才存下来的积蓄。随着卢布雪崩般的贬值，大型银行纷纷倒闭。

看笑话的朋友们连忙给达尔格伦打电话，想看看这时候他手忙脚乱成什么样……

坚毅的俄罗斯人却以超常的平静接受了不幸的洗礼，他们处事不惊的性格正是在数十年来动荡起伏的政权交替中塑造历练出来的。留在莫斯科的外国人则不停地囤积储备惶惶不可终日，有时候甚至把商店的货架都抢空了。不少商人的反应更加歇斯底里，由于害怕政权再次崩塌，他们居然纷纷逃出了俄罗斯。等到俄罗斯在灰烬中浴火重生时，这些人才意识到自己是多么不明智，白白浪费了那么宝贵的 4 年发展时间。

相比之下，宜家未曾想过改变在俄罗斯的既定发展计划，一秒都未曾有过退缩。

从实际来看，这次的俄罗斯国内危机和宜家遭遇过的其他危机一样，带来了不少商机，再一次证明了"石以砥焉，化钝为利"的神奇魔力。在危机的阴霾下，有些事反而变得更简单。比方说，在俄罗斯生产加工变得比过去更加低廉，地价和经营许可证价格下调，大批接受过良好教育的青年亟待就业。动荡的大环境可能多多少少让俄罗斯最终接受了新的海关征税协定，税金的降低为宜家在最艰难的事业开创期雪中送炭。通过和政府部门在技术上的通力协作，过去繁杂的报关手续得到了简化——正如瑞典首席经济学家英格瓦·奥尔松（Ingvar Olsson）所说，俄罗斯海关在不知不觉中每周都要吞吐和处理高达10万立方米的集装箱和25～30辆长途货车的进口货品，用以满足宜家每年8次的大规模补货，并供应宜家餐厅（餐厅共有750张座位）每天的日常消耗，为餐厅源源不断地输送新鲜的食材，特别是瑞典肉丸和越橘。

宜家独立自主的自营模式被再一次证明，它那套长久以来沿袭的模式也被再次肯定：

宜家不需要那种惶惶不可终日的股东，他们随时可能抛弃公司；

宜家不需要那些高高在上颐指气使的财经记者，他们可能会迫使管理层仓促决策；

宜家不应当为股票金融市场所困，它可能一朝就让股价惨跌谷底；

宜家也不需要在股东大会上被愤怒的股东们夹枪带棒地攻击，他们可能会指责大股东不顾及小股东的利益。

正是在这样的情形下，也为了安全着想，再加上暴脾气的总经理达尔格伦的直言进谏，俄罗斯第一家宜家商场（希姆基商场）的开业被迫向后推迟了6个月。否则，用董事会犀利的话来说，坎普拉德家族就可能独自承担风险了。

此时莫斯科的管理团队已一一到位。现在他们多了整整6个月来做好万全准备（这也不是什么坏事），同时也有足够时间去为这家耗资3亿克朗的商场招聘庞大的500人服务团队。为了保障商场的持续扩张，宜家团队进行了大量工作，购买了所需的土地，但也经历了一些大风大浪。达尔格伦20世纪70年代曾在德国市场叱咤风云，80年代再次挂帅出征俄罗斯市场自然当仁不让。这位早年狂野不羁的牛仔深情地回忆了那些一轮接一轮谈判的日子——为了拿下一块特定的地皮，宜家竟然必须给原来的地主支付购买800头产奶量高的牛的费用。

还有一次他遇到了违章建筑。当局承认安娜酒馆其实根本就不存在，而且阻挡在宜家商场选址和马路中间确属违章建筑，理当被拆除。酒馆的老板想要出手，但根本不存在的酒馆究竟要怎么卖？

俄罗斯和瑞典的两套思维方式总是会发生碰撞。两方的交手充满了"棋逢对手、讨价还价、老谋深算、友情万岁以及下赌注"等各种戏码。

还有一次，他们想要购买一块林地，打算未来开发成零售商业区。达尔格伦算了一下，他们总共要通过40道大大小小部门的审批。

当好不容易搞定所有批文，那块所谓的"林地"终于能被砍伐时，这笔交易又被取消了。因为根据新的城市规划规定，这块林地不再属于"林地"，而被划归为工业区……

这块地确实种植了树木，但这一城区的相关免责规定，林木不能被砍伐，因此买地建商业区成了泡影。然而，由于宜家支持者——副州长米哈伊尔（Mikhail）在政治上的卓越远见和出手相救，当局最终妥协。终于可以砍树动工了！一块大石头终于落地了！

建造一座从马路直接通向希姆基商场的大桥，虽然还没动工，但也历经了同样复杂的拉锯战。其间充满了无数的喜与乐、为了地界产生的矛盾，还有来自显赫势力的阻挠。但媒体对兴建大桥的提前报道，对宜家来说，起到了很好的宣传效果……

对达尔格伦来说，在其他地方行得通的，在俄罗斯却怎么也行不通；但很多时候，在其他地方不可能实现的，在俄罗斯反而能奏效。德国人格哈德·埃格特（Gerhard Eggert）是宜家进军俄罗斯市场的先头部队的物流负责人，他在自己办公室一张巨大的公告板上写着这样一句标语：

"这里不是西方，也不是东方，这里叫作俄罗斯！"

埃格特和大多数德国生意人一样，在商场摸爬滚打中学会了吃一堑长一智，他比其他人都更了解"俄罗斯式"的那一套。

对宜家来说，雇到合适的员工很困难。因此，宜家打出了一系列引人注目的广告，开始广泛网罗人才。其中一个渠道着重关注青年和教育方面的人才。这一举动获得了强烈的反响，不到500个工作岗位收到了超过2万人报名竞聘。经过一级又一级的遴选，最终仅剩下大约900人。招聘都是在空空如也的2.8万平方米的新商场进行的。应聘者需要走进好几个面试间，接受评委严格全面的考查。在面试的最后一轮，应聘者会和他们未来的经理一对一面谈，其中几乎没有一个瑞典人。

经过招募选拔，在原计划开业日期的6个月后，一个由约45人组成的核心团队终于搭建完成。这些人都是为未来储备的经理，肩负着重要的职责，其中约30个都是俄罗斯人。他们都与宜家签订了忠诚契约。今天的俄罗斯宜家拥有超过1200名员工。每100名员工中大概才有6个是非俄罗斯人。其中很多俄罗斯员工都是国际国民经济学院的毕业生。当时的俄罗斯项目市场协调人约翰内斯·斯滕贝里

（Johannes Stenberg）曾在该校对数千名年轻的经济专业学生演讲，无意间招聘到了很多人才。斯滕贝里才华横溢，也是管理团队中唯一会说俄语的。

伊莱娜·瓦奈科娃（Irena Vanenkova）就是第一批雇员中的一个。她原先是达尔格伦和斯滕贝里两个人的助理，后来没过多久就被任命为公关主管。她回忆说，记得当时还有朋友建议她不要穿办公室套装参加面试（因为当时俄罗斯人几乎都穿制服），最好穿日常便装。当时还是大学生的伊莱娜工作的机构与驻外办公室有一定关系，她记得自己很愤慨地回复朋友说，绝对不会为那种允许员工穿牛仔裤上班的公司工作。

但那时候伊莱娜没有也买不起任何稍微正式点儿的套装。

就这样，伊莱娜在面试时穿着一身便装，见到了自己未来的经理——达尔格伦，这让她大吃一惊。这位掌管着上亿克朗项目的大佬和她见面时居然也穿着T恤和牛仔裤，一头金发的他看上去就像个大个子的固执大男孩，根本不像全球连锁大企业里掌管千人团队和上亿克朗资产的总经理。

他说起话来不像威严的长辈，更像普通朋友。这与之前伊莱娜熟悉的那些高高在上的俄罗斯领导们的作风大相径庭。

面试就这样在愉快的氛围中结束了。伊莱娜·瓦奈科娃的反应是无数员工们反应的缩影，宜家突破传统的管理方法不仅给他们带来了冲击，同样也让顾客们震惊。宜家倡导在日常工作和生活中保持开诚布公、简单淳朴、勤俭节约、诚实守信，管理结构扁平，外人根本看不出上级经理和下级员工的区别，员工们也不会为了职位头衔而大惊小怪。与此同时，宜家坚决地抵制外界的一切诱惑，比如索贿、行贿。

事实上，宜家的抱负渐渐吸引了越来越多的俄罗斯人（以及来自世界各地的人）为它工作；宜家提倡的生活方式对有想法的人来说体现了摩登的价值本质。为了长远发展，必须维护这种宜家精神，它是一切的基础，即便是宜家精神的排头兵——英格瓦·坎普拉德退出舞台。

毫无疑问，俄罗斯宜家系统的"开门红"应当归功于他们所受的高等教育。在这里工作的全都是专家，这些人本来完全可以去当大学教授，去造飞机，或者在政府身居要职，他们却选择了为宜家工作。笔者某次参观时就听到一个正在工作的员工要求请假一天去参加博士论文答辩……这样的人选择为宜家工作并非冲着钱（宜家在外资企业中工资不是最高的，但薪酬水平很合理），而是因为它能够传达自由的意志并带来机会。这是我在采访俄罗斯员工时总结出来的。

宜家为希姆基商场开业所做的广告宣传引发了民众的纷纷议论，被认为是一次让人难堪的文化碰撞。当时有5家大型广告公司都被邀请来展示各自对开业推广的计划。约翰内斯·斯滕贝里还记得著名的4A广告公司麦肯-埃里克森（McCann Ericsson）派了七八个总监（其中只有一个是俄罗斯人）专程飞来，为宜家提供服务。宜家对这些公司并不感兴趣，最终和一家美国的广告公司——天联广告（BBDO）签约。这家广告公司的总部位于莫斯科，既有经验丰富的外国创意，也有年轻的俄罗斯新鲜血液（很多是女性）。宜家和天联广告的合作一直持续到今天。

天联广告很快就总结出如何才能更好地把宜家的瑞典精神以俄罗斯特有的方式表达出来，而且深知这一精神本身就充满了挑战。当时刚刚上任的宜家首席执行官安德斯·代尔维格通过斯滕贝里向天联广告传递了清晰的希望：要更具话题性！

所以宜家的一系列宣传推广都具有话题性，而且极具伸张正义感。

在一次耗资200万美元的开业活动中，宜家倾尽全力就是为了让顾客感受到不同和惊喜。一张广告牌上展示了一张典型的宜家床，配合的标语是"10%的欧洲人都诞生在这样的床上"。这一地铁广告立即被地铁方禁播，掀起了一场媒体风暴……

其他引发热议的广告包括把宜家商品目录和传播同样广泛的《圣经》相提并论。（莫斯科的商品目录分为秋季刊和春季刊两版，为消费者带来了物美价廉的商品，而且承诺在下期目录刊发前上一期目录上的价格绝对不变……）

为了确保满足客户需求，宜家在60户典型的俄罗斯住宅里装配了宜家家居并进行测试。此举使沙发床和家用储藏柜成为明星销售产品。俄罗斯住房大多受面积制约，这给宜家提供了良好的商机。正如英格瓦·坎普拉德早前所说：

"一定要记住，公寓房的墙面面积比地面面积大！"

在一个人口拥挤、独居人群不断增长的国家中，家用储藏日趋重要。

宜家在俄罗斯刚刚起步就大获成功。那么，成功背后的原因究竟是什么？

常爱自我贬低的伦纳特·达尔格伦总喜欢说："从一开始，每件事我们都做得很对，但谁也不知道为什么。"

运气好只是成功的部分原因。除了运气的成分，宜家派出的都是最有经验的精锐团队来负责新商场的建设。有些谣传后来也被澄清了。曾有传闻说现场施工经理安德斯·宾玛尔（Anders Binnmyr）总是随身携带一把左轮手枪。这简直就是毫无根据的谣言。每个成功的商场背后都充斥着这种类似的谣言。确信无疑的是，在东欧创建过无数项目的宾玛尔浑身上下都是经验，他就像一台大型人肉推土机，一直不懈地大力推动着项目的进展。

好的开始是成功的一半，虽然好的开始是建立在惆怅不安的政治环境下的。在1998年9月的俄罗斯金融危机中，宜家并没有像其他大型跨国公司一样仓皇出逃。

采用明智的战略是宜家成功的另一个要素。可以说，宜家是用一记记重拳打入市场的。它从来不搞小动静，全年都在建设新商场，而且几乎每个商场都配备全套产品线（拥有超过7000件琳琅满目的大小商品）。这些举动重重碾压了竞争对手的阻挠。而宜家的撒手锏——低廉的价格，则是打垮对手的有力铁拳。

开业第一天，很多人都以为价签上的数字是美元而非卢布——价格低得超乎想象！因此，宜家不得不跟消费者强调：价格的货币单位确实是卢布。

在俄罗斯这个特别的市场，宜家从一开始就有一个明确的目标——每种产品线至少都要开发一款价格低到让人咂舌的商品：沙发系列中必须有一款经典的"宜家沙发床"，餐桌系列中必须有一款经典的"宜家餐桌"，扶手椅系列中必须有一款经典的"宜家扶手椅"……所有系列都是如此，同时价格方面还要保证低到其他品牌无法竞争。选取小户型公寓（32～55平方米）装配宜家家居产品进行测试的主意则源于英格瓦·坎普拉德的先进理念。他坚持认为宜家人考虑问题应该从"立方"角度出发，而不只是关注平方米数，在俄罗斯是这样，在世界任何一个角落都一样。俄罗斯和其他几个国家是最早践行这一理念的先驱，为未来智能生活奠定了实践基础。

那么，宜家将在俄罗斯描绘出怎样一幅未来图景呢？

从很早开始，宜家就在俄罗斯主要大城市的周边储备土地，作为未来商场选址之用。他们的计划包括找到良好的地段，建造类似于特普利·斯坦商场这种零售商业区。雷日科夫曾对宜家发出的诚挚邀请现在依旧算数——所有人口超过百万的大城市都欢迎宜家开设商场。迎来市场经济生产与供应占主导的时代后，宜家对俄罗斯的满腔热情终于看到了回报。

由于宜家 75%～80% 的销量都在欧洲，过去欧洲销售部门都从亚洲进口原材料及代加工家具家居产品，从长远来看，在俄罗斯建设新的物流供应网络，不仅能缩减物流成本，还能提供更为便捷的物流线路。

英格瓦·坎普拉德经常强调"轴线特征"。"轴线"贯穿北欧，连接丹麦、挪威、瑞典、芬兰和俄罗斯。轴线穿起的国家相似点多过差异点。比如，现在很多人都会称赞俄罗斯商品质量"超级棒"。

2010 年在圣彼得堡地区发生的贿赂事件给了宜家当头棒喝，让宜家认清了残酷的现实，而不单单沉浸在成功的喜悦和兴奋之中。对宜家来说，在俄罗斯什么都可能发生，不仅是现在，将来也一样。这一次连宜家的瑞典员工也被牵扯到贿赂事件中了。

在俄罗斯的征途真是机遇和挑战并存。它可以让你上天堂，也可以让你下地狱。

2003 年的一天，笔者曾从莫斯科乘坐夜车出发，去一个为宜家商场制造木材的小村庄，探寻了解俄罗斯的实况。

在夜色中，火车穿过无尽的平原和死寂的工业区。这片沉睡的大地经过几十年，现在依旧毫无苏醒的征兆。经过了漫长的 16 小时，火车跨越了数千千米，我终于抵达了基洛夫州（Kirov）的维亚茨基波利亚内（Vyatskie Polyany）火车站。出了车站，我搭上最后一班穿越冰河的吉普车，前往荒凉的小镇卡拉斯拉雅波利亚纳（又名红波利亚纳，Krasnaya Polyana）。我必须赶在河面解冻之前从冰上穿越，不然就得改道驾车300千米通过铁路桥抵达。

回程的路上，我拖着一堆行李到处乱晃。河面的坚冰已经开始消融，脚下的雪有些松软，冰层断裂宛如倒插在冰河里的树桠。我的脑海中浮现出一个俄语单词"bezdorozhie"。这个词是我的旅伴教我的——我一见面就戏称他为"万尼亚舅舅"，那是契诃夫小说里的人物。"bezdorozhie"的意思就是"天地茫茫无路可走"，这仿佛是上帝每逢冬天就会降临给俄罗斯人的考验。

像"埃法尔"书架和"普洛门"（PRONOMEN）厨房台面这些产品，10多年来都是在卡拉斯拉雅波利亚纳这个小镇制造的。负责代工的德莫斯托涅里奇（Domostroitel）木工厂最早建于1946年。当时斯大林下令建造这家工厂是为了制造木质房屋。一直到苏联解体，这家工厂为成千上万饱受战火蹂躏的人民提供了栖身之所。当初选址的时候就是看中了周边的森林资源，以及方便的河运路线，河流把砍伐下来的木材顺流带到下游的分拣厂。横跨河面的一条铁路线是货运运输的保障，但不负责运送乘客。这个资源和条件得天独厚的小镇得到了苏联当局的高度认同，建设了文化宫和所有配套设施。怎么可能有人想要离开呢？

实际上，这家工厂由劳改犯建造，而其庞大的中央主体部分则是从一家德国飞机制造厂的飞机（梅塞施密特系列战斗机等机型）上拆解下来的。锯木厂摇摇晃晃的防波堤，光线暗淡的操作环境，车间里的隆隆噪声以及到处弥漫的尘屑，蚁群般的男工女工忙碌地搬运着木材……一切看起来都不像是工业时代的产物。以西方国家的衡量标准来看，工厂里的机器几十年都没更新换代过，简直是一堆老古董。但走到产品链尽头所见的一幕让我感到做梦般震惊。

眼前居然是一间崭新的数控喷漆车间，车间里装备了最新的意大利设备，由宜家投资建设。这样先进的高科技与周围落后、破败的一切简直格格不入，仿如天外来客。

2003年，卡拉斯拉雅波利亚纳小镇上大概有2000人都在德莫斯托涅里奇木工厂工作，占镇上总人口数的1/4。对于这些小镇居民来说，木工厂不仅提供了养家糊口的工作，而且给他们带来了安心和愉悦，是白雪皑皑的苍茫世界中一条可见的生命线。工厂那口巨大的木屑锅炉熊熊燃烧着，勉强在冬日为沿路那些没上外墙漆的低矮房子提供一丝温暖。

小镇居民们今天还能扎根于此，很大程度上还要感谢木工厂的经理弗拉基米尔·奥斯塔斯维奇（Vladimir Ostaservich），他甚至比当地的市长还有威望和权势。爷爷是集体农场主席，他本人却在官僚主义的土壤中成长为一名干劲冲天的企业家。假如没有弗拉基米尔这样的人物，官僚主义大概已经把卡拉斯拉雅波利亚纳这个小镇推向灭亡了吧。

幸亏有了弗拉基米尔，小镇才避免了悲惨的结局。这其中也得算上"埃法尔"书架的功劳——漂亮实用的"埃法尔"书架是宜家万千产品中最畅销的一款，它间接地改写了小镇的命运。这么一说，"埃法尔"超越了一个普通书架应有的历史使命。

弗拉基米尔·奥斯塔斯维奇在他朴素低调的办公室迎接我的到来。他手上的烟一支接一支从来没有停过，他定睛看着我，眼睛布满了疲惫，问道："知道为什么说你们西方人贫穷吗？我知道。因为你们物质上太富有……"紧接着，他给我上了一课：

我们卡拉斯拉雅波利亚纳靠近鞑靼斯坦边境，是一块被人遗忘的土地，一穷二白。什么都没有的人，也就没有什么可以失去。这就是我们的精神财富：生活只会越过越好，不可能越来越走下坡路。

那一刻的他和在教堂虔诚讲道的坎普拉德一样。在诸如美国等富裕国家，宜家会在教堂和慈善机构做善事，在美国、瑞典、英国这样的国家，坎普拉德还做过布道。但在像俄罗斯这样的地方，用坎普拉德的话来说："人们真的需要宜家，在这里我们更清楚自己肩上的使命，远不止追求金钱上的成功……"

"这是资本家的使命，但也是社会性的。"

半个世纪以来，德莫斯托涅里奇木工厂一直在为苏联和其计划经济体制服务。1993年的私有化改制带来了巨大的冲击——一瞬间，国家政令不再通行无阻，反倒是一些投机主义者把所有权玩弄于股掌之间。工厂不再提供新的就业机会，人们开始穷困潦倒，仿佛被父母抛弃的可怜孩子，厂里的好日子已经一去不复返了。

关键时刻，弗拉基米尔拯救了木工厂的颓势。他奔赴布达佩斯，试探性地和宜家进行了接触。1994年，他成功搞定了第一笔关键的试订单。1997年，木工厂在宜家的帮助下仅用了3个月就完成了重建。当年的营业额为3500万卢布，而截至2009年，其年营业额已经高达2.17亿卢布。现在，德莫斯托涅里奇木工厂比刚与宜家合作的时候多了700名工人，他们每个月都能拿到按时发放的稳定收入，不再像过去一样一个季度才发一次工资。

"大家都觉得这是老天造福，"我们的朋友弗拉基米尔说，"工人们甚至不相信能有这样的好事发生在自己的头上。我得从头到脚地彻底改变他们的思维模式。然后大伙儿才想通了，原来一个普通的俄罗斯人也能把握自己的命运，不像过去所有事情都靠万能的上头决定。"

现阶段，宜家正投入大笔资金更换德莫斯托涅里奇木工厂的新设备。并且，宜家已经通过预计交付的订单还清了贷款，拿回了工厂所有权。但从人的层面来看，德莫斯托涅里奇还存在很大风险。因为这家木工厂占了整个小镇98%的收入，而镇政府却欠了工厂上百万卢布早期支付的税款。双方相互依存的严重程度可见一斑。不论是在这个被人遗忘的小角落，还是在整个俄罗斯，寡头集团都正在不断壮大，已经发展为国中之国，镇中之镇。

每天，随着五六个集装箱的"埃法尔"书架被装卸到铁路桥运离卡拉斯拉雅波利亚纳，人们仿佛换取到了通往自由和富饶之地的火车票。人们尽管现在离这个目标还很远，但正在不断地接近这一目标。这个道理卡拉斯拉雅波利亚纳的每个人都懂。在工厂门口我看到了一个特别前卫的公告栏，上面贴着木工厂所有生产标兵的照片，写满了他们的名字，展示了"脱胎换骨"后的现代化德莫斯托涅里奇木工厂的新面貌。

随着规模的绝对增长，系统化势在必行，这样才能发展平衡。要想精细化产品，首先要把人员安置到位，不然就可能引起社会动荡，而这里的人们已经对动荡深恶痛绝。与此同时，在宜家的发源地阿尔姆霍特，大伙儿在齐心协力为卡拉斯拉雅波利亚纳的日托中心筹集善款、捐赠衣物和玩具。从此，两地心心相印，不再只是因为利润率和全球资本化联系在一起。关于这一点，你问一问日托中心的园长塔季扬娜·佩尔吉亚（Tatyana Peljtyay）就知道了。她到过阿尔姆霍特，并在那里发现了灵感，找到了友谊。

"啊！"弗拉基米尔·奥斯塔斯维奇感叹道，"我要是晚点儿出生就好了，还有很多事没有完成……"他就是俄罗斯目前短缺的优质商品的化身。卡拉斯拉雅波利亚纳需要他，需要他继续用一颗热切、赤诚的心造福一方。

目前，特立独行的家具公司——宜家求贤若渴，正在整个俄罗斯境内搜寻像弗拉基米尔·奥斯塔斯维奇这样的人才。如果再多一些弗拉基米尔，未来可能更有希望，可能我们就有更多时间和空间来打造斯维尔德洛夫斯克州，哦，不，是叶卡捷琳堡的宜家商场，完成雷日科夫的殷切希望……毕竟，面对真爱，没有什么不可能。

未来何去何从
2011版作者通讯（下）

宜家在俄罗斯市场扩张的最大特点是在坎普拉德的亲自推动和关注下，连续保持了极其迅猛的速度。正如他本人所说：2010年是宜家的俄罗斯年，在俄罗斯的发展速度和获得的利润都超过了其他任何地方。虽然贿赂事件造成了百亿克朗的巨大损失，但宜家在俄罗斯依然获得了最终的胜利。

这么多年来，坎普拉德一直对俄罗斯这片热土保持着初心。每天他的工作日程排得满满当当，晚上常常加班，交通还糟糕透顶。从更迭频繁的领导人，到平头百姓，大家都想会会坎普拉德，而不只是被他拥抱一下……如今的13家商场，以及瑞木工业集团旗下的工厂／锯木厂，都是在经历了重重困难和阻挠后才建立起来的。其中的艰辛不仅仅是官僚主义导致的。

2004年圣诞佳节，两座拥有250家店铺的大型零售商业区（其设计初衷就是要达到规模上的"空前绝后"）在闹得沸沸扬扬的宜家高层贿赂官员丑闻事件时开业。推迟开业可能会造成严重的经济损失，而且所有的商场早已完成筹备工作，亟待开门营业。最后让商业区能赶在新年前开业的原因，居然是来自媒体的压力。这可能是俄罗斯头一次发生这样的稀奇事儿——几乎所有媒体，包括广播、电视、报刊、网络，都站在了一家公司一边，集体挑战权威。最终，媒体为商业区带来了盈门的顾客，门槛都快被踩断了。

于2006年秋天开始营业的布勒亚德察项目（Belaya Dacha）不仅设有宜家商场，还包括价值30亿瑞典克朗的零售商业区，堪称宜家有史以来最大手笔的一次性投资。经营第一个财年后，布勒亚德察就因其4200万的年客流量跃居欧洲最大规模的零售商业区。

在俄罗斯接二连三地开办连锁店，顺利建成如此大规模的零售商业区，背后离不开宜家自己的家具供应商——瑞木工业集团在当地的鼎力支持。瑞木工业集团如今已经发展壮大，出口量雄踞俄罗斯家具总出口量的一半，并提供了近5000个就业岗位。5年前，宜家在俄罗斯市场上依靠本土产品自给自足的程度只有将近25%，如今已提高到40%，大约75家俄罗斯本土公司成为宜家的供应商，并且这一数字还在逐年上升。

之前提到的坐落在基洛夫州卡拉斯拉雅波利亚纳镇的德莫斯托涅里奇木工厂，历经初期的艰辛后，已经发展得如火如荼——一座新的锯木厂拔地而起，物流得到了整顿优化，产品线不断丰富，产量比过去翻了不止100倍。这里出产的产品，90%以上被出口至俄罗斯以外的宜家。其成功的秘诀就是：减少员工，提高员工工资，提升自动化效率，完善工人的工作标准。从此，偏远的卡拉斯拉雅波利亚纳小镇上的居民们也能在冰天雪地的冬日享受到热电厂源源不断输送来的温暖了。

然而，俄罗斯的本土竞争对手们开始对宜家的欣欣向荣心怀不满。他们纷纷使出花招，想让地方当局增加地方保护关税，设置各种障碍，试图将既是制造商又是零售商的宜家排挤出局。就像当初宜家在瑞典遭遇的行业抵制一样，宜家这一次迎战依旧是"石以砥焉，化钝为利"，并取得了最终的胜利。

2004年美嘉二店（Mega 2）开业前后的拉锯战并非来自竞争对手的阻挠，而更多是在两种不同的商业文化下，大相径庭的两套商业道德标准之间的冲突。俄罗斯政府与活跃在市场上的很多跨国巨头都达成协议，联手抵制贪污腐败，因为不论公司大小，都很容易被索贿。宜家的禁令是在汲取了痛苦的经验教训后才完善起来的。虽然禁令禁止财务部门和高层管理人员在任何时候败德辱行，但依旧不应掉以轻心。2010年宜家在俄罗斯的行贿丑闻就是一个血的教训，甚至连英格瓦·坎普拉德都受到牵连，以泪洗面（请参见第二章第三节《成功路上的九九八十一难》）。

此外，大家都知道，不论在世界任何地方，宜家所有商场的商品都使用瑞典语命名和拼写。正因如此，很多瑞典名字在全球变得家喻户晓："苏丹"床、"莫泊"储藏箱、"比利"书架这样的明星产品悄然走入成千上万的俄罗斯家庭，成为他们的家庭新宠；德莫斯托涅里奇木工厂制造的"埃法尔"书架也是多年以来的主打产品。

莫斯科现代博物馆陈列了一件保加利亚艺术家设计的装饰艺术作品，展示用瑞典语命名的产品，体现了宜家征服俄罗斯市场的新策略。宜家家居产品也许最终会替卡尔十二世完成他在波尔塔瓦会战中没有实现的夙愿,但一条不成文的命名规则可能会阻挠宜家实现目标:不允许以坎普拉德本人的名字命名任何产品。

然而,爱必居突破了这条规则。这一品牌曾被普拉德的三个儿子收入伊卡诺旗下。爱必居举办年度庆典时曾经推出一款英格瓦·坎普拉德亲自设计的三角凳。这款凳子当然畅销一空啦!

在英格瓦自己的公司是买不到"英格瓦"凳子的。

第七章

智者肖像

我是唯一从零开始见证宜家故事的亲历者。

ODYSSEY

辉煌人生的精彩瞬间

> 我是典型的瑞典人,无酒不欢。
>
> ——英格瓦·坎普拉德

20 世纪 50 年代初的一天,年迈的瑞典著名银行家马库斯·瓦伦贝里(Marcus Wallenberg)在一次银行会议上遇到了年轻的商业新秀英格瓦·坎普拉德。赫赫有名的商界大亨正好想要会一会这位风头正劲的年轻企业家。

"很高兴见到你,坎普拉德工程师。"瓦伦贝里非常正式地向他致意。

年轻的坎普拉德却无意深聊——这是第一次有人叫他"工程师",听起来很怪异。坎普拉德没有任何学术背景,当然也不是什么工程师。

后来他们又见过两次面,每次瓦伦贝里都用"工程师"这个头衔来称呼坎普拉德。

这本书的主人公究竟是怎样的人?我们究竟该怎样称呼他?工程师、制造商、改革家,还是征服者?他是全世界最伟大的小商品之王,还是只雄霸瑞典一隅?也许,这些特质都体现在他身上;也许,还有很多深藏在他内心的东西我们无从探寻。因为,坎普拉德是一个性格层次丰富的人。

不管他是谁,我们都想知道:是什么动力在驱使着他?有什么事情能促使他思考和决策？他的内心有什么样的渴望、恐惧，还有愉悦？

可曾有人知道，坎普拉德与他一手打造的宜家之间如何沟通互动？可曾有人知道，宜家带有多少英格瓦·坎普拉德的个人色彩，而他本人又带有多少宜家特色？可曾有人参透他的心机？富可敌国对他来说到底意味着什么？

有时他像一个被禁锢于自己城堡中的囚徒，醉心于扩建王国的同时也将自己锁闭于深深的城门之中。要让坎普拉德离开宜家，那就是要了他的命；要是宜家离了他，一切都将会改变，何去何从无人能料。

他挚爱着宜家的一切。

他越是珍爱宜家，就越想靠近，越是不知疲倦地追求完美，废寝忘食到连家都不想回。对他来说，"拉克"桌子、浴帘、搁板、"邦"马克杯、菜板、"托尔"抽屉柜才是重要的，在圣彼得堡开设商场，木材边角料再利用，解答宜家青年大使向他提出的问题，推广胶合板家具，研究吉隆坡的房屋户型才是重要的。

坎普拉德会反复地提出问题、劝解、挑衅，直到放手，又会折回原来的问题。他会说句好听的话鼓励你，然后又用随便一句话拆人台。他不吝啬拥抱和亲吻，但他的出现也能激怒他人。他勤俭节约，有时也会考虑得不周详，甚至有些唐突，但他对待朋友始终是温暖大方的。他关于商场的问题多得简直像无底洞，经常会拿各种难题狂轰滥炸身边的人。他会让你脑中充满各种各样的奇思妙想，但又纠缠不清，理也理不顺，直到他主动跟你道谢并告别。

"心魔告诉我，还有很多事业未竟……我永远都不可能满足。直觉告诉我，每天都应百尺竿头更进一步。"

英格瓦的数个身影仿佛定格在笔者的记忆中。

在瑞士洛桑——周六一大早，英格瓦在市场四处寻找一个卖明信片的小贩，因为他家的明信片卖得比他已经找到的一家便宜40瑞士生丁。

在森林深处——英格瓦在林间采摘野蘑菇，他绝佳的眼力无人能及，连最小的鸡油菌也无法逃过他老鹰般锐利的双目。

在芦苇摇曳的湖边——英格瓦静坐在垂钓小屋的走廊上，身边的桌面上布满剖鲈鱼的刀痕。很多成功的生意和合同都是在这桌边，伴着酒酣在热情的握手中敲定的。

在阿尔姆霍特——英格瓦被年轻的管理培训生们簇拥着，那肃穆而欢畅的氛围仿佛是古代先哲亚里士多德正在与逍遥学派门生们论道。他微微鼓起的双唇含着口含烟，一杯咖啡搁在手边，眼神中满是对未来的期盼，身躯高大，双脚永不停歇。

在桑拿浴室——正在与人激烈辩论的英格瓦大汗淋漓，与其说桑拿蒸汽太热，不如说他的内心燃烧如火。

在欧伯纳宜家商场（和世界上其他任何一个宜家商场）——巡视的英格瓦虽然急切又毛躁（"怎么能这么放价签呢？"），但充满了无穷的快乐（"赶紧帮我和儿童游戏区的孩子们拍一张照片，儿童游戏区就应该是这个样子"）。

在产品线讨论会上——英格瓦这位72岁的老人拥有一票否决权，能够一票否决一拨32岁的年轻人为21世纪设计的新产品，老骥伏枥不输年轻的骏马，他依旧志在千里。

笔者很难用一句话概括坎普拉德。正如所有伟大的艺术家一样，他身上具有无数个性格侧面。

他是一个艺术家，是创造力的化身，有着艺术家的痴迷。他拒绝妥协，铁面无私，充满希望，他永远不会说"够了，我已经尽力了"。对他来说，最伟大的那件艺术品永远都需要不断打磨创新，他的事业永远都需要百尺竿头更进一步。

坎普拉德的艺术品位并非来自一般意义上的艺术。笔者曾好奇地询问过他的品位从何而来，他不无唐突地回答："我哪儿有什么品位。我连自己的家都不会布置。但是我知道谁有品位，谁能够胜任。"

"天啊，"他感叹道，"我真希望自己能多点儿文化，像玛格丽塔那样多好。她平时喜欢读小说，而我最多胡乱翻一翻商品目录。"

坎普拉德是一个自相矛盾的人，他喜欢挑战自己之前所说的话。他的赞扬会急转直下，成为严厉的批评，而他的批评又暴露了他正在滴血的心。他欢笑的下一秒，就可能突然泪眼婆娑。

他的眼泪与他的好恶一样从来不加掩饰，就像他的判断力、商业经，还有他的自怨自艾。

谈起儿子们的时候，他更是抑制不住热泪。坎普拉德回忆说，曾有一次因为小儿子在餐桌上调皮捣蛋，他扇了小儿子一巴掌，直到现在他都深深地自责自怨，后悔当时没有控制好脾气。（不过马蒂亚斯说自己早就想不起来这事了。）

坎普拉德复杂精妙的管理艺术引发了世界范围的研究热潮，各类专著得以出版，成百上千篇文章得以发表，其中就包括米丽娅姆·萨尔泽（Miriam Salzer）在林雪平大学所写的一篇关于宜家"跨国界身份认同"的精彩论文。但这些论著中鲜有人去真正发掘坎普拉德获得领导力的灵感源泉，真正从他的生命轨迹中探寻宜家、他的领导地位以及管理风格到底是如何形成的。

他的领导风格就像神话中的两面神雅努斯。一方面，他强硬得如同一个独裁者；另一方面，他擅长倾听，能屈能伸，灵活变通，而且极其善解人意，充满慈爱。他是排头兵，同时也负责殿后；他既是将军，又是士兵。虽然成为军官并非他的本愿，可一旦参军，他便会全身心地热爱着同穿制服的兄弟，为自己能够成为团里的一员骄傲异常。

坎普拉德还是一位全知全能的上司，他热衷于提拔有识之士。无论身处成功之时还是逆境之中，他总是不知疲倦地鼓励员工积极投入工作。

很少有人看到坎普拉德在强者面前表现出软弱，他是很多人眼中的"强者"，但回顾他的一生，我们便能明显发现他性格中的软弱面。他毫无保留、发自内心地"爱慕"各种各样性格的人，不管他们是杰出的工业家，还是宜家内部的精兵良将，包括瑞木工业集团的布鲁诺·温堡（Bruno Winborg），还有经验丰富的采购拉尔斯·约兰·彼得松。实际上，从童年开始，坎普拉德就一直被笼罩在强人的阴影之下，桀骜不驯的祖母和独断专制的父亲都曾是他至高无上的偶像。

即便现在成了领导，坎普拉德的性格中还是有"服从者"的顺从倾向。"我发现自己在学校的时候特别容易听别人的话。"给笔者写信时，他这样描述自己：

> 我在奥斯比学校寄宿，住"胡子屋"，就是男生宿舍（女生宿舍则被称为"阳光花园"）。我连气都没吭一声就被欺负了，当时校园到处都有霸凌现象。我的"大哥"罗伯特（Robert）是一个满脸雀斑的小青年。我不仅要替他整理床铺、擦鞋，还得替他跑腿打杂。而且他还逼我撒谎，当然，我当时就拒绝了。到最后罗伯特厌烦了欺负我，就放过我了。不同的是，我舍友沃尔夫冈

（Wolfgang）拒绝妥协，结果受到了很多拳打脚踢。

"今天，宜家把他的信念带到了波兰、匈牙利、中国、捷克以及俄罗斯，民主家居开始走上舞台。"

领导大众首先要激励大众。只有这样，意志薄弱的人才能被激励去完成伟大的事业。但我自己的领导风格可能一直以来都太民主，对违反规则的人太过宽容。

一位功成名就的人怎么会说自己缺乏安全感呢？难道他的成就不是很好的证明，证明他在行动和思想上都远远超过了大多数普通人？

但英格瓦自己并不这么想。旁人很难猜测他下一步想实现的目标是什么。他缺乏的可能是被人赞美，他的努力就是为了换取不断的肯定，肯定他才是最棒的。同时，他仿佛从心底感到绝望，因为并非事事都能如其所愿。

"我特别容易紧张。"他说，"每次都会提前一个半小时到达机场才觉得保险。假如开会迟到一分钟，我会羞愧至死。"英格瓦曾花多年时间才克服了羞怯的性格，才敢站在收银机边上采访陌生人。为了把宜家变成最完美的商场，他一直孜孜不倦地努力着。"我不得不暗自逼迫自己。心里说，好，现在必须走上前去跟 10 个顾客交谈。跟他们说：'你好，我是宜家的工作人员。请问您对我们有什么宝贵意见？'这对我来说真的很艰难。"

他一次又一次地退缩，一边痛苦地自我反省，一边近乎挖苦地喃喃地说自己有"缺陷"。他不仅喜欢把"缺陷"这个字眼用在自己身上，也喜欢用在那些他不满意的人身上。他真希望自己不是此刻这个样子，但下一秒他又会为拥有其他很多好的品质来平衡不善言辞的缺点而感谢上帝。有时他故意通过赢得别人的赞誉来肯定自己，有时他又会发自内心地为自己感到自豪、欣慰。

"我说话比谁都夸张，"有一天他自己承认说，"我说的话你还得斟酌调整。"

宜家里程碑式的辉煌之路让很多人都难以理解为什么英格瓦会缺乏自信。不管一辈子的事业多么辉煌，直至人生暮年，他的内心始终都有另一个自我，让他始终觉得危机四伏。他始终还是那个弱小、天真的17岁创业青年，会为了1欧尔的损失唉声叹气，也会因为别人的误会而泪涟涟。即便今天他已经成为执掌跨国企业的巨头，他的心中依旧住着那个具有强烈服从意识的农村少年，他只不过正踮起脚尖透过一双成年人的眼睛不安地窥视外面的世界，并不断地自问：我能行吗？

英瓦尔·卡尔松（Ingvar Carlsson）是瑞典前首相，也是英格瓦·坎普拉德非常敬佩、偶尔磋商的对象。英格瓦认为卡尔松特别诚实，并对卡尔松的一段童年往事印象深刻。卡尔松说上学时曾因为交不起学费需要资助而受到羞辱。听到年级主任大声点出这些学生名字的时候，他难堪极了。

英格瓦始终把自己看作局外人。从这个角度来看，他和我们一样。他知道游离于组织之外，对不公平的现象打抱不平属于古怪的行为。但他自己和儿子们，坚决拒绝成为那种自负的暴发户。八卦小报报道他时经常用的标题就是："完全不像资本家的家居大王。"

文章把他形容成一个"讨人厌、不友善的资本家"，而这正中他的下怀。他在人们心目中的形象既叛逆又友善，既是爱国者也是资本家。

这位亿万富翁在外界传言中既简朴又奢侈，这些传言并非捏造，都是事实。英格瓦从来不注重外表，不穿华服，没有奢侈爱好，不戴名贵手表，也不开什么豪车（他常年开一辆老旧的20世纪70年代产的沃尔沃旅行车）。他的简朴形象深入人心，已经成为其个人及宜家甩也甩不掉的符号。而这个形象也带来了一系列后果。

由于奉行节俭之风，宜家任何人出差都不得乘坐公务舱，老板自己当然也乘坐特价经济舱，而且他还会抱怨改签机票要再多花冤枉钱。如果英格瓦不再坚守勤俭之风，宜家的伟大基业将会因为高昂的运营成本而崩塌。合作方见他孤身一人拖着沉重的行李箱赶火车都觉得很困惑——到底要不要上前帮他一把啊？英格瓦从来不用助理帮助，也不搞特殊化，他希望了解普通人的生活到底是怎么样的。因此他没有私人司机，没有管家，没有拉风的贴身随从——英格瓦可以说是普通到了在人群中都分不出来。

作为整个宜家集团前主席，英格瓦过去在欧伯纳商场曾有一间单独的办公室。这个简朴的办公室仅有一张"经典"（SIGNATUR）办公桌、一把"卡米拉"（KARMILA）椅子、一部电话、一座移动屏风、一个"比利"书架，还有一张告示板斜靠在墙上，上面随手写着"英格瓦"几个字母。

一位亿万富翁的办公室竟然如此简朴！起码也应该添置一个废纸篓吧，这样他才好扔用过的口含烟啊！

有一次在宜家集团总部开员工午餐会，他居然自掏腰包——从斯莫兰针织花纹钱袋里掏出钱付餐费。每次笔者飞去采访他的时候，如果能从机场免税店给他捎两大包口含烟，他就会很高兴。还有人悄悄告诉我，要是能再来上一瓶免税的特价百龄坛威士忌，他就会更开心啦。

为宜家服务多年的波兰人霍坎·埃里克松说起与英格瓦一起抵达华沙时的情形。他们当时被安排到富勒姆酒店。英格瓦问他："大饭店难道倒闭了吗？"霍坎回答说："没有，是大饭店已经年久失修了。澡洗到一半会突然停水，地上还有蟑螂爬哦。"

"就算这样，难道不能住一住吗？"英格瓦这样回答。于是他只好取消了富勒姆酒店的预订，入住了大饭店。第二天一早，埃里克松果然看到一只蟑螂贼头贼脑地从他的箱子里钻出来。因为要重新拾掇箱子，约好的7点吃早饭，他迟到了。英格瓦只向他简单地问候了一句"下午好"，这是他一贯以来对待迟到者的态度，话外音是在强调他们睡过头了。"我屋里有蟑螂。"霍坎只好实话实说向他解释。英格瓦若有所思地听着，然后对他说："跟你说，这家酒店真的特别好，房间里很少有脏东西。"

英格瓦虽然克勤克俭，但在有些问题上从不吝啬钱财，比如安全问题。

宜家在洛桑郊区租的一所房子里一直雇用一名退休警察和他的妻子做看守。在投资克罗斯航空公司获得丰厚回报后，英格瓦还用现金在法国南部买下了一座葡萄园。如今他开始后悔自己的轻率举动，老是担忧葡萄园的盈利状况，还想要转让其中一些房间（英格瓦的原话）来维持开销。

有一两次，他曾犹豫是否应该在这本书里提葡萄园的事，他担心公司里的人会怎么想。

英格瓦非常注重保持谦虚低调，从不傲慢张扬。每次活动他都排在队伍最后领取食物，即便大家拼命让他，他也不愿意排在前面。

他像普通人一样渴望受到瞩目。他比任何人都更渴望获得认同，渴望祖母的认同，渴望父母的认同，也渴望妻子玛格丽塔的认同。

他一直活在爱的包围中，哪怕接收到一丁点儿厌恶都会令他立刻陷入困惑。

无论事情进展多么顺利，英格瓦都不喜欢表现出自满，这对他来说无异于吹嘘，而且自满是失败之母。农民那种不信命的精神让他始终保持脚踏实地。是的，今年的收成确实不错，但谁也说不准秋天会怎样，所以别把一切当成理所当然的。

有人好奇到底是什么力量在心中驱使着他前行，英格瓦带着羞愧神情回答："可能是附庸风雅的心态吧。我喜欢万众瞩目带来的光环，喜欢表现自己，我想另辟蹊径达到功成名就……骄傲或者说虚荣心掩藏了我内心深处的其他东西……"

他说希望能诚实地回答"赚钱是否有趣"的问题，但到现在还没有明确的答案。不知不觉地，他已经过了那个阶段。

您挣到第一个100万的时候难道不兴奋吗？

当时肯定兴奋啊！但现在我已经不记得了。我只记得第一次赚到100块钱，第一次有1000块钱的时候——是啊，那一刻我简直高兴坏了，但现在那种感觉早忘了。

钱不能吃，不是万能的。变成有钱人是一回事，内在驱动力是另一回事，不是你想做就能做到的。你赚钱的动力可能来自你的父亲、母亲，也可能是为了自己，或者为了其他对你来说重要的人。

20世纪50年代您买过一辆保时捷跑车，后来又买了一辆。

你说的就是我生活中另一个让人绝望的方面。我20岁的时候开始在韦克舍的林场主协会工作,和我差不多的同龄人当时周日都出去跳舞。我服兵役那会儿,年轻人都出去喝酒,只有我一个人笨笨地跑到地下室办公。对我来说生意永远是第一位的。美好的青春很多时候都被工作充斥。后来我的第一次婚姻触礁,当时手头比较宽裕,我便放下脚步,开始去跳舞、聚会、喝酒。我想让事情好转起来,想把失去的东西追回来。

就在当时那种情况下,我买了第一辆保时捷,但发现车不好开,而我又不愿承认,于是又买了一辆一模一样的,都是白色车身、红色皮饰。这样一来,除了身边最亲近的人,根本就没人会注意到我花了多少钱在这车上。

外面人说我身家500亿克朗,听到这个,我想:"不错,看来发展挺顺利的。"但转念又会想,"基金会我又卖不出去,就算能转手,500亿克朗我该怎么花呢?"

我认为成为亿万富翁是件好事,这意味着我能为公司实现很多事情,而不是对我本人或者家庭而言。成功让我自豪,不是因为赚了这么多钱,而是因为我的理念火了。

那么,现在金钱对您来说已经失去意义了吗?

我也希望自己能诚实地回答你"金钱没有任何意义"。但真正诚实的答案是,我自己也不知道。因为金钱从公司财务的角度来看是一回事,从我自身的角度看又是另一回事。

英格瓦·坎普拉德一度沉迷酒精。谈起这一段,他的妻子显得忧伤而又无可奈何,但她谅解地说:"英格瓦那时候的状态不太好。"当时他们刚刚认识。但这不过是"酗酒"的委婉说法罢了。在农村长大的人生活中都免不了养成喝烈酒的习惯。村里的男孩子在参加舞会前总要喝一种叫作布罗德尔的酒。这是一种用蜂蜜、糖、马铃薯酿制而成的发酵酒。英格瓦回忆说这种酒特别难喝。

他也回忆了第一次喝醉酒的情形——他在厨房里偷喝了父亲剩在酒瓶里的酒。当时他还小,很快就醉得不省人事了。他的母亲贝尔塔气得整整一周都不理儿子。酒刚一醒,他的父亲费奥多尔就同他进行了一次严肃的谈话。

英格瓦从很早就养成了喝酒的嗜好。他很客观地描述了开始意识到自己酗酒时的情形。

应该是在20世纪60年代初。有几个早晨我喝得双手都抖了。在波兰,大伙儿喝酒属于家常便饭,谈判前、谈判后,甚至谈判的间隙都要喝。

何以解忧?唯有杜康。当时我的婚姻正走向痛苦的结局。在一些不眠之夜,我的神经被撕裂成碎片。就这么不知不觉地,我每天饭前都要喝上一两杯。

最后,我进了医院。我对医生说:"汉斯,你千万别告诉我不能再喝酒,因为我不想停。"汉斯给我提了一些中肯的建议。他让我每年3次戒断,每次连续3周滴酒不沾。这样一来,你就能证明给自己看,自己确实能戒得了酒。而且,趁此机会,你的肾和肝可以得到修复。

在从医院回办公室的路上我就想好了——每年3次戒断,每次连续5周滴酒不沾。后来,我还试过延长到每次6周,甚至是10周。有时候,我会一年增加到4次戒断。

第七章
智者肖像

有别于一般的定义,英格瓦把自己称为"有节制"的酒徒。

我有个老伙伴戒酒了,因为他的身体快要垮了。我给他写了一封整整4页纸的信,跟他说这段时间就当休假,并且我随时欢迎他回来。他收到信后特别高兴,但回到公司后在一天夜里驾车冲出了公路。他虽然还在治疗,但又开始拿起酒杯了。

如果强迫我完全戒酒,那会很可怕。学会节制对我来说是最大的挑战,我得做到像普通人一样,每天只能小酌一杯。但问题是一杯对我来说不够。

很多旧闻逸事此刻一起涌上笔者的心头,英格瓦的影像变得重叠模糊,他的影像也与那些走近笔者并打开心房的很多形象交织在了一起。这个与笔者推心置腹地对话了快一年的英格瓦并不仅仅是一个人,还是很多影像的叠映。

他对自己的生活满意吗?

他要么没听到这个问题,要么故意回避。

如果非要抠字眼儿,不论是他自己还是宜家的同事都觉得不满意。"我觉得可能已经跟一万个员工握过手了,"英格瓦充满自豪地说,仿佛这就是他的幸福所在,"我在有生之年还能再多和几千个员工握握手。"

谈到团队时,英格瓦的大家庭式归属感立马就被激发出来了。关于"创始人离开后宜家未来走向如何"这个关乎命运的重大议题,答案或许就在此。这取决于,宜家的企业灵魂到底在多大程度上还靠英格瓦去亲自握手,靠他本人和本人形象的出现去维系,在多大程度上依赖于他孜孜不倦地参与,依赖于他的一腔热情和丰富知识去管理。

就拿他擅长的定价来说吧。英格瓦特别关注价格，总喜欢不停地比价——从买一瓶腌黄瓜到订酒店，从在小贩手里买一管牙膏到胶合板、啤酒杯，甚至是口含烟和酒精的价格他都要来回比。妻子在超市买东西拿回来的小票他都要着迷地仔细看半天。有一天晚上，在哈姆勒贝克的老宜家总部，他拿出一本700多页厚的价目单给我看，里面包括了宜家浩如烟海的产品线中所有商品的价目。"曾几何时，宜家绝大多数商品的价格我都能倒背如流。"他颇为自我欣赏地说，语气里也带着一丝疲惫和忧伤，说得好像他已经不再能百分之百地充分把握最新动态了，说得好像要记清楚这20000多件商品及各种配件还属于正常人类记忆限度一样。

英格瓦的记忆力非凡，至今他都还能记住和宜家相关的很多细节，包括员工、产品、财务数字。与此同时，他也有很好的全局观。这样的能力不得不让人惊叹与佩服，这也是他作为成功商人强大掌控力的表现之一。他这个榜样是否具有足够的感染力？这一模式是否能够历久弥新，从而在未来保障宜家理念的生生不息？将来谁能接过英格瓦的担子？必须有人接他的班吗？假如有一天英格瓦走进一家宜家商场，发现自己摘下帽子开口讲话的时候已经不再能带动起整个商场的士气了，这又将意味着什么呢？

无论未来谁接棒，从他手中接过这一遗产时，都意味着接过了千斤重担。

斯莫兰的深秋，寒风掠过水面袭来。英格瓦正在潮湿摇曳的草丛中步行，一路静静矗立的是亘古不变的石墙。这些石墙的形象被张贴在世界各个角落的宜家商场墙上，昭示了宜家的起源和道德理念。行到一片美丽的白桦林前，英格瓦停下了脚步。他看到一棵优雅而坚韧的白桦树，树干谦恭地弯向地面，一直低垂到大地。"我已经想好了，百年之后就要葬身于此。"他一边说一边继续前行,"我已经和教区的牧师商量好了,都办妥了。"

那天深夜,他对笔者说:"谦逊和坚毅是我最看重的品质。应当心怀关爱,乐于融入集体。但我觉得自己最看重的还是谦逊。"

他描述的其实是他心目中对自己的期望吧。

来自英格瓦·坎普拉德的亲笔传真
（1998年1月28日）

致亲爱的作者，

年迈的家具商上

    在我还穿着背带裤的时候，一个好奇的灵魂就开始不断上下求索，不论未来遇到的是顺境还是逆境。

    我的不安全感到底从何而来？对我的工作和生活造成了什么样的影响？此外，我的其他缺点还带来了哪些影响呢？

    多年以来，我一直尝试将很多事情深深埋藏在心底。当时这样做既是因为周边环境，同时也是为了我自己考虑。但后来我才渐渐发现，隐瞒并不是最好的策略，而且我也没有什么好藏的。我不仅生意越做越好，而且经商的理念也站稳了脚跟。在大家的共同努力下，宜家缔造了自己良好的企业文化……后来我终于鼓起勇气，尝试开口去讲述自己的一些问题，虽说有时候夸大其词了。

    我缺乏安全感的根源是什么呢？是因为遗传，还是因为我从小被保护得太好，成长在爱的包围中，根本不知道生活是有各个面的？

    其实到最后这一点不重要了。我们就是我们自己。

    缺乏自信几乎已经成为我跨不过去的一个坎了，也让我白白浪费了很多时间。为什么我总担心出门忘带钞票呢？为什么我出门前总要一遍又一遍地检查是否带上了护照、票证、钱？这样的情况我已经经历了上千次！为什么一到发表演讲或者和权威人士见面我就紧张？为什么我会恐高？为什么我的这些恐惧各种各样自成一派？为什么我难以做决定，不会写会议纪要，而且很难集中注意力？为什么会有那么多想法同时在我脑袋里打架？为什么有时候撰写一篇简单的文件我都得花好几天的时间？我总是写了撕，撕了又写。

其实我做过一些治疗，比如针对恐高症。我咨询过两个不同的心理专家后才突然发现，和其他人比起来，我根本就不需要治疗。

接受速度慢造成了我的很多缺陷。我有很严重的学习障碍，有时会因为跟不上进度而苦恼。

比如学习语言。在学校的时候我只学了一门外语——英语。尽管我每天花好几个小时在英语学习上，但我的英语成绩还是只能得 B。我的德语成绩是 BC，法语更差，仅得 C。即便我每天都在不停地默背单词和句子，有时还会把一个词狂抄 100 遍，还是记不住大部分单词。

20 年前移民到瑞士的时候，我参加了一个为期两周的法语密集课程，教我的是一位超级有耐心的女老师，每天给我上 6 个小时的课。课上完以后，她告诉我，她这辈子都没见过像我这种案例……她的话真是令人鼓舞啊，不是吗？

（整整两天，我都一直在学用法语说"反面或正面"。你想知道怎么说吗？特简单："pile ou face"……）

我写作也很困难，尤其是拼写。我手边永远会备一本《博尼尔字典》，旅行的时候我会带另一本袖珍字典。

那么，这一切和我穿背带裤的时候有什么关系呢？

用专业的商业术语来讲，这实质上是安全边际量的问题。我想说的是：掌握权力的人绝对不能拿员工的信任当赌注。比如，永远不该让员工担心我们会让他们丢了饭碗；公司永远不应该资金短缺……

为此我们制定了三条安全原则：

1. 保持高流动资金。

2. 绝对不交叉担保。宜家旗下各子公司之间互相担保时，应限制担保的时间和金额。

3. 确保物权自由占大多数，控制抵押贷款的数量。

如此一来，假若时局变差，我们可以通过降低租金的方式继续支撑业务。一位美国顾问曾说过：做房地产或者家居，只能二选一。其实他不知道，宜家可以两手抓、两手硬。

因为缺乏安全感，做决策又慢，我总是在身边聚集一群谨小慎微的董事。实际上，我依赖这些人的原因非常直白简单——有了他们，尽管有我的参与，但能够保证最后的决议是有理有据的。

缺乏安全感也会导致缺失耐心——我基本上不会感到满足。我不得不承认，缺乏耐心能够带来成效，推动进步。

我从来不相信童话故事——比方说，我做决定不会只看报表和统计数据，而是尽可能地以现实为基准——其实这也是我缺乏安全感导致的另一个后果。

我很荣幸能与这本书的作者打交道。有时他很强硬，因为他总会自己做出评断；有时他会听取我的心声，比如，他在这里让我做了一次小小的自我性格剖析。

INGVAR KAMPRAD ELMTARYD AGUNNARYD

附录

我是唯一从零开始见证宜家故事的亲历者。

来自坎普拉德本人的结语：本书的由来

创作伊始我曾与伯迪·托尔卡达成共识

——这将是一本讲述宜家的书，我在其中最多只占个附录篇幅。

结果却超乎预计，反而是我从头到尾夺走了宜家的故事主线。

——英格瓦·坎普拉德

（坎普拉德亲笔手写）

DÄRFÖR DENNA BOK

SÅ HÄR EFTERÅT ÄR JAG GLAD ÖVER ATT DET INTE GJORDE MERA ONT. JAG SOM ALDRIG TILLÅTIT ETT "HEMMA-HOS" REPORTAGE. SKULLE PLÖTSLIGT SITTA MED EN VÄLKÄND FÖRFATTARE I MITT EGET HEM OCH BERÄTTA OM KONCEPTET, OM IDÉER OCH OM MIG SJÄLV. JA, BERÄTTA OM TING SOM JAG TIDIGARE INTE BERÄTTAT FÖR NÅGON. JAG HAR ALLTID FÖRSÖKT ATT HA EN KLAR GRÄNS MELLAN MITT ARBETE OCH MITT PRIVATLIV. DET ÄR OCKSÅ MYCKET SÄLLAN SOM JAG GLÄNTAT PÅ DÖRREN TILL DET SISTNÄMNDA.

JAG BEUNDRAR BERTIL TOREKULL FÖR HANS MÅLERISKA SÄTT ATT TOLKA EN BERÄTTELSE MED DÅLIGT SAMMANHÅLLNA TANKAR, INFALL OCH IDÉER OCH ÄNDÅ FINNA ETT SAMMANHANG. ATT FÖR EGEN MASKIN PLOCKA UT BROTTSTYCKEN UR MINA OCH MÅNGA ANDRAS BERÄTTELSER TILL EN BESKRIVNING AV FÖRETAGSAMHETEN OCH MÄNNISKORNA BAKOM. SÅ HÄR EFTERÅT ÄR DET OCKSÅ DAGS ATT FÖRLÅTA FÖRFATTAREN FÖR HANS LÖFTESBROTT. FRÅN BÖRJAN VAR VI ÖVERENS OM ATT DET SKULLE BLI EN BOK OM IKEA MED MIG SOM BILAGA. DET BLEV INTE RIKTIGT SÅ. Å ANDRA SIDAN FANNS DET JU BARA JAG FRÅN BEGYNNELSEN AV HISTORIEN OM IKEA.

SÅ HÄR GICK DET TILL.

I SEPTEMBER 1996 FICK JAG TILLFÄLLE ATT UNDER ETT PAR DAGAR MÖTA TRE AV MINA FÖRE DETTA ASSISTENTER UNDER SENARE TID. DE KÄNNER MIG SÄRSKILT VÄL EFTER MERA ÄN 15 ÅRS NÄRA SAMARBETE PRÄGLAT AV ÖPPENHET I ALLA FRÅGOR. JA, JAG

宜家传

ERINRAR MIG INGEN FRÅGA SOM JAG INTE STÖTT OCH BLÖTT
MED NÅGON AV DESSA TRE. VI HAR OCKSÅ KLÄCKT IDEER TILL-
SAMMANS OCH FRAMFÖR ALLT HAR JAG FÅTT EGNA IDEER
KRITISKT GRANSKADE OCH KOMPLETTERADE, ALTERNATIVT
REFUSERADE.

DET ÄR INGEN ÖVERDRIFT ATT PÅSTÅ ATT IKEAS HISTORIA SKULLE
SETT ANNORLUNDA UT UTAN MINA ASSISTENTERS KLOKHET,
KUNSKAPER OCH FRAMFÖR ALLT STORA INTRESSE FÖR VÅR FÖRE-
TAGSKULTUR - DEN SOM VI I DAGLIGT TAL KALLAR IKEA-ANDAN.
REDAN UNDER 60-TALET LÄRDE JAG MIG VÄRDET AV ATT
FÅ SAMARBETA MED EN DUKTIG ASSISTENT OCH MENAR ATT
SAMMANTAGET HAR DETTA VARIT MITT LIVS BÄSTA SKOLA.

NÅVÄL, TILLBAKA TILL SEPTEMBER 1996 OCH MÖTET MED DE TRE.
DE HAR ARBETAT TILLSAMMANS MED MIG UNDER OLIKA PERIODER
UNDER 80- OCH 90-TALEN OCH DET KÄNDES MENINGSFULLT
ATT NU FÅ UTNYTTJA DEM SOM RÅDGIVARE. PÅ PROGRAMMET
STÅR DIVERSE FAMILJEFRÅGOR OCH FRÅGAN OM INTERN OCH
EXTERN PUBLICITET.

DET ÄR ALLTID SVÅRT FÖR EN FÖRÄLDER ATT RÄTT BEDÖMA SINA
BARNS KAPACITET. ÄVEN OM JAG HAR FÖRDELEN AV ATT STÅ VÅRA
TRE SÖNER NÄRA FINNS FÖRSTÅS STOR RISK FÖR EN SUBJEKTIV
BEDÖMNING - JAG ÄR JU SÅ ATT SÄGA PART I MÅLET. TILL MIN STORA
GLÄDJE ÄR ALLA TRE SÖNERNA INTRESSERADE AV ATT "HJÄLPA
PAPPA". ETT AV BOKENS KAPITEL INLEDER MED ETT TIDIGT BEVIS
FÖR DETTA. DET ÄR VERKLIGEN LÄTT ATT KRAMA OM SÅNA
UNGAR!

UNDER MÖTET MED ASSISTENTERNA FICK JAG VÄRDEFULLA
RÅD OM HUR SÖNERNAS EGENSKAPER BÄST SKULLE KUNNA
TAS TILLVARA OCH ÄVEN FÖRSLAG TILL DERAS VIDAREUTBILDNING.

MÖTETS ANDRA STORA FRÅGA HANDLADE OM INTERN OCH EXTERN
PUBLICITET. UNDER ÅRENS LOPP HAR JAG GJORT EN MASSA SKRIV-
NINGAR OM ALLA MÖJLIGA FRÅGOR, INTE MINST OM VÅR AFFÄRS-
IDÉ OCH VÅR FÖRETAGSKULTUR MEN OCKSÅ OM MÅNGA ANDRA
FRÅGOR AV HÖGST VARIERANDE DIGNITET. DET ÄR EN STOR MÖDA
FÖR MIG ATT GÖRA DESSA SKRIVNINGAR EFTERSOM JAG BÅDE
TÄNKER OCH SKRIVER LÅNGSAMT.

MÖTET BLEV SNART ÖVERENS OM ATT JAG SKULLE FÖRSÖKA
GÖRA EN SAMMANFATTNING AV DET FRAMTIDSDUGLIGA
I DESSA SKRIVNINGAR I FORM AV EN LITEN BOK FÖR INTERNT
BRUK MED RÅD TILL FRAMTIDA GENERATIONER. RÅD SOM BYGGER
PÅ ALLA DE PUSSELBITAR JAG FÅTT UNDER ALLA ÅR VID SAMTAL
MED TUSENTALS MEDARBETARE I HELA IKEA-VÄRLDEN OCH
SOM JAG FÖRSÖKT LÄGGA SAMMAN TILL ETT ENHETLIGT MÖNSTER.
JAG HAR STOR RESPEKT FÖR DEN UPPGIFTEN OCH HOPPAS BARA
ATT MIN FÖRMÅGA RÄCKER TILL.

EXTERN PUBLICITET. JA, SEDAN DRYGA TIO ÅR HAR JAG BLIVIT
UPPVAKTAD AV GANSKA MÅNGA FÖRFATTARE OCH FÖRLAG SOM
VELAT SKRIVA "MINA MEMOARER". JAG HAR HELA TIDEN KÄNT
STOR MOTVILJA OCH VÄRJT MIG SÅ HÖVLIGT JAG KUNNAT. INTE
KAN VÄL EN BREDARE KRETS VARA INTRESSERAD AV VAD
INGVAR KAMPRAD HITTADE PÅ SOM LITEN, ATT DET GICK
DÅLIGT FÖR HONOM I SKOLAN, ATT HAN VAR BLYG FÖR FLICKOR
O.S.V. I ALL OÄNDERLIGHET. ELLER NÄR JAG SOM UNG GJORDE
ETT POLITISKT KLAVERTRAMP SOM JAG BITTERT ÅNGRAT. EN

av många skickliga författare föreslog att boken skulle
skrivas så att den kunde användas i studiesyfte av blivande
entreprenörer. Det är den enda gången jag lyssnat på
riktigt men det fick bli nej i alla fall tillsvidare. Under
mötet med assistenterna var man enig om att jag
hade fel. Det skulle under alla förhållanden skrivas
en hel del om IKEA och då gagnade jag saken bättre
genom att själv medverka.

Innan dagen var slut var jag övertalad. Det skulle bli
en bok om IKEA och mig i nu nämnd ordning. Det var
lätt att få gehör för min åsikt om att jag inte kunde
skriva boken själv. Alla tre vet att jag behöver god
tid på mig för att göra även en kort skrivning. Vi
diskuterade därför också tänkbara författare och
blev så småningom överens om den som nu skrivit
denna bok.

Jag är mycket glad över att Bertil Torekull tog utmaningen!
Anledningen är inte bara hans fina förmåga att skildra
utan också hans ömsinta och goda kunskaper om närings-
livet. Dessutom känner han tämligen väl till IKEA efter
ett par tidigare intervjuer.

Vi gjorde ingen särskild tidsplan, men konstaterade
bara att den skulle komma ut i god tid före sekelskiftet.
Som alla tre förutspådde skulle det skrivas en hel del
om IKEA. Det blev därför angeläget att komma igång
snabbare än vi från början planerat.

DE TRE ASSISTENTERNA.

Som jag tidigare nämnt har jag under alla år blivit
bortskämd genom att ha en assistent vid min sida att dela

dagens öden och äventyr med. Någon att diskutera egna
idéer med och få idéer ifrån alltifrån stora strategiska
till små detaljfrågor i vardagens brus. Klokskap och stor
genomförandekraft präglar dem alla. De har dessutom varit
ordningsmän för en organisatorisk katastrof som jag -
ingen lätt uppgift minsann.

Jag nämner här bara de tre som fick betydelse för tillkomsten
av denna bok. De är bra som exempel också på min nuvarande
och mina tidigare assistenter. Vid utnämnandet av min efter-
trädare Anders Moberg 1986, gjorde vi en klar arbetsfördel-
ning oss emellan. Därvid bestämde vi också att "dela på"
en assistent. Det har visat sig vara en bra modell. Det har
underlättat informationen oss emellan och säkert undan-
röjt många missförstånd.

Hans Gydell har en lång IKEA-karriär och blev min
assistent under tidigt 80-tal. Han kan verkligen konsten
att med små medel nå goda resultat. Idag är han ekonomi-
chef och tillika VVD för IKEA-koncernen och "den grå
eminensen" bakom Anders Moberg, det vill säga samma roll
som han spelade åt mig.

宜家传

ANDERS DAHLVIG BLEV MIN ASSISTENT 1988 - "DELAD" MED ANDERS MOBERG. HAN HAR OCKSÅ LÅNG IKEA-ERFARENHET. ÄLSKAR ENKELHET ENMANS- UTREDNINGAR OCH VÅRA KULTURFRÅGOR. HAN ÄR NU VICE MARKNADS- CHEF FÖR IKEA-KONCERNEN.

STAFFAN JEPPSSON TOG ÖVER EFTER ANDERS 1990. HAN HAR "BARA" 18.. IKEA-ÅR PÅ NACKEN OCH ÄR NUMERA ANSVARIG FÖR "INNAN- MÄTET I ALLA VÅRA HUS. KLOK OCH EFFEKTIV GENOMFÖRARE. SKICKLIG ORGANISATÖR MED STORT MILJÖMEDVETANDE.

DET FINNS FÖRSTÅS 100-TALS ANDRA ÖMTULTA OCH VILJESTARKA ENTUSIASTER I VÅR SFÄR SOM JAG GÄRNA SKULLE VILJA NÄMNA VID NAMN OCH BERÄTTA NÅGOT OM SÅVÄL LÅNGT NERE PÅ TRAPP- STEGEN SOM HÖGRE UPP. MÅNGA SOM JAG JOBBAT NÄRA MED BÅDE BLAND PIONJÄRER OCH I MODERN TID. JAG VET ATT VI BEHÖVER VARANDRA OCH ATT DET ÄR TILLSAMMANS VI BYGGT VARIT IKEA. FÅ AV IDÉERNA ÄR BARA MINA EGNA. DE FLESTA HAR VI KLÄCKT TILLSAMMANS UTE I VÅR VERKLIGHET. KANSKE ÄR DET DÄRFÖR SOM JAG LÄRT MIG ATT VARA SKEPTISK MOT ALLA DE SKRIVBORD SOM STÅR LÅNGT BORTA FRÅN VERKLIGHETEN?

UNDER ARBETET MED BOKEN HAR JAG HAFT MÅNGA ANGENÄMA MÖTEN MED FÖRFATTAREN SOM VERKLIGEN TVINGAT MIG ATT ANSTRÄNGA MITT MINNE PÅ DETALJNIVÅ. VI BLEV GENAST ÖVERENS OM ATT UPPRIKTIGHET SKULLE VARA NYCKELORDET OCH SÅ HAR DET OCKSÅ BLIVIT. I MIN NATUR LIGGER EGENSKAPEN ATT ÖVERDRIVA DET SOM ÄR POSITIVT OCH DET SOM ÄR NEGATIVT. FÅ MÄNNISKOR HAR SKRATTAT OCH GRÅTIT SÅ MYCKET SOM JAG. ALDRIG EN CHOKLADBIT UTAN ANTINGEN INGEN CHOKLADBIT ALLS ELLER HELA KARTONGEN. JA, SÅ HAR DET BLIVIT. FÖRFATTAREN HAR HÄR VARIT EN GOD MODERATOR, ÄVEN OM JAG TYCKER ATT HAN SJÄLV ÖVERDRIVER LITE HÄR OCH VAR NÄR DET GÄLLER MIN PERSONLIGA INSATS.

FÖRFATTAREN HAR SJÄLVFALLET HAFT FRI TILLGÅNG TILL VÅRA ARKIV OM ALLT SOM UNDER ÅREN SKRIVITS OM IKEA - DET HAR HUNNIT BLI EN HEL DEL.

HAN HAR GJORT ETT BEUNDRANSVÄRT FÄLTARBETE MED MÅNGA INTERVJUER, EGNA IAKTTAGELSER OCH RESOR TILL BÅDE NÄRA OCH FJÄRRAN IKEA-LÄNDER. HAN HAR HAFT FRI TILLGÅNG TILL DEN 37.000 PERSONER STORA IKEA- FAMILJEN, TILL VÅRA LEVERANTÖRER OCH TILL FÖRE DETTA IKEA-ANSTÄLLDA. I DE FLESTA FALL HAR HAN VALT SINA INTERVJUOFFER HELT PÅ EGEN HAND.

SJÄLVFALLET HAR HAN OCKSÅ SAMTALAT MED MIN HUSTRU MARGARETHA SOM UNDER ALLA ÅR VARIT EN SÄRSKILT GOD RÅDGIVARE INTE MINST SOM DUKTIG PERSONBEDÖMARE. PÅ DET PRAKTISKA PLANET HAR HON DRAGIT HELA LASSET OCKSÅ NÄR DET GÄLLER ATT TA HAND OM OCH UPPFOSTRA VÅRA BARN. HENNES SPRÅKKUNSKAPER KOM OCKSÅ VÄL TILL PASS UNDER INTERNATIONALISERINGSPERIODEN - SJÄLV ÄR JAG NÄSTINTILL IDIOT PÅ SPRÅKOMRÅDET.

BARNEN, JA KANSKE ÄR DET DET SOM JAG SAKNAR MEST HÄR I LIVET - ATT JAG ALDRIG FICK ELLER RÄTTARE SAGT TOG MIG TID TILL ATT MER ÄN YTTERST SPORADISKT FÖLJA BARNEN UNDER

DERAS UNGA ÅR. DE FÅ UNDANTAGEN FINNS ÄNNU KVAR SOM SMÅ LYCKLIGA SAGOÖAR I MITT MINNE. FÖRFATTAREN GER BARNEN ETT EGET KAPITEL I BOKEN. DET KÄNNS BRA.

JAG HAR OCKSÅ BERÄTTAT OM MINA MÅNGA LYTEN. BRISTANDE SJÄLVSÄKERHET, BESLUTSTRÖGHET, SPRÅKIDEOT, EN ORGANISATORISK KATASTROF OCH EN HIMLA LÅG RECEPTIVITET M.M. SOM VÄL ÄR HAR VÅR HERRE GETT MIG FÖRMÅGAN ATT KÄNNA MINA SVAGHETER SÅ ATT JAG FÅR TILLFÄLLE ATT KOMPENSERA DEM BLAND ANNAT GENOM VAL AV MEDARBETARE. DESSUTOM HAR JAG FÅTT EN VISS AFFÄRSNÄSA OCH EN RIMLIG PORTION SUNT BONDFÖRNUFT.

TILL SLUT BARA - JAG FÅR OFTA FRÅGAN OM JAG SOM UNG KUNDE FÖRUTSE DEN UTVECKLING SOM IKEA FÅTT. SJÄLVFALLET INTE, ÄVEN OM DRÖMMARNA REDAN TIDIGT VAR STORA OCH DJÄRVA. MITT LIV SKULLE GÅ UT PÅ ATT BEVISA ATT EN FUNKTIONELL OCH BRA VARA INTE MÅSTE VARA DYR. PÅ DEN VÄGEN ÄR DET ÄN IDAG. VI HAR EN LÅNG VÄG KVAR ELLER SOM JAG SKRIVIT SÅ MÅNGA GÅNGER OCH AVSLUTAT HUNDRATALS DRAGNINGAR MED:

VI STÅR JUST I BÖRJAN! UNDERBARA FRAMTID!

EPALINGES 1 JUNI 1998

（译文）

本书的由来

我之前从来没有在自己家里接受过任何采访。这回让我在家与一位知名作家面对面地畅谈理念和想法，讲述我自己的故事，还是挺突然的。但现在回头再看，我很欣慰，接受这样的访谈没之前想的那么可怕。长久以来，我一直明确划分工作和私人生活的界限，极少公开讨论私人生活话题，哪怕只是只言片语。

伯迪·托尔卡擅长将支离破碎的想法和各种突发奇想用生动的

笔触串联起来，用优美的笔触提炼我与其他人生活的片段，最终呈现出一个连贯完整的故事，让人深深佩服他的大师功力。虽然之前有约定，但此时不应怪罪于他。是的，当初我们确实计划要写一本讲述宜家的书，但从另一个角度来看，我是唯一从零开始见证宜家故事的亲历者。

1996年9月，我有幸与三位前助理见面，一起度过了几日美好的时光。长达15年亲密无间的合作让我们彼此知根知底，坦诚相对。任何问题我都会找他们切磋商量，很多新的想法都是在我们互相碰撞中孕育出来的。最重要的是，他们三个人能够用批判的眼光看待我的想法，帮助我不断完善进步。当然，有时候他们也会反对我。

毫不夸张地说，这本关于宜家历史的书也凝结了我这三位好助手的智慧和知识，是他们对宜家企业文化——也就是大家平常所说的宜家精神的极大热诚促成了这本书的成形。从20世纪60年代开始，我就已经体会到有一个聪明得力的助手是多么重要。他们是我最好的老师。

追溯1996年9月那次与他们三位相聚的场景。从20世纪80年代到90年代，他们在不同阶段分别担任过我的助理。对我来说，那时他们更像是顾问。从我的家庭琐事，到内部、外部宣传方面的大事，我们都会展开来聊。

任何父母都难以做到绝对客观地去评价自己的孩子。尽管我和三个儿子走得很近，对他们的了解算是有些优势，但还是不可能保证百分之百的公正客观。让我欣慰的是，三个儿子都很乐于"帮"我这个父亲分忧。这本书里有个章节开头就说到了他们的一些事迹。得子如此，我心甚慰。

这次和助理们见面，他们给我提了不少宝贵意见，帮助我在未来更好地培养和锻炼儿子的能力。

另一个重要的议题是对内及对外宣传。多年以来我曾就宜家的商业理念、企业文化，以及其他各种大大小小的问题发表过很多言论。但我不擅长写作，无论是构思还是下笔都特别慢。

会议上所有人很快达成共识：我应当将与未来发展的所有相关问题汇总成书面文字，形成供内部使用的手册，并在其中提出对新一代宜家人的意见和忠告。我的这些忠告大多来源于多年来同数千位宜家同人的交流，是对我们探讨的难题的提炼、归纳和总结。感谢大家交给我这样一项重要的使命，我也希望为此能略尽绵薄之力，但就怕我自己能力不足。

对外宣传

10多年来，不少作家和出版商都争先恐后地想给我写自传。一直以来我都很犹豫，在尽量有礼貌地逃避。我确定大多数人不会对英格瓦·坎普拉德从小到大的成长史感兴趣——他上学期间不顺利，一见到女孩子就害羞，年轻时在政治上犯过愚蠢的错误等都不是人们关心的内容。

还曾有作家建议我写本书给未来的企业家们，作为研读学习的材料。只有这一次我听了以后认真考虑过，但后来还是回绝了。这次和助手们开会时，他们一致认为我的想法是错误的。因为有很多人写关于宜家的东西，既然写的人那么多，还不如参与合著以正视听。

那天我算是真的被说服了。我要写一本关于宜家和我的书，先是宜家，后是我。但要是我自己执笔就难免偏颇，所以我得找人捉刀。而且他们三个人都知道，我写一小段文字都要花大块时间，所以我们一起商量了可以代笔的作家，并最终敲定了本书的作者。

我很欣慰伯迪·托尔卡能接受这个挑战。这不仅是因为他文采斐然，也因为他良好的判断力和渊博的商业知识。此外，以前他采访过我很多次，对宜家已经非常了解。

我和伯迪·托尔卡没有设定任何明确的时间表，只希望能在世纪之交到来之前找个合适的时机完成这本书。和我的三位助手预计的一样，关于宜家能写的内容太多了，所以不得不快马加鞭地加紧写作的步伐。

我的三位助手

就像前面提到的，我一直被身边的助手们娇惯着，他们与我共担荣辱兴衰，共商发展大计，事无巨细地出谋划策，从重大的战略决策到日常杂务的细枝末节。智慧和突出的办事能力是他们共同的特征。还有一点我应该补充上去，他们还负责清理发生在组织机构内的灾难，就是指我，这殊非易事。

在这里我只提到三个人，因为他们对这本书的产生有着重要影响，他们也是我现在和过去所有助手的恰当范例。1986年我任命继任者安德斯·莫贝里时，我俩之间做了一次明确的分工，同时我们决定"共用"一位助手。结果表明这是一种很好的模式，有利于我们之间的联系，当然也消除了很多误会。

汉斯·于戴尔在宜家的资历很长，1980年初成为我的助手。他深得以较少投入换取较大成功的奥妙。现在他是财务主管，同时还担任宜家集团的管理副经理，是安德斯·莫贝里身后若隐若现的大人物，扮演着同我在一起时类似的角色。

安德斯·代尔维格于1988年成为我与安德斯·莫贝里"共享"

附录

的助手。他在宜家也有很长时间的工作经历。他喜欢简朴，关注企业文化事务。1999年春天，当安德斯·莫贝里出人意料地决定离开宜家时，我很高兴安德斯·代尔维格接替了他的职位。

斯塔凡·耶普松于1990年接替了安德斯·代尔维格的助手一职。他在宜家"只"有18年的工作经历，目前负责我们所有商场的"内部装饰"，聪明而富有效率。他是技艺娴熟的组织者，环境感极强。

当然，除了他们还有很多值得一提的谦逊而意志坚定的宜家事业热衷者，其中既有成功者也有还在晋升阶梯以下者，既有老前辈也有新时期的宜家人，许多人曾和我一起工作过。我们相互需要，共同建立起我们的宜家。没有什么想法是属于我个人的，绝大多数是我们在实践中共同研究出来的。或许这就是为什么我学会了用怀疑的眼光去看待那些远离实际、整天坐在办公室里的人。

创作本书的过程中，我同作者有过许多次愉快的会面，他使我在记忆深处搜寻出各种细节。我们同时提出，"诚实"应该成为这本书的关键词，而实际情况确实体现了这一点。易于夸大所有积极的和消极的东西，这正是我的天性。没有人像我笑得这么多，也没有人像我哭得这么多。是的，这就是实际发生的情况。但是这位作者充当了一位优秀的仲裁人，尽管每当写到我个人的贡献时，不是在这里，就是在那里，我总感觉他有些夸大其词。

作者当然有权查阅我们的档案，包括书中所涉年代里宜家的各方面材料，那相当多。

他还开展了大量实地工作，采访了很多人，奔波于宜家所在的国家，亲眼去观察。他可以自由接触宜家大家庭的3.7万名成员，可以联系我们的供货商和宜家的前任员工们。大多数时候他完全独立地选择采访对象。

他也同我的妻子玛格丽塔谈过。在这些年里，她一直是我的一个非常特别的顾问，而不仅仅是断人得失的优秀"法官"。实际上，她还承担了照顾和培养孩子们的全部重任。在我们向国际市场冲击的阶段，她的语言技能发挥了很大作用。而我在这一方面近乎白痴。

　　孩子们——可能是我一生中亏欠最多的——在他们还年幼的时候，我从来没有，或者几乎没有花时间陪伴他们，除了偶尔的时候。仅有的几次例外仍留存在我的脑海深处，那是一座充满快乐的小岛。作者在书中给他们单独安排了一章。这让我感觉很好。

　　我曾谈到自己的许多缺陷：缺乏自信，犹豫不定，毫无希望的语言能力，灾难性的组织能力和差到令人恐怖的接受能力，等等。幸运的是，仁慈的主赋予了我了解自己缺陷的能力，从而使我有机会用各种方式加以弥补，包括选择我的合作者们。我还被赋予了一种特别的商业嗅觉和农民式的理性意识。

　　就要结尾了。经常有人问我，年轻的时候是否曾预想到宜家在今天所取得的这些发展，很显然，没有。尽管我很早以来的梦想是既宏伟又大胆的。"我的一生将被用于证明，有用的东西并不一定是昂贵的。"到现在仍是这样。我们还有很长的路要走，正如我无数次写下并以此结尾的这句话：

　　我们刚刚站在起点上，前途一片光明。

英格瓦·坎普拉德，于瑞士洛桑
1998 年 6 月

一个家具商的誓约

1. 产品系列是宜家的特色

宜家应当提供各种各样设计精良的功能性家具家居用品,保证物美价廉,使大多数人都能够负担得起。

产品系列

囊括家居环境中的所有产品是宜家的目标,也就是说,宜家致力于提供适用于家庭每个角落的家具和配件产品,不论室内室外;宜家的产品系列中还包括工具、器皿和家居饰品,以及帮助顾客自己动手安装的配件和室内设计的工具;宜家的产品系列也可能包含部分公共建筑材料。所有产品必须始终受到价格制约,避免任何影响总体价位的情况。宜家的主要工作必须始终放在发掘每个产品领域的基本产品上。

特色产品

必须始终强调最基本的产品系列——也就是那些"典型宜家式"的产品。基本产品系列必须是宜家特色产品。它必须能反映宜家简单直接的思维方式,凸显宜家人的特色;它必须耐用好用;它必须体现轻松、自然、不受拘束的生活方式;它必须具备形态美和色彩美,能够传递幸福欢乐,符合年轻人的口味,能够唤醒所有年龄层的人的青春。

在斯堪的纳维亚半岛，宜家的基本产品系列就是宜家的经典设计。在斯堪的纳维亚半岛之外，宜家的基本产品系列就是瑞典的经典设计。

除了最基本的产品系列，宜家也可以融合传统风格，开发较小规模的产品线，以此吸引绝大多数的消费者，这些产品线应当与我们最基本的产品系列能够互补。这一系列产品应该只在斯堪的纳维亚半岛之外才有。

注重功能和质量

宜家绝不涉足一次性产品。消费者在宜家购买的任何产品都应当经久耐用，能够带来长期愉悦。这就是为什么宜家的产品必须满足消费者对功能的需求，并且注重质量。但保证质量也不能牺牲其他，必须切实适应消费者的不同需要。例如，桌面比书架搁板更需要注重表面耐用性。因此，在桌面上应当使用更贵的面漆保障顾客能够长久使用，而在书架上使用同样价钱的面漆不仅毫无用处，而且增加了成本。质量必须以消费者的长远利益为出发点。宜家的质量控制标准应当符合瑞典家具全标准质量体系认证。

低价的含义

宜家旨在服务普通人民大众，而人民大众拥有的财务资源通常比较有限。宜家的第一条原则是维持低价位，而低价格不能以牺牲功能和质量为代价。

必须不遗余力地营造低价的感受。宜家的价格要永远显著低于竞争对手，我们的每种产品都要确保物有所值。每个产品线都必须开发出一款价格"低到让人不敢相信"的产品，绝对不能因为产品线过大而影响我们的低价位。保证价格低得有意义是一个重要的理念，这对所有宜家同人都提出了巨大的要求。从产品系列开发、设计、采购、仓储、销售等每一个环节，到开发者、设计师、采购员、办公室及仓库人员、销售员等所有直接影响采购价格的成本承担者，简单来说，我们每一个人都应为此负责。脱离了低成本，我们便永远无法实现目标。

关于产品系列调整的政策

宜家为人民大众服务的基本路线永远不会改变。关于宜家产品系列基本方针的任何调整，都需由英格卡控股公司和英特宜家系统的董事会共同决定。

2. 宜家精神是强有力而充满活力的

每个人都亲身感受过宜家精神，可能对宜家精神有自己的理解。过去宜家的规模不像现在这么大，因此宜家精神更容易在亲密无间的人与人之间被讨论和传承。

早年的那些岁月，更多的是具体实在的工作，大家都会时刻准备着，哪里需要帮忙就在哪里挺身而出；更多的是从小处管理的艺术，在现有条件下尽量做到最好；更多的是成本意识，甚至到了小气的程度；更多的是谦逊；更多的是不可磨灭的热情和同甘共苦的集体精神。现在，不论是宜家，还是整个社会，都发生了巨大改变。

现在，在宜家的每一个工作场所，新老同事之间依旧在弘扬这一精神；每天依然会涌现各种各样英雄式的行为。

对有些人来说，工作只不过是一种谋生的手段——做什么工作都一样。也许你我都应当检讨一下为什么没能点燃火种。众人拾柴才能火焰高，当我们自己缺乏能量时，显然没有精力在单调乏味的工作中注入生命力和温暖。

真正的宜家精神仍需要我们用热情浇铸，它来自对创新的不断探索，来自我们的成本意识，来自我们主动承担责任和助人为乐的自觉，来自我们执行任务时的谦虚谨慎，来自我们简单的做事方式。我们必须互相关爱，互相激励。对那些不愿加入我们中的人，我感到很遗憾。

工作不只是为了谋生的手段。如果你对自己的工作缺乏热情，那么一生将会虚度 1/3 的时光，即便上班时间看杂志也弥补不回来。

对于勇于承担领导责任的人来说，做到这一点对激励和帮助同事成长来说极其关键。团队精神是好事，但也要求每个成员都为了完成任务而奋斗。而你，作为队长，听取团队意见后应做出最终决定，不要把时间浪费在争论上，要以足球队为榜样！

感谢成长为社会顶梁柱的那些人，那些简单、安静、永远都乐于施以援手的人，他们默默在自己的岗位上兢兢业业地肩负起责任。对他们来说，对某方面负责是必需的；对他们来说，乐于助人和分享不言自喻。我把他们称为顶梁柱，因为任何系统都需要这样的顶梁柱。顶梁柱在宜家的仓库、办公室、销售团队中随处可见，他们是宜家精神的化身。

是的，宜家精神今日依然在焕发生命力，但它必须紧跟时代步伐，不断发展进步。发展不等同于进步，是否进步往往取决于你自己，需要你作为团队领导和责任人去主动创造进步。

3. 利润带来资源

为人民大众创造更加美好的日常生活！为了实现目标，我们必须掌握资源——尤其是财政资源。我们不要指望天上掉馅儿饼，而应信奉努力、投入地工作会带来成果。

利润是个神奇的词！首先让我们剥离利润这个词自身带有的戏剧性寓意。利润这个词经常被政客挂在嘴边，已经被用滥了。利润能够带来资源。获取资源的方式有两种：要么是通过自身盈利，要么是通过政府补贴。政府的补贴资金来源于两种渠道：政府以某种形式从经营中获得的利润，或者是你和我缴纳的各种形式的税费。让我们自力更生，依靠自己解决财政资源问题！

我们积累财政资源的目标是实现长远利益。大家都知道如何实现目标——保持低廉的价格，同时保证优良的品质。如果定价太高，我们就不能保证最低廉的价格；如果定价太低，我们则无法积累财政资源。这是一个非常值得思考的问题！这样的目标迫使我们更加经济地生产，更明智地采购，并锲而不舍、始终如一地坚持在一切方面节约成本。这是宜家的秘密，为宜家的成功奠定了坚实的基础。

4. 小钱带来大利润

这个理念在宜家由来已久，但今天依旧具有现实意义。一次又一次，我们已经证明，小钱也可以带来大利润，有限的资源也能激发出巨大的能量。在宜家，浪费资源就是罪过。如果达到既定目标不必计较成本，那就不算是一门艺术了。所有设计师都能设计出一张5000克朗的桌子，但只有最娴熟的设计师才能设计出既实用又好，而且只要100克朗的桌子。昂贵的解决方案通常都平庸至极。

只有知道一个设计方案的成本之后才能真正重视它。不给宜家产品标注价格是大错特错！这和政府不告诉纳税人学校提供的一份"免费"午餐成本有多少是一个性质。

选择设计方案前先看看它与成本的关联，然后你才能真正确定这份设计方案的价值。

浪费资源是人类最大的疾患。很多现代建筑更像是人类愚蠢的纪念碑，而非理性地解决人类需求。然而，还有更多生活中的琐事在消耗我们更多的时间：填那些你以后永远不会用到的表；浪费时间向别人证明你是正确的；由于害怕承担责任，所以拖到下次开会再做决定；明明写信或发传真就能解决的事，非要打电话沟通。消耗时间的琐事无穷无尽。

用宜家的方式利用资源。即便是小钱也能带来大利润。

5. 简单是一种美德

没有规矩不成方圆，要想让一个群体或公司里所有的人共同发挥作用，必须按规矩办事。然而，规矩越多越难遵守，过于冗繁的规矩甚至能让企业瘫痪！

从长期来看，日常工作和公司运营固然需要制订计划，但不要忘记，不切实际的计划也是将企业推向死亡的最常见疾患。不切实际的计划限制了行动自由，让人根本没有时间去做实事。烦冗的计划会让企业瘫痪，请保持简单，遵循常识，以此标准制订计划。

　　简单是宜家的一项优良传统。简单的思维能创造更多的价值，行事简单赋予我们力量。简单和谦逊是宜家人彼此交往时，与供应商和客户交往时，应当保持的本色。我们不住豪华酒店不仅是为了降低成本，而且是为了简单。我们不需要豪车、唬人的头衔、别致的工服，或者其他东西作为身份的象征，我们依靠的是内心的力量和意志！

6. 解决问题另辟蹊径

　　如果当初我们听取专家的意见，去咨询阿尔姆霍特这么个小地方是否适合建宜家，毫无疑问，专家肯定会反对。然而事实证明，如今的阿尔姆霍特已经成为宜家这个世界上最强大的家具行业的总部。

　　不断反思行事背后的原因可以帮助我们找到新方法，拒绝被已有的模式禁锢可以帮助我们进步。宜家人敢于另辟蹊径！大事如此，日常问题也如此。

　　我们的采购员让门窗厂加工桌子框架，让衬衫厂生产靠垫。这些并非出于巧合，而是用实际行动回答了"为什么"这个问题。

　　打破传统不是为了自保，而是谋求持续发展和进步的主动诉求。

　　保持并继续发扬宜家在商业上的活力是我们的要务之一。这就是为什么我希望，比如说，没有任何一家宜家商场是一模一样的。虽然不可能达到十全十美，但每一家最新的商场都代表了当前最高的水平。创新的动力和渴望必将推动我们不断进步。"为什么"永远是核心的关键词。

7. 专注是成功的秘诀

兵分必然势弱。再全能的人，精力分散了也会有问题。

对我们来说也一样，我们应当专注，专注于我们的资源。任何人都不可能同时做所有的事，还能达到尽善尽美。

产品系列过满则溢。我们永远不可能满足所有人的品位，必须专注于自己的特色产品。我们不可能一次就推广完所有的产品系列，必须专注。我们不可能一下子征服所有的市场，必须用小方法扩大影响力。

专注于重要领域时，我们必须保证物尽其用。这就是斯莫兰俗语中说的，好钢用在刀刃上。

开发新市场时，我们专注于市场推广。专注意味着在某些重要阶段，不得不忽略其他一些重要的方面，比如安保系统。这就是为什么宜家格外需要员工诚实和忠诚。

专注，意味着力量。在日常工作中保持专注，专注会带来成果。

8. 勇于承担责任是一项特权

各种类型的公司和群体中都有这么一种人，他们宁愿自己做决定，也不愿躲在别人的决定之后。这种人就是敢于承担责任的人。一个公司或群体中敢于承担责任的人越少，官僚主义就会越盛行。永无止境的开会和讨论往往是由于那个本该负责的人不愿或不能做出决策导致的。所谓的争取民主，或者必须听取建议都是常用的借口。承担责任的能力与教育程度、财务状况或级别无关，仓库、采购、销售团队、办公室职员中都不难发现勇于承担责任的人。总之，处处都有勇于承担责任的人。他们对每一个系统来说都必不可少，是一切进步的核心。他们是推动车轮不断转动并前行的人。

在我们的宜家大家庭中，我们希望重视每一个人，大家都互相支持。每个人都享有权利，同时也负有责任。自由是带有责任的自由。你主动，我也主动——我们共同承担责任并做出决定。

只有睡着的人才不会出错，犯错是主动者的特权。这项特权只属于那些知错就改并能正视错误的人。

为了实现目标，我们需要不断学习如何做决策和承担责任，不断克服害怕犯错误的恐惧。害怕出错是官僚主义产生的根源，也是发展的大敌。没有所谓的唯一正确的决定，评判一个决定是否正确，要看为之付出的精力。每个人都有权犯错误。通常只有庸人才总是消极地浪费时间去证明自己没错，真正的强者会保持积极进取。

最后的赢家总是积极进取的人，这样的人总是能给身边的同事和自己带来快乐。然而获得胜利并非意味着对方必须失去，最好的胜利没有任何输家。假若有人盗用宜家的设计模型，我们不会提起诉讼，因为打官司总是负面的。我们解决这种问题的方式是开发一款更新更好的。

充分行使特权，发挥应尽的职责，做出决定，勇担责任。

9. 漫漫征途还在脚下，未来必有光明前途

已经做完工作的错觉催人沉睡，已经完成使命的错觉让退休的人快速枯萎，而已经完成目标的错觉让企业迅速停滞并失去活力。

幸福不是抵达终点，幸福是永远在路上。我们在所有领域都只达到初级阶段，这是何其幸运。只有不断自省，反思今天所做之事明天如何才能做得更好，我们方能进步。探索的喜悦也为未来开启灵感的大门。宜家的字典中没有并且永远不可能出现"不可能"。对待经验应当保持谨慎。

经验是一切发展的刹车。经验已然成为许多不愿尝试新事物的人堂而皇之的借口。不可否认，依赖经验有时也是明智之举。假若必须仰仗经验，最好相信自己的亲身经验，因为亲身经验往往比冗长的调研更有价值。

必须永远高扬自我的人性和团队属性。谦逊是重点。谦逊在工作和日常生活中对我们意义重大。作为人类，谦逊对我们的作用是决定性的。谦逊不仅要体恤和尊重我们自己的同胞，还需要仁慈和慷慨。失去谦逊的意志力与力量常常会发生冲突，一旦有了谦逊，意志力和力量就能成为我们获得发展的秘密武器。

切记时间才是最重要的资源。短短 10 分钟，充分利用的话可以做很多事儿，不珍惜就再也追不回来，逝者如斯夫。

10 分钟不仅仅意味着每小时的 1/6，10 分钟是我们生命的一个片段。我们的一生是由许多个 10 分钟的片段组成的，少在无意义的活动上浪费每一个宝贵的 10 分钟。

漫漫征途还在脚下。让我们永远做一群"狂热分子"，永远拥有一腔热血，永远固执地拒绝接受所谓的不可能。我们将共同努力，最终实现我们的共同目标。前途一片光明！

英格瓦·坎普拉德及宜家大事记
（1926—2011）

1926　3月30日，英格瓦·坎普拉德出生于阿尔姆霍特附近的皮亚特教区。

1933　费奥多尔和贝尔塔·坎普拉德移居到艾尔姆塔里德农场，宜家也在这里诞生。

1943　英格瓦·坎普拉德注册成立了宜家公司（IKEA，字母I代表创始人的名字Ingvar，字母K代表他的姓氏Kamprad，字母E代表他生活的农场Elmtaryd，字母A则代表他生活的村庄Agunnaryd），当时他还是未成年人。

1950　英格瓦·坎普拉德与克尔斯汀·瓦德林结婚。两人领养了一个女儿，1961年离婚。

1951　宜家总营业额首次突破100万克朗。

1953　家具展销会在阿尔姆霍特开业。

1958　首家宜家商场开业——当然是在阿尔姆霍特。

1961　波兰产品"解救"宜家于水火之中，帮助宜家走出了供应商的困境。

1963　英格瓦·坎普拉德与玛格丽塔·斯滕纳特结婚，后生育三个儿子。

1965　国王道商场开业。该商场直至今日一直是宜家的旗舰店，位于斯德哥尔摩南部。

1970　国王道商场失火，次年重新开业。这一事件标志着新宜家理念的开端——现购自运、宜家餐厅、重点推荐商品区、宜家儿童部等都是在这一阶段孕育发展起来的。

1973　因为遗产税等问题，坎普拉德举家移民丹麦。位于瑞士苏黎世附近的斯普赖滕巴赫宜家开业，这是宜家首次跨越斯堪的纳维亚开设商场，从此开启了宜家的全球化新时代。

1978　坎普拉德举家移民瑞士。

1982　宜家商场改变所有权结构，变为基金会所有。

1983　英格瓦·坎普拉德获得首个荣誉博士学位（瑞典隆德大学，宜家后来对隆德大学进行了大量募捐活动）。

1985　首家美国宜家商场在费城开业。

1986　英格瓦·坎普拉德卸任宜家董事长，任命安德斯·莫贝里为首席执行官。

1989　英格瓦·坎普拉德当选为年度瑞典国际名人。

1992　英格瓦·坎普拉德获得著名的工程科学奖协会奖。

1998　宜家总营业额突破500亿克朗。

第137家商场在上海开业，是在中国内地开设的首家宜家商场。《宜家传》补充了创始人英格瓦·坎普拉德对公司如何建立及公司理念描述的章节，以瑞典语出版发行，并被翻译为各种语言。

1999　英格瓦·坎普拉德的前任助理安德斯·代尔维格接替安德斯·莫贝里的职位，成为宜家首席执行官。

第150家商场在匈牙利的布达佩斯开业。

宜家总营业额突破600亿克朗。

2000　3月，首家俄罗斯宜家商场开业。次年，第二家俄罗斯宜家商场开业。两家俄罗斯商场都位于莫斯科郊外。后圣彼得堡、喀山和叶卡捷琳堡宜家商场陆续开业。这些宜家商场周边都环绕着配套的零售商业区。

2002　第 175 家商场开业。

宜家营业额突破 1000 亿克朗。

2003　全球 13 家新商场开业，扩张加速。

2004　马蒂亚斯·坎普拉德，英格瓦·坎普拉德的小儿子，出任丹麦宜家总经理。他的大哥彼得和二哥约纳斯也在宜家帝国（比如宜家集团、伊卡诺、英特宜家）内担任同等的董事级别的要职。18 家新商场开业。

宜家家居被选为"年度食品出口国"，以表彰其在世界范围传播瑞典美食的卓著表现。

2005　葡萄牙和土耳其首家宜家商场开业。土耳其宜家也是第 24 家加盟店。

宜家雇员总数达到了 9 万人。

美国宜家系统 20 周年庆典。

宜家每年的总营业额接近 1150 亿克朗，商场总数 226 家（包括加盟店）。

英格瓦·坎普拉德被瑞典韦克舍大学（Växjö University）授予荣誉博士学位。

2006　日本首家宜家商场开业。

世界其他国家和地区 18 家新商场开业。

美国、俄罗斯和中国成为增长最快的市场。

英格瓦·坎普拉德庆祝 80 岁生日。耄耋之年的坎普拉德依旧不分昼夜地工作，担任宜家的"资深顾问"。

地处瑞典边境小镇哈帕兰达的宜家商场 11 月开业，在当地人口不断减少的情况下，这一商场却获得了前所未有的成功。商场收银台的收银员必须会说双语（芬兰语和瑞典语），顾客可以使用俄语、挪威语、萨米语在收银台结账……

2007　俄罗斯第 10 家宜家商场在顿河畔开业。

芬兰语、丹麦语和挪威语版的《宜家传》出版发行。

宜家在全球的商场达到 265 家，比 10 年前翻了一番。

约兰·格罗斯科普夫担任英格卡控股公司的新主席。

2008　25 家新的宜家商场开业，其中大部分分布在欧洲。

日语版《宜家传》出版发行。

2009　米卡埃尔·奥尔松接替安德斯·代尔维格，担任宜家首席执行官。

作为与英格卡基金会相关联的慈善基金会，斯地廷·英格卡基金会成立。

葡萄牙语版《宜家传》出版发行。

2010　宜家在俄罗斯饱受贿赂事件困扰，但俄罗斯市场依旧坚挺，在全球宜家商场中保持最强劲的增长势头。

2011　英格瓦·坎普拉德庆祝 85 岁生日，并被俄罗斯总统梅德韦杰夫授予奖章，表彰他对俄罗斯工业做出的杰出贡献。

为了研究坎普拉德的儿子们未来参与公司发展的细节，召开密集会议。

英格瓦·坎普拉德宣布宜家在与外界关系方面将秉持"公开透明"的方针。

宜家组织架构

荷兰斯地廷·英格卡基金会是宜家集团的实际拥有者，包括负责商场运营的宜家国际，也就是我们平常所说的宜家集团，还包括下属的瑞木和瑞展两个工业集团。

斯地廷·英格卡基金会实际通过英格卡控股公司控制宜家集团，并与负责慈善和赈灾救援的基金会斯地廷·宜家·英格卡基金会相关联。

英格卡控股公司监理会成员：约兰·格罗斯科普夫、玛格达莱娜·格杰（Magdalena Gerger）、拉尔斯-约翰·亚恩赫米尔（Lars-Johan Jarnheimer）、约兰·林达尔（Göran Lindahl）、彼得·隆德、卡尔·威廉·罗斯（Carl Wilhelm Roos）。

高级顾问：英格瓦·坎普拉德。

历任商场运营总裁

1943—1986年　英格瓦·坎普拉德
1986—1999年　安德斯·莫贝里
1999—2009年　安德斯·代尔维格
2009年至今　米卡埃尔·奥尔松

坎普拉德家族：英特罗格基金会和英特宜家的主要拥有者

英特罗格基金会，总部位于列支敦士登，在很多地方都有分支机构。英特罗格基金会拥有英特宜家控股公司，同时也是总部位于卢森堡的英特宜家系统的母公司。它通过英特宜家系统进行管理和监控。它拥有的理念包括宜家品牌名称（IKEA 是由 Ingvar、Kamprad、Elmtaryd 和 Agunnaryd 组合而成），还需要管理 15 个国家的 38 家加盟店。它属于宜家集团之外，但与宜家整体理念保持一致。

今天英特罗格基金会拥有超过 1000 亿克朗的资金。其中部分资金被用于对英特宜家的投资，但大部分储备金主要用于应对偶发事件。

基金会的特点是自有性。因此，基金会持有的所有资金只能用于由该基金会章程所规定的用途，而非用于支持基金会的实际拥有者，例如不能用于支付实际掌握英特罗格基金会的英格瓦·坎普拉德本人的花费。

英特罗格基金会属于"企业基金会"，其目的是通过投资使宜家实现扩张并保障其长久发展。基金会持有的资金只有当英特宜家遭遇严重财务困难时才能作为保障资金启用。资金也可以用来支持遭遇财务困难的宜家零售商个人。

"英特罗格基金会，"英格瓦·坎普拉德表示，"由我的家族掌握，由一个只有外部董事组成的理事会（就是德语中的 Stiftungsrat）进行管理。将基金会作为运作的最终所有者，有助于确保公司继续现在的运营模式，哪怕有一天公司不再受我控制，比如我去世以后，依旧维持运转。"

"因此，无论是宜家集团，还是英特宜家①，都由基金会控制。我经常将基金会的宗旨比作为公司延续'永恒的生命力'。这种公司架构和其他很多跨国公司的架构没有区别。"

英特宜家系统董事会

佩尔·卢德维格松，董事长。其他董事会成员包括英格瓦·坎普拉德、斯塔凡·博曼（Staffan Bohman）、伦纳特·斯滕（Lennart Sten）以及汉斯·于戴尔。

关键数字：拥有1900名员工以及约540亿克朗资产，为全球17个国家的38个加盟店服务，这些商场每年的总营业额为160亿克朗。

英特宜家核心集团

英特宜家核心集团是一个成立仅10年的年轻公司，其49%的股权属于英特宜家系统。英特宜家核心集团负责建设和运营宜家商场配套的零售商业区。这类零售商业区现在已经达到100万平方米，分别位于8个国家（波兰、捷克、斯洛伐克、奥地利、德国、瑞士、法国和西班牙）。英特宜家核心集团计划在不久的将来继续开发4个新市场，首先就是在中国。

---

① 英特宜家和宜家集团在世界任何国家经营时，都会像其他任何企业一样合法纳税。宜家的经营行为符合法律、法规，遵守相关法规纳税。高效的税务结构帮助宜家灵活调动资金，将在一个市场上已经缴纳的税款调动到新的市场，帮助业务的发展，而不受制于双重征税的限制。

斯地廷·英格卡基金会

这一慈善机构是宜家体系的分支之一，经过 2009 年一系列艰苦卓绝的法律和谈后成立，后来进行了改组。过去斯地廷·英格卡基金会主要关注建筑和设计领域，而它的新目标则是在不久的将来至少每年捐出 10 亿克朗用于资助弱势儿童（主要在教育领域），在贫穷国家灾难救援方面贡献力量。

斯地廷·英格卡基金会与许多知名机构合作——联合国儿童基金会承认，来自宜家的捐助是其迄今为止收到的最大规模的私人捐助。

基金会的其他运营合作伙伴包括阿斯特丽德·林格伦儿童医院（Astrid Lindgren Children's Hospital）、救助儿童会、隆德大学医院、英格瓦·坎普拉德设计中心和联合国难民署这一联合国难民救助机构。

这一基金会的工作人员很少，却得到了坎普拉德家族的大力支持，因此重要性与日俱增。本书写作期间（2011 年 6 月），基金会还为利比亚边境灾区的难民营提供了 28 个集装箱的救援物资，包括 15 万套床垫、毯子和铺盖。

除了基金会，宜家商场也会举办各式各样的慈善活动，其中最有名的就是每年圣诞节前夕举办的毛绒玩具募捐活动。2010 年，宜家总共售出了 860 万件毛绒玩具，并将所获得的 1.1 亿克朗捐赠给了联合国儿童基金会和为救助儿童会而运营的儿童慈善项目。自 2003 年以来，毛绒玩具募捐活动共募集了 3.5 亿克朗的资金，用以资助贫困国家的儿童。

斯地廷·英格卡基金会现任主席为佩尔·赫根斯（Per Heggenes）。

宜家最具影响力人物榜（2011年）

1. 约兰·格罗斯科普夫，主席；

2. 米卡埃尔·奥尔松，宜家集团首席执行官，在组织内具有多年管理经验；

3. 托尔比约恩·勒夫（Torbjörn Lööf），瑞典宜家总裁，阿尔姆霍特产品线的核心管理者；

4. 彼得·昂内亚尔（Peter Agnefjäll），瑞典宜家总裁；

5. 马丁·汉森（Martin Hansson），英国宜家总裁；

6. 耶斯佩尔·布罗丁（Jesper Brodin），负责中国宜家采购；

7. 约兰·斯塔克（Göran Stark），供应链总裁；

8. 约根·斯文松，英格瓦·坎普拉德多年的左膀右臂和"开拓者"；

9. 约纳斯·坎普拉德，与拉尔斯·达夫娜斯（Lars Dafnäs）协同负责产品线问题。

此外，宜家集团外部也活跃着一批重要人物，包括佩尔·卢德维格松以及汉斯·于戴尔。

坎普拉德家族包括玛格丽塔和英格瓦·坎普拉德，以及他们的儿子彼得、约纳斯和马蒂亚斯。他们当然是"最具影响力"的人。待到英格瓦·坎普拉德退居幕后时，他的三个儿子将继续发挥作用。他们未来很有可能在英格卡控股公司的董事会拥有席位并发挥决定性的作用。这样一来，他们会在坎普拉德于内部精心挑选的忠诚卫士的辅佐下，继续在未来发挥作用，包括在公司重大决策、发展战略、商场投资等各个方面，以及通过控制全资子公司瑞木和瑞展工业集团来影响产品的制造生产。

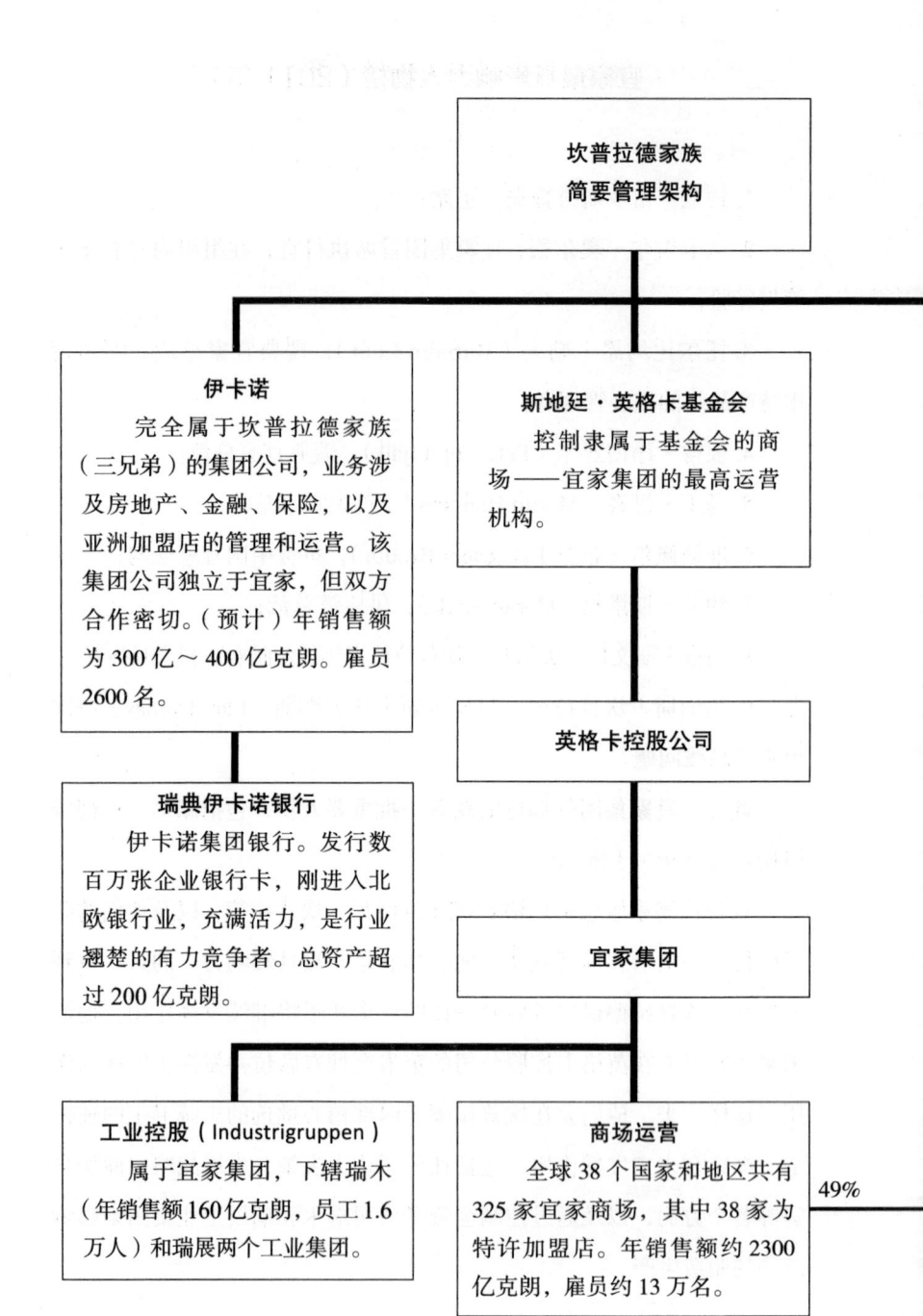

```
                    ┌─────────────────┐
                    │  坎普拉德家族    │
                    │  简要管理架构    │
                    └─────────────────┘
```

坎普拉德家族简要管理架构

伊卡诺
完全属于坎普拉德家族（三兄弟）的集团公司，业务涉及房地产、金融、保险，以及亚洲加盟店的管理和运营。该集团公司独立于宜家，但双方合作密切。（预计）年销售额为300亿~400亿克朗。雇员2600名。

斯地廷·英格卡基金会
控制隶属于基金会的商场——宜家集团的最高运营机构。

瑞典伊卡诺银行
伊卡诺集团银行。发行数百万张企业银行卡，刚进入北欧银行业，充满活力，是行业翘楚的有力竞争者。总资产超过200亿克朗。

英格卡控股公司

宜家集团

工业控股（Industrigruppen）
属于宜家集团，下辖瑞木（年销售额160亿克朗，员工1.6万人）和瑞展两个工业集团。

商场运营
全球38个国家和地区共有325家宜家商场，其中38家为特许加盟店。年销售额约2300亿克朗，雇员约13万名。

49%

附录

斯地廷·宜家·英格卡基金会
　　家族体系内的一家独立的荷兰慈善基金会。每年商场运营向其支付一定数量的资金。目标为每年向贫困国家及弱势儿童捐赠 10 亿克朗善款。

英特罗格基金会
　　位于列支敦士登的基金会，市值 1000 亿～1100 亿克朗，是英特宜家控股公司的拥有者，暨英特宜家系统的实际拥有者。英格瓦·坎普拉德全权掌控。

英特宜家控股公司
110 家子公司的母公司。

英特宜家系统
　　宜家概念拥有者，全球宜家商场特许加盟的授予人。商场运营向其支付属于坎普拉德家族的特许经营授权费。与宜家特许加盟店有联系。

英特宜家控股服务

51%

英特宜家核心集团
　　与宜家集团合作，建设和运营商场配套的零售商业区。

伊卡诺

伊卡诺属于宜家王国，由坎普拉德的三个儿子控股。公司业务涉及房地产投资、银行、保险以及加盟店的运营。在瑞典，最有名的品牌是伊卡诺银行（Ikanobanken），瑞典伊卡诺银行（Ikano Bank SE）为其正式名称。

伊卡诺现任董事会主席（本书创作期间）为彼得·坎普拉德。董事会成员包括约纳斯·坎普拉德、马蒂亚斯·坎普拉德、霍坎·蒂伦（Håkan Thylén）、比约恩·贝利、佩尔·卢德维格松、佩尔·卡尔松（Per Karlsson）以及比耶·伦德。高级顾问为英格瓦·坎普拉德。

瑞典伊卡诺银行主席为布·利耶格伦（Bo Liljegren），经理为斯特凡·奈瑞德（Stefan Nyrinder）。

银行董事会成员包括：比耶·伦德、布·利耶格伦、克拉斯·丹尼尔松（Klas Danielsson）、塞西莉·道恩（Cecilia Daun）、马茨·霍坎松（Mats Håkansson）以及英格丽德·佩尔松（Ingrid Persson）。

世界宜家商场
（截至2011年）

爱尔兰：都柏林（2009）

澳大利亚：悉尼（1978），布里斯班（1987），墨尔本（2003）

奥地利：维也纳（1977），格拉茨（1989），林茨（1991），维也纳（1999），茵斯布鲁克（2000），萨尔茨堡（2003），克拉根福（2008）

比利时：布鲁塞尔（1984），安特卫普（1985），列日（1985），阿尔隆（2005），布鲁塞尔（2005），根特（2008）

波兰：格但斯克（1993），华沙（1993），波兹南（1994），弗罗茨瓦夫（1996），克拉科夫（1998），卡托维兹（2000），华沙（2001），罗兹（2009）

丹麦：哥本哈根（1969），奥尔胡斯（1985），欧登塞（1985），根措夫特（1995），奥尔堡（2010）

德国：不莱梅（1976），汉诺威（1976），多特蒙德（1978），杜塞尔多夫（1979），柏林（1979），弗赖堡（1981），纽伦堡（1981），海德堡（1981），慕尼黑（1986），汉堡（1989），科隆（1991），埃森（1993），柏林（1993），布伦瑞克（1993），卡塞尔（1994），开姆尼茨（1994），莱比锡（1994），比勒费尔德（1996），法兰克福（1997），斯图加特（1997），萨尔路易（1998），斯图加特（1998），多特蒙德（1999），杜塞尔多夫（1999），威斯巴登（2001），德累斯顿（2001），雷根斯堡（2001），汉堡（2002），基尔（2002），柏

林（2003），慕尼黑（2003），乌尔姆（2003），曼海姆（2004），杜伊斯堡（2005），埃尔福特（2005），奥斯纳布吕克（2005），锡根（2005），奥格斯堡（2006），科布伦茨（2006），汉诺威（2006），法兰克福（2007），奥尔登堡（2007），罗斯托克（2007），科隆（2009），柏林（2010）

俄罗斯：莫斯科（2000），莫斯科（2001），圣彼得堡（2003），喀山（2004），莫斯科（2005），下诺夫哥罗德（2006），圣彼得堡（2006），叶卡捷琳堡（2006），顿河（2007），新西伯利亚（2007），阿迪格（2008），萨马拉（2011），乌法（2011）

法国：巴黎（1983），马赛（1985），巴黎（1986），里昂（1987），里尔（1988），波尔多（1990），巴黎（1992），图卢兹（1995），巴黎（1996），斯特拉斯堡（1999），梅斯（2000），土伦（2001），南特（2002），第戎（2005），蒙彼利埃（2005），巴黎（2005），圣艾蒂安（2005），马赛（2006），格勒诺布尔（2007），朗斯（2007），巴黎（2007），巴黎（2008），布雷斯特（2008），雷恩（2008），鲁昂（2008），图尔（2008），兰斯（2010）

芬兰：艾斯堡（1996），赫尔辛基（2003），拉伊西奥（2008），坦佩雷（2010）

荷兰：德伊芬（1983），阿姆斯特丹（1985），埃因霍温（1992），海尔伦（1994），乌得勒支（1996），格罗宁根（1997），鹿特丹（2001），亨厄洛（2002），布雷达（2003），哈勒姆（2005），阿默斯福特（2006）

加拿大：卡尔加里（1979），温哥华（1984），埃德蒙顿（1985），蒙特利尔（1986），多伦多（1987），多伦多（1991），渥太华（1994），多伦多（2001），温哥华（2002），蒙特利尔（2003），多伦

多（2003）

捷克：布拉格（1996），布尔诺（1998），俄斯特拉发（2001），布拉格（2004）

罗马尼亚：布加勒斯特（2007）

美国：费城（1985），华盛顿（1986），巴尔的摩（1988），匹兹堡（1989），纽约（1990），洛杉矶（1990），纽约（1991），休斯敦（1992），洛杉矶（1992），西雅图（1994），芝加哥（1998），旧金山（2000），圣迭戈（2000），洛杉矶（2003），洛杉矶（2003），纽约（2003），费城（2003），旧金山（2003），华盛顿（2003），明尼阿波利斯（2004），纽约（2004），费城（2004），菲尼克斯（2004），亚特兰大（2005），波士顿（2005），芝加哥（2005），达拉斯（2005），底特律（2006），奥斯汀（2006），萨克拉门托（2006），劳德代尔堡（2007），盐湖城（2007），奥兰多（2007），纽约（2008），辛辛那提（2008），夏洛特（2009），坦帕（2009），丹佛（2011）

挪威：奥斯陆（1963），卑尔根（1984），斯塔万格（1988），奥斯陆（1998），特隆赫姆（2002），克里斯蒂安桑（2010）

葡萄牙：里斯本（2004），波尔图（2007），里斯本（2010）

日本：东京（2006），东京（2006），神户（2008），大阪（2008），东京（2008）

瑞典：阿尔姆霍特（1958），斯德哥尔摩（1965），松兹瓦尔（1966），马尔默（1966），哥德堡（1972），林雪平（1977），延雪平（1981），耶夫勒（1981），乌普萨拉（1982），韦斯特罗斯（1984），赫尔辛堡（1988），厄勒布鲁（1991），斯德哥尔摩（1993），哥德堡（2004），哈帕兰达（2006），卡尔马（2006），卡尔斯塔德（2007）

瑞士：苏黎世（1973），洛桑（1979），卢加诺（1991），伯尔尼

（1996），苏黎世（1997），巴塞尔（2000），圣加伦（2007），日内瓦（2010）

斯洛伐克：布拉迪斯拉发（1995）

西班牙：巴塞罗那（1996），马德里（1996），马德里（1999），巴塞罗那（2003），塞维利亚（2004），阿斯图里亚斯（2005），毕尔巴鄂（2005），穆尔西亚（2006），马德里（2007），马拉加（2007），萨拉戈萨（2007），拉科鲁尼亚（2010），加的斯（2010）

匈牙利：布达佩斯（1990），布达厄尔什（1999）

意大利：米兰（1989），都灵（1990），布雷西亚（1992），博洛尼亚（1997），热那亚（1998），罗马（2000），佛罗伦萨（2002），那不勒斯（2004），帕多瓦（2005），罗马（2005），安科纳（2006），巴里（2007），米兰（2007），帕尔马（2008），里米尼（2009），的里雅斯特（2009），萨勒诺（2010），卡塔尼亚（2011）

英国：曼彻斯特（1987），伦敦（1988），伯明翰（1991），伦敦（1992），纽卡斯尔（1992），利兹（1995），伦敦（1996），诺丁汉（1997），布里斯托（1999），爱丁堡（1999），格拉斯哥（2001），卡迪夫（2003），伦敦（2005），伦敦（2005），曼彻斯特（2006），考文垂（2007），贝尔法斯特（2007），南安普敦（2009）

中国：上海（1998），北京（1998），广州（2005），成都（2006），深圳（2008），南京（2008），大连（2009），沈阳（2010），上海（2011）

截至 2011 年夏天，在世界上 38 个国家和地区共有 325 家宜家商场。其中，宜家集团在 26 个国家和地区拥有 287 家商场[①]。另外 17 个

[①] 上文统计的 26 个国家的商场总数为 284 家，与此处的数据有出入。疑上文在统计各国商场时有遗漏，故未完全收入。

国家和地区的 38 家商场则非宜家集团拥有的加盟店，这些商场不在上文的名录之中，它们位于如下这些国家和地区：澳大利亚（2）、塞浦路斯（1）、阿联酋（2）、多米尼加（1）、希腊（5）、中国香港（3）、冰岛（1）、以色列（2）、科威特（1）、马来西亚（1）、荷兰（1）、罗马尼亚（1）、沙特阿拉伯（3）、新加坡（2）、西班牙（4）、中国台湾（4）、土耳其（4）。